ちくま学芸文庫

知的トレーニングの技術

〔完全独習版〕

花村太郎

筑摩書房

目次

イントロダクション　知的スタート術　11

準備編――知的生産・知的創造に必要な基礎テクニック8章

志をたてる　立志術　22
それは宙づりのモラトリアム状態から脱出するための第一歩だ。中国の賢人・孔子のライフタイム・スケジュールから学んでみる。

人生を設計する　青春病克服術　33
あの革命的な「相対性理論」を構築したあとのアインシュタインの知性は、三〇年ものあいだ、袋小路を歩み続けた。

ヤル気を養う　ヤル気術　44

ポール・ヴァレリーが「朝のみそぎ」と呼んだ、彼の知的習慣は、ヤル気術の典型的な例といってよいだろう。

愉快にやる　気分管理術　56
漱石の絶望的な〝不愉快〟は、何が原因だったのだろうか。〝不愉快〟を知的創造のエネルギーに転化させる方法とは？

問いかける　発問・発想トレーニング法　61
問いは知的好奇心から生まれる。知的好奇心は、知の空白部分から出てくる。そのために、自分の知的マップが必要だ。

自分を知る　〔基礎知力〕測定法　70
ほんとうの知的「脚力」をものにするためには、漢字の知識まで必要になってくる。知性を飛躍させるには、そこまで必要だ。

友を選ぶ・師を選ぶ　知的交流術　85
自分と異なる分野の知人をつくること、同学の士をつくって協力すること。そ

して、異なる分野の人たちが集う学際集団をつくること。

知的空間をもつ　知の空間術　97
書斎とは、自分の知的能力の空間的拡張であり、いわば頭脳と手足の延長だ。そして、空間全体を思考させることが必要だ。

実践編　読み・考え・書くための技術11章

論文を書く　知的生産過程のモデル　108
〝方法は高くつく〟とヴァレリーは言った。ここに示すモデルをもとにして、自分自身の手法を見つけ出してみよう。

あつめる　蒐集術　119
あるテーマについてのコレクションが一定量に達すると、自分の意見をもてるようになる。コレクションは、すでに自分の能力の一部だ。

さがす・しらべる　探索術　128

いろんな分類システムを知り、使いこなせれば、ぼくらの知的好奇心は、解答のある問いにかぎっては必ずみたせるはずだ。

分類する・名づける　知的パッケージ術　137
情報のコレクションも、分類という加工をしないうちはまだ原料段階、悪くするとガラクタの山で終わってしまう。

分ける・関係づける　分析術　140
資料を分類・整理したあとには分析という作業が待っている。分析とは見えない関係を見つけようとすることなのだ。

読む　読書術　157
書物というシンボルのカタログには、世界が縮約されている。読書を通してぼくらは、他人の人生を追体験するのだ。

書く　執筆術　200
いよいよ知的生産・知的創造の最終過程だ。ノートとカードを利用して、構想

から執筆までの実際のトレーニングをしてみる。

考える　思考の空間術　251
考えることは、身体的な行為であり自己との対話だ。拡大し続ける世界のなかで、ぼくらはどこに思考するための場所を確保できるだろうか。

推理する　知的生産のための思考術　273
どうしても答えの出ない問題というものがある。だが、問題設定自体がそもそも間違っているのかもしれない。正しく問いを立てる方法とは。

疑う　科学批判の思考術　298
地球全体が「異常な」実験室と化した時代に、科学をどう捉えるのか。いまぼくらにとって「好ましい科学」とは……

直観する　思想術　314
知のワンダーランドで「遊び」、知的生産を越えた知的創造のためのトレーニング——節約モデルの思考と浪費モデルの思考。

知的トレーニングの技術〈完全独習版〉

イントロダクション

知的スタート術——知的トレーニングのための五つの原則

世界はどんなふうに動いているのか、いまはどんな時代なのか、自分とはいったい何者なのか、自分はどんな可能性をもっているのか、そもそも自分は何をしたいのか。こんな疑問をぼくらのだれもが抱いて日を送っている。そして、平穏無事な学生生活やサラリーマン生活の毎日のくりかえしのなかで、突然、自分はこんなことをしていていいのか、こんなことをするために生まれてきたのか、という不安が襲ってくる瞬間を体験した人も多いにちがいない。これは、知への渇望がぼくらのなかに眠っていて、それが疑問や不安や痛みのかたちであらわれているのだとぼくは思う。ぼくらは、世界の動きが「読める」ようになりたいし、人生を「意味づける」ことができるようになりたい。

だからこの本は、なにも専門学者になったり、世のいわゆるチシキジン・ブンカジンになるためのノウハウ書というわけではない。むしろ、ある意味では、ぼくらの目標はもっと高いところにおかれている、といっていいかもしれない。なぜなら、世界と時代と自分の人生にたいして、より自覚的により賢くかかわりたい、という知への願望は、職業としての学問や知性を超えた、もっと普遍的で根本的な人間的欲求に根ざしたものだと思うからだ。

本書『知的トレーニングの技術』は、一九七九年七月号の『宝島』に掲載されたものが原型となり、これを大幅に増補して一九八〇年四月、『別冊宝島』として刊行した。若いひとむけにということだったが、さいわい、いろんな年齢層のひとたちから好評をもって迎えられ、版をかさねた。今度、単行本にするために、全体を見なおし、「分析術」の章をくわえたり、「執筆術」「発想法カタログ」を増訂するなど、より体系的な整備をほどこした。ここであらためて、この本の特徴、すなわち知的トレーニングの原則というべきものを確認しておこう。

第一に、知的トレーニングにあたっては、

創造が主、整理は従

という原則でいく。必要以上に知的生産のシステムを複雑にしたり、情報の精度を追求したりして、知的創造のために「考える」時間を奪われないようにすること。

情報のメモ魔・整理魔になってデータの山にうずもれ、しまいに何のための情報整理かわからなくなってしまう——知的ノウハウの最大の弊害がこれで、はっきりいってこれは、情報整理ごっこでしかない。永遠に準備体操をつづけるようなものだ。たとえば、コンマ1ですむデータに、コンマ3までの精度を求めることは無駄である。この計算に要した時間はまったくの空費だ。

この種の無駄をはぶくためには、知的創造の本質を自覚した賢さ、――知恵のノウハウが必要とされる。本書におさめたノウハウがこれだ。一日の時間割においても、一生のライフ・プランにおいても、この原則を貫くことが、知的トレーニングの根本なのだ。

だからたとえば、もうひとつ、読書に例をとると、読書術のトレーニングを速読法の練習から始めるのは愚かなことである。

速読法の目的は、不要な本を早めにとりのけて、ゆっくり読むべき本を発見することにあるのであって、読書術の根本は「遅読」にあるのである。遅読する力をもたない者が速読トレーニングをやっても、けっして書かれた内容は頭脳に定着しない。じっくり本が読めるようになれば、何が不要で、何に時間をかけねばならないか、おのずと分別がつくようになる。

遅読が主で速読が従、というこの原則を会得することは、読書術のノウハウの半分をマスターしたと同じ価値をもつ。わざと本をゆっくり読む「遅読術」や「暗写法」を、本書がとくに強調して紹介したのはそのためだ。

知的トレーニングの第二の原則は、

自分一身から出発しよう、等身大の知的スタイルをつくろう

ということだ。だれしもが同一の知的環境に育ち、同一の知的条件のなかで生きているわけではないのだから、理想状態を頭に描いて無理をしても、かならずみじめな失敗をするしかない。必要なのは、自分の問題関心や知的サイズにぴったりあった諸道具と知的ノウハウの体系を、保持することである。社会的な知的格差・情報格差というものが、各個人のあいだに厳然として存在しているという現実は、どうしても見すえなくてはいけない。自分の現実の条件から出発して、すこしずつその現実を自分に有利なほうへと変えていくたたかい、そしてそのたたかいをとおして、自分の知的振幅をひとまわり、ふたまわり、とひろげていくこと――知的トレーニングの要諦はここにある。

この第二の原則と関連して、知的トレーニングの第三の原則は、

知の全体を獲得すること、そのために自立した知の職人をめざす

ということだ。これは情報の大洪水のなかで、ぼくらが自分の主体性を見失わないための知的戦略である。どんなに素朴でプリミティヴなものであってもよいから、ぼくらは知の全体像・全体図をもつようこころがけることだ。ちいさな同人雑誌でもつくったことがあれば、その経験が出版ということの全体を理解する見取図になってくれる。印刷物の出

版ということでは原理は同じだからだ。そして、原理はシンプルであるほど強い（応用がきく）、ということも心えておくとよいだろう。

知的自立ということは、今日ではとくに必要な目標である。

それは現代という時代が、予期に反して、知的活力が衰弱している時代、人間知の実に深刻な危機の時代だからだ。世界がこれからどうなっていくのか、自信をもっていえる「知者」がどこにもいない。このことは、世界史的にみれば、ヨーロッパの近代的文明の果たしてきた役割が終わりに近づいていることと関連している。従来のヨーロッパ的近代知をもってしては、もはや世界が視えるものとはならないような時代にぼくらは突入しつつあるのだ。こんな時代に、ぼくらはどうやって自分の知力を鍛えたらよいのか。まず、大学の先生にも、既成の学問にも、マスコミにも、なにものにもたよれない、ということを痛切に自覚することが大切だろう。情報化社会と呼ばれ、解説や評論が氾濫し、判断力を失ったモラトリアム人間が量産される時代だからこそ、ぼくらは、他人の思考にまかせることをせず、自分のアタマで考えなければならない。つまり、独学・独習の覚悟が知性の再出発には必要とされるのだ。

受験勉強の弊害がいろいろと指摘され、事実それは、ぼくらの発想や思考のふかいところまで、気づかないうちに規定しているにちがいないのだけれど、受験勉強批判が弊害の指摘にとどまっているかぎり、それによって錆びついたぼくらのアタマを錆びおとしすることはできない。受験勉強というものに、被害者意識でかかわっているうちは、ぼくらは「知」にたいして相変わらず受動的な態度しかとれない。受験勉強的な知性を批判するなら、もっと徹底させて、学校教育という制度、学問の職業的組織や知のジャーナリズム化（商品化）という事態にまで、いいかえれば知の近代的様式まで、批判していく必要があるのだ。ぼくらの批判的知性は、この点では、現代の地球の危機を招来したヨーロッパ近代の実験科学の方法と産業革命以来の巨大工業化の道を否定する、エコロジストやラディカル・テクノロジストの見解と一致している。つまり、知の領域でのラディカル・テクノロジーということが、ぼくらの立場なのだ。

ラディカルには「根本的」という意味と「急進的」という意味と、ふたつある。西洋文明の衰退とともに、その基盤の上で考えてきたぼくらの発想法や知的方法もその根本から反省しなおさなくてはならないときにきているし、まったくあたらしい知的様式をぼくらは準備していく必要がある。その意味でぼくらは、最も根源的（あるいは原初的《プリミティブ》）でかつ急進的（あるいは未来的）な――つまり知のラディカリズムの方法を探求することになるのだ。

学校教育も研究機関も、知的育成や知的生産のためのひとつの制度にすぎないとみなすところから、ぼくらは自分に独自の知的プラン・カリキュラムをつくりはじめよう。世界と人生についての、自分なりの仮説と戦略をもつこと――独学・独習の覚悟とはこういうことをいうのだ。

道具をつくること（発明）とそれを使いこなすこと（熟練）。ひとによってこのふたつのどちらかをより好むタイプがあると思うけれど、現代社会の歩みをみると、前者の道、つまり技術革新《イノベーション》（方法革新）によって、カンやコツにたよる熟練労働を不要にする方法がとられてきた。でもこの方法が知の分野でもおこなわれると、知的活力は退化してしまう。制度や組織やシステムにばかりたよって、個人の知の主体的力量をたかめるトレーニングがおこなわれなくなるからだ。この本は、したがって、ラディカル・テクノロジーのような現代の最先端の立場にたちながら、同時に、非常に古風と思われる古典的な知のスタイル（手仕事《ハンド・クラフト》）の再発見という方向に航路をとることになった。現代の先端的な思想と、古めかしい古典の思想とを出会わせて考えようとする、本書の独特のスタイルは、このようにしてうまれたわけだ。

知的トレーニングの第四の原則は、

方法に注目する

ということだ。方法は知識をうわまわる。ぼくらはここで、過去の知的巨匠たちの方法《ノウハウ》を学ぶことをくわだてた。全体的知性、総合的知が、活力にあふれて展開した時代や、人物の方法にたちかえって、これからのぼくらの知的スタイルをつくるためのヒントを見つけようというわけだ。この探求の過程で、ぼくらが意外な驚きをもって再発見したこと——それは、偉大な知、知的巨匠たちの方法の真髄はみな手仕事《ハンド・クラフト》であり、からだをつかう肉体作業である、ということだった。考えることにおける「手」の役割というものに、あらためて気づかせられたのだ。つまり、知的方法の本質は、まさしく「手法」と呼ぶにふさわしいものだった。

現在おびただしい量で出版されている知的ハウトゥー物もむろん参照して、試してみてつかえるノウハウはここにも収録してある。そればかりでなく、それぞれの手法ごとに、つねに過去にさかのぼって、知的ノウハウの歴史も通覧できるようにしてある。知的巨匠たちの手法を、たんにエピソードとしてすませるのでなく、歴史の文脈のなかに根づかせて検討してみる、というこの本の独自のくわだてからだ。エピソードによって、その人物の性癖をリアルに知らせるという本は多いけれども、エピソードをその人物の思想の方法(方法上の癖=手法)の問題にまで追跡して論じているものは案外少ない。

このようにして、ぼくらの知的トレーニングの原則は第五に、知的ハウトゥー物としては異色なことだが、

情報から思想へ

という方向をもつことになった。情報処理の技術にとどまらず、思想を理解しうみだす

ための技術をあつかうのでなければ、本来の知的ノウハウとはいえないとぼくは思うのだ。情報処理を効率よくおこなう技術というものは、ぜいたくにテマとヒマとをついやして、思想をうみだすことにささげられる場合にのみ意味をもつ。そこで本書のおわりのほうでは、エコロジー(生態学)、地球科学、言語学、記号学、精神分析学、文化人類学等の現代的知の方法について考えてみた。とくに現代的知の動向が、エコロジー的な方向と文化記号論的方向とに両極化していくのではないか、というぼくの読みがそこでは示されている。

最後に本書の構成について一言しておこう。第一部は、いわば「準備編」ともいうべきもので、ぼくらの知的生産に必要な物質的・精神的条件をリストアップした。第二部は「実践編」であり、第一部で用意した知的資源を駆使して、実際に、読み、考え、書くための手法を述べた。

この本を読んで知的トレーニングをしようというひとは、自分の目標にあわせて、ここに書かれたノウハウを採用してもらえばいいと思う。無理な努力は決して長つづきしないものだ。トレーニングは、持続してこそ成果をあげるものだと考えてほしい。

一九八一年一一月一六日

準備編

知的生産・知的創造に必要な基礎テクニック8章

志をたてる

立志術

それは宙づりのモラトリアム状態から脱出するための第一歩だ。中国の賢人・孔子のライフタイム・スケジュールから学んでみる。

1　知的離陸は志をたてることから始まる

まず最初に〝志《こころざし》〟ということについて考えてみよう。

現代は志というものの価値が下落してしまった時代だ。声を大にして志を述べる人は少ないし、だいいち志という言葉じたいがオールドファッションになってしまったようなところがある。三〇歳を過ぎてからのことは、一〇代の頃には考えてもみないのがふつうだろう。いや、二〇代の後半になっても、三〇代のことを考える人はほとんどいなくなってしまった。ところが、これは現代の若者の重大な盲点なのだ。というのも、三〇代以後のことを考えないということは、自分が何をしたいと思っているのか、自分のライフワークは何か、をはっきりさせないで宙ぶらりんの状態に自分の身を置くことだからだ。そういうモラトリアム（猶予期間）状態に身をゆだねていれば、知らない間にベルトコンベアによって、きまりきった人生のなかに運びこまれてしまうのは目に見えている。苦くみじめな青春の結末をむかえたくなかったら、やはり、志ということについて考えたほうがいいだろう。

ふつう〝志学〟というと一五歳をいう。孔子の『論語』からでたことばで、〝志をたてる年齢〟という意味につかわれている。この年齢は昔でいえば元服の時期でもあって、一人前に成人するときだった。現代では二〇歳が成人だけど、知的成熟からいえば、自我がつくられ、思考の基礎にある母語も確立される一五歳くらいを、ぼくらは自分の知的スタートの時期としたいものだ。

孔子は一五歳で志をたてて、三〇歳で最初のひと区切りがあると言った。〝而立《じりつ》〟といって、身を固め、知的にもひとりだちする年齢という意味で三〇歳がひとつの区切りになると言うのだ。この〝志学〟から〝而立〟までの一五年間は知的離陸《テイク・オフ》のための準備期。読書法では乱読時代、思想的には遍歴彷徨の時代、人生観上はロマンティックな情熱に身をこがす疾風怒濤《シュトルム・ウント・ドラング》時代だといっていい。この一五年間に、自分の知的振幅をどれだけ広げるかで、そのひとの知的サイズもほぼきまってしまう。孔子もこの時期には、一方で学問にはげみながら、いろいろの職業を転々としていた。それで、「吾少《わか》くして賤《いや》しかりき、故に鄙事《ひじ》に多能なり」、つまり、「自分は若いとき身分が低く貧しかった、そのためたくさんのつまらぬ仕事ができるようになったのだよ」と、弟子たちに語っている。

どんなかたちであっても、なるべく早い時期に**自分の全生涯にわたる知的プランをできるかぎり明確にしておきたい**ものだ。そのために、尊敬できる偉大な先人の年譜をつくって参考にすることも必要だと思う。年寄りと話すときにはできるだけ、〝聞き役〟にまわって、老境の思いをあれこれ語ってもらい、いちはやく〝老い〟というものを自分の時間装置のなかに仕込んでおくことも大事だ。

ここではまず、中国の賢人・孔子の生涯から学んでおこう。これは、学者・官僚・ビジネスの世界をめざすひとのためにぴったりの人生設計だ。

「子曰わく、吾《われ》十有五《ゆうご》にして学に志し、三十にして立ち、四十にして惑わず、五十にして天命を知る。六十にして耳順《みみにしたが》う。七十にして心の欲する所に従いて矩《のり》を踰《こ》えず」（口語訳＝先生がいわれた。わたしは一五歳で学問に志し、三〇歳で一本立ちとなり、四〇歳で迷いがなくなり、五〇歳で天から与えられた使命をさとり、六〇歳で人のことばをすなおに聞けるようになり、七〇歳で自分の思うままに行なってもゆきすぎがなくなった）

これは、長生きした孔子が多少ケンソンして自分の生涯をふりかえったものだけれど、人生の理想的な設計プランだと思う。孔子みたいな古代の哲人を持ちださなくてもと思うかもしれないが、孔子の言っていることは少しも古くない。とくに、三〇歳以降を一〇年きざみでグレード・アップさせている点に注目しておきたい。経済・社会・文化のどの分野をとっても、現在の社会は、ほぼ一〇年サイクルで歴史が転回しているからだ。近視眼的になることはない。一〇年射程で自分の人生を区切る発想はとても大事なことなのだ。

2　志を失わないために何が必要なのか

これが芸術の分野になると、すこしおもむきが違ってくる。ここでは『花伝書（風姿花《ふうしか》伝《でん》）』から学んでおきたい。これは、中世芸道論の粋といわれる能の秘伝、観阿弥が与えた遺訓を世阿弥がまとめたものだ。これは、アーティスト志望者には、演劇の分野にかぎらず、きっと考えるヒントが見つかるはずだ。次にあげる箇所は、「風姿花伝第一年来稽古條々《ねんらいけいこじょうじょう》」といって、年齢別に行なうべきトレーニングの要点を述べたもので、長くなるから要約しておこう。

七歳……この芸はおおかた七歳をもって初めとする。この頃は、その子が自然にやりだすにまかせてやらせ、その風体が良いとか悪いとかいってはいけない。あまり強くいさめると能はそのままとまってしまう。

一二、三歳より……この頃からは声も調子にあうようになり、能への自覚もできてくる頃だから、だんだんと芸の種類を教えていきなさい。少年らしい姿から自然に「美」がかもしだされてこよう。ただし、これはその年齢かぎりの美（「時分《じぶん》の花《はな》」）にすぎない、ということを忘れてはいけない。

一七、八歳より……この頃は変声期をすぎ、からだつきも変わって、「時分の花」のような少年美は失せてしまう。それで芸も調子っぱずれになることが多い。この時期にはあまり無理なトレーニングをしないこと。無理をすると、からだに悪いクセが出たり、声も年をとってからだめになる。だから、この時期のトレーニングの重点は、心の中に願力《がんりき》を起こして、一生の分かれめはここだ（「一期《いちご》の堺《さかい》ここなり」）と生涯にわたって能を捨てまい、と決意するということにおくほかない。

二四、五歳……この頃は、そのひとの芸が決定される初めだ。トレーニングにとってもここがターニング・ポイントとなる。声とからだが整って、はた目にもつくようになり、このふたつのメリットから、競演（「立合勝負」）で名人に勝つこともある。しかしこれは本人のためにに返す返すもあだになる。「真《まこと》の花《はな》」でもないのに芸とはこんなもの、と見くびってしまうからだ。そうなると、自分もやがて年をとり、この年齢上のメリットが刻一刻と失せていくことに気づかなくなり、今もっている芸の水準を保つことさえきかなくなる。この二四、五歳の頃を能では「初心」といって、もっとも重要な時期としている。たとえ、人にほめられたり、年上の芸を超えることがあっても、これは一時的な花なのだとこころえて、名人についてこと細かに問いただして「稽古《トレーニング》を弥増《いやま》しに」しなくてはいけない。

三四、五歳……この頃に能はピークに達する。芸の全体をマスターして、天下の名望を得るはずだ。もしこの頃になっても良い評判が聞けなかったら、世間が悪いのではなくて、自分が「真の花」をまだ究めていないのだと反省して、究めなくてはいけない。この時期にどうしても「真の花」を究めることができないと、四〇歳以降、芸は下がっていくだけだ。本人には気の毒だけれどもこのことはどうしようもない。要するに、トレーニングによる上達は、三四、五歳を上限とするのだから、そこまでに何が何でも熟達してしまうよう、死に物狂いでやるしかないのだ。

四四、五歳……この頃から芸は、老年の準備期にはいる。だから、天下の名望を得たひとでも有能なパートナーを持って、あまり細かなわざをせず、年齢相応にひかえめ、ひかえめに演じること。年不相応なことをしても、みっともないだけである。この頃になっても失せない花を、「真の花」というのだ。

五十有余歳……この頃のトレーニングの重点は、無用のことはしない、というところにある。目だつところは「初心」の役者にゆずって、老人向きのものを少な少なとやっていけば、老木に枝葉はなくなっても花は散らず残るように、「真の花」を保持することができる。これを、「老骨に残りし花」という。

以上、一生にわたる演技のトレーニングのプログラムを見たわけだけれども、これは芸術の分野にかかわらず、もっと広く人生の年齢別プランを寓意していて面白い。

つまり、人生の時間は一回的なもので、過ぎさればもう二度とその年齢にたち帰れない、という絶対的な条件をひとは誰でも共通に受けいれて自分のプランをこなしていくわけだ。だから、その年齢でなければできないこと、その年齢でマスターしておくべきこと、それを早く自覚することが立志術の決め手になる。

その場合、孔子も『花伝書』も、人生の本格的な時期を一〇年間という時間メジャーで区切っている。しかし、この一〇年間という単位にこだわる必要はないとぼくは思う。例えば、島崎藤村の場合だったら、その人生は七年単位で区切られているのだ。

藤村はいうまでもなく、日本の近代文学のなかで、つねにトップ・ランナーとして走りつづけた小説家だけれど、彼は、①二〇歳で明治学院を卒業、女学校教員——失恋による関西漂泊の旅、②それから二六〜二八歳で第一詩集『若菜集』刊行（詩人として確立）——『一葉舟』『夏草』刊行——信州の小諸義塾へ赴任、足かけ七年ここで過ごして、③三四〜三五歳では、東京へ出てきて『破戒』を刊行（小説家へ転向）、④四二歳でフランスへ、⑤四八歳で『新生』発表、⑥それから五八歳で書きはじめた『夜明け前』を足かけ七年間で完成させる、——というように、自分のたどった生涯でのエポック・メーキングな出来事をふりかえって、七年単位で整理して、自分の子供たちにも、〝人生を七年くぎりで考えよ〟と遺訓をたれている。つまり、個人個人のバイオリズムによって多少の差はあるということだ。

立志術の第二ポイントは、**志は高くもつ**、ということだ。

江戸時代の国学者・本居宣長《もとおりのりなが》の『初山踏《ういやまぶみ》』という本は、初学者むけの入門術といってよい内容のものだが、そこで強調していることの第一は、「志を高く大にたたえて、つとめ学ぶべき也」ということだ。志が低いということは、自分自身の力量を過小評価して逃げ腰になるということだから、かならず中途で倦怠がやってきて大成しない、というわけだ。

この志を高くもつということについては、早熟の鬼才・芥川龍之介も、後輩の作家にあてた手紙のなかで、このことをしばしば強調している。つまり、自分は若い頃には、過去の作家たちを天体にたとえて、ゲーテやトルストイのような巨匠（太陽）にあこがれ、その他のティークやホフマンのような群小の星々は眼中におかなかった。これは自惚れにはちがいないけれど、しかし若いうちはそれでよい、というのだ。目標は高くても現実の自分の実力が低いことを、〝眼高手低〟というのだが、これはまさに知的青春期の本質をいいあてた言葉だと思う。眼（志）と手（実力）との落差が、成長の意欲とエネルギーをうむからだ。

立志術の第三のポイントは、志をたてたら、**声を大にして自分の志を公表する**、ということ。そうすれば、同好の士が集まるし、なによりも公約したことによって、その志をなしとげざるをえない状況に自分を追いこんでゆける。〝オレはいま8ミリを撮っているが、世界に冠たる映画監督になるんだ。クロサワなんて目じゃない〟、とキッパリ言おう。そのセリフは、くり返しているうちに、いつしか自分の内面に自己暗示として、強く濃く焼きついていく。

3　理想の人間像のサンプルは書物のなかに

ところで、昔は「立志」といっても、理想とされる人間タイプは決まっていた。だから、アリストテレスの時代の「哲人」とか、スタンダールの『赤と黒』のように「軍人」や「僧侶」とか、共同体にとっての理想人間を志せばよかった。ところが、現代社会は職業が多様化して自分で新分野を樹立することだってできるわけだから、「末は博士か大臣」も、「大将」も陳腐な志でしかなくなっている。現代の立志術の困難はこの点にある。

つまり、現代の個人は、あらかじめ人生の目的・本質を規定されることのない、まったく自由（無規定）状態にある実存的個である。何にでもなることができるけれども、何になるべきかを決定する根拠は何もない。結局、立志術は、立志の仕方についてはいえても、志の内容については何もいえないのだ。人間は、生まれてくるときも孤独で、死んでいくときもやはりひとりだ、それ以外に何の命令も幼い頭脳には印字されてないのだ、という実存的宿命を、ぼくらはひとりひとり受けいれていくしかない。ケシ粒ほどにちいさな一個人がこの宇宙のなかで志を立てる、という、これは終局では、運命というものを受けいれる方法、つまり、本質的な賢さ、知恵にみちびかれての行為なのだ。

ただ、そんなに実存的にならなくても、こうなりたいな、とか、こう生きたい、といった志を、青年は主として書物から得てきた、ということはいえる。書物は、古今東西の人間像のサンプルを最も多量にストックしている点で、これ以上のものはない。

ナポレオンは古代ローマの英雄たちの登場する『プルターク英雄伝』を何度も読みかえし志を立てたのだし、漱石や藤村は、今度はナポレオンの伝記で志をたてた。これは、ぼくらが志を立てるときに、やはり参考にしてよいことなのではなかろうか。

小説も立志のためのサンプルを提供した。若い武者小路実篤や芥川龍之介らが、江戸の文人とはタイプがちがう、ヨーロッパの近代文明の根底を知り、その上で日本の文明開化に絶望している(期待も幻想ももたない)、徹底してさめた目をもつ、新しい知識人像としてあこがれたのは、漱石の『それから』という小説の主人公・代助だった。代助は、外国の最先端の思潮にも目を通しているし、日本のエリートたちとも交わっているが、決して世の中に役にたつことはしないで、自分の恋愛のことばかり考えている。あくまで「自己本位」の人間だ。その生き方がそれ自体、明治社会の高度成長的発想や、その根底にある功利主義と厳しい対立関係をなしている。現代社会の「知」のあり方にかかわる本質的な問題が、ここでは描かれているとみることができる。

この代助に対して、この社会の功利主義に身をすり寄せていく、もうひとつの「知」のあり方を表示する存在として、寺尾という代助の友人のジャーナリストが登場する。

寺尾は、小説で一旗あげようという志は持っているのだけれど、仕事にかまけて自分の志には正面から取り組もうとせずに、翻訳やら何やら食うためだといって手をつけ、「やり始めてから三年になるが、いまだに名声も上がらず、窮々いって原稿書きの生活を持続している」。

語学力もあやしげなので代助のところへ聞きにきたりもする。結局、何モノにもなれないだろう、と友人たちは見ている。寺尾は、志を「食うため」に曲げているわけで、どうひいき目にみても、その姿はみすぼらしい。ぼくらはこんなインチキゲンチャにはなるまい、という見本としてこの小説を読もう。

人生を設計する

青春病克服術

あの革命的な「相対性理論」を構築したあとのアインシュタインの知性は、三〇年ものあいだ、袋小路を歩み続けた。

1 「老い」の問題までもプログラムに入れる

立志術を考えたついでに、知的トレーニングと人生設計《ライフ・プラン》の関係について、もう少しつっ込んで考えておくことにしよう。

一つは、知的生産にとっての「老い」という問題がある。読書家は四〇歳くらいで老眼になる。読みすぎて失明した、ラテン・アメリカの大作家、ホルへ・ルイス・ボルヘスのようなひともいる。仏教聖典の集大成である『大蔵経』を二〇歳台に読んだ稀代の読書家・幸田露伴も、四三歳のとき眼病を患った。『古文研究法』という受験参考書で有名な小西甚一さんが、学生時代の夏休みを利用して、この『大蔵経』を読みきったという話が、彼の母校、東京教育大では後々まで語り伝えられていたけれど、たしかに、こんな大著は若い、無理のきくうちに読破したほうがいい。

こうした肉体的老化のほかに、知的能力の老化がどんなものかも知っておきたい。

肉体的能力が大きく要求される職業では、生物学的退化は決定的で、早くふけこむ。知的労働はほかの職業に比べて生理的凋落が決定的な作用をするということはないけれども、しかしやはり、老化の影響をまぬがれることはできない。ただ、老化の影響は専攻している学問の領域によって異なるようだ。

シモーヌ・ド・ボーヴォワールの『老い』は、老年と知的創造性の問題について考察を加えていてなかなか興味深いが、その中で彼女は、「科学者が老年期に独創的発見をすることはきわめて稀である」として、次のように述べている。

「化学においてもっとも重要な発見は二五歳から三〇歳までの人間によってなされ、数のうえでもっとも多いのは三〇歳から三五歳のあいだである。九九三の業績（ヒルディッチ教授の『化学小史』に挙げられた業績—注）のうち七〇歳以上の人間によるものはわずか三件である。物理学においては、最適年齢は三〇歳から三四歳のあいだで、天文学では四〇歳から四四歳であるという」（朝吹三吉訳・人文書院）

これでわかるように、自然科学においては、知的老化はかなりはっきりやって来る。一例をあげると、二〇世紀最大の知性とされるアインシュタインのケースは、悲惨というしかない。

アインシュタインは相対性理論の発見で有名になっても、それに安住することなく、真理の追究という純粋な学問的動機をもちつづけた。そこに悲劇がうまれた。つまり彼は、自分の相対性理論の革命によって影響をうけて、後輩たちがはじめた量子論に対しては好意を示さず、後半生の三〇年間を、誰もが引きとめる「統一場理論」の完成に精力をかたむけたのだ。しかし彼の期待を裏切って、それは空しい結果に終わった。彼は生涯の最後の三〇年間を無益な研究に空費した、と判断する点で人びとはほぼ一致している。

「それは自己の思想の大胆さを自覚した新しい世代と、つづいてゆく大道のまんなかに残された大岩のように過去の遺物として残された老人とのあいだの離反ではなかった。彼の悲劇はむしろ、ほとんどすべての友人、周囲のすべての若い人たちが、その道を行ってもどこへも行きつけず、ただ袋小路を進むだけだと断言しているのに、その年齢にもかかわらずますます人影のまばらになる道を歩きつづけることに固執する人間の悲劇《ドラマ》である」

と数学でアインシュタインに協力したインフェルトの言を引きながら、伝記作家アントニーナ・ヴァランタンは語っている(『アインシュタインの悲劇』、訳文はボーヴォワール前掲書による)。

数学ではもっと厳しく、一級の数学者が集まるフランスのブルバキ・グループは、会員の年齢を五〇歳までと制限していたそうだ。彼らのかかげる数学上の「構造主義」の理念にふさわしく、このグループの構造も、つねに若い年齢で更新されていく仕組みをもっていたのだ。

しかし、ボーヴォワールの『老い』の研究でも、文学や人文科学の領域での知的活力の老化問題については、歯切れが悪くなり、結局、個人差がありすぎる、という結論におちつく。だから、人間の内面を扱ったり、人文・社会科学分野で知的活躍を志す場合には、肉体的条件に十分な見通しをもって健康管理していけばよい、ということになりそうだ。

2 〝早熟な天才〟の生き残る方法《サヴァイヴァル》

「老い」の問題を考えていくと、逆に「早熟」とか「天才」とかの問題にもいきあたる。

自分はひょっとしてモノスゴイ才能をもっているのに、平凡な学校生活でそれを鈍磨されてしまっている、と悩んだりするひとがいるものだ。馬鹿な同級生たちとくだらない講義をうけているうちに、自分の天才は消えてしまうと考えて、あせりが昂じてノイローゼになる学生も、どこの高校にも大学にもいる。だから「自分は天才」という思い込みは、自分ひとりのものではない、ということを知っておくことは必要だ。その上で自分の才能を過大評価することは、すこしも悪いことではない。偉大なものや崇高なものへの憧憬は、それだけで、その人の品性を純粋にしてくれるのは確かだからだ。それが暗示効果にもなる。

もともと「天才」の観念は、そんなに昔からあったものではない。歴史的なもので、近代ルネッサンスの「全人」(万能人――レオナルド・ダ・ヴィンチのような)観念を経て、ロマン主義の思想とともに開花したものだ。中世の古い因習から解き放たれた自由な個人、という思想が、個性や独創性(オリジナリティ)の表現に最高の価値を置いた一八世紀頃のことだ。だから、芸術上の天才とは、それ以前の「職人」とちがって、注文による作品制作ではなく、自己の内的衝動やインスピレーションで創造を行なう、まったき自由人のことをさすようになった。このロマン主義は、ゲーテやシラーの「疾風怒濤」時代に典型的なように、憧憬や空想や夢の世界へののめりこみを通して、ついには非合理的・自己破壊的な傾向にいたる。青春期の空想癖や心理的動揺や死への魅惑などの、一種のノイローゼ症状は、歴史的なロマン主義の個体発生だといえる。だから、自分を天才かもしれないと考え、この平凡で無意味な日常生活をなんとか脱却しなければ自分はダメになってしまう、と考えるのは、健全な「青春期」症候群であると思ってさしつかえない。

ダ・ヴィンチのスケッチ(パリ手稿B)

ただ、この症候の経過のさせ方が問題になる。へたをすると本当に自己破滅に陥る場合さえあるからだ。若者の自殺が先進国に共通してふえているが、この「青春」病の克服法は自分で見つけるしかなく、医者にも教師にも頼れないのだ、ということを知らない若者がふえてきたのがその一因ではないかとぼくは思う。社会が悪い、現代人の疎外状況が原因だ、と解釈してみたところで、やっぱり直面しなければならないのは、この自分に固有の、誰にも身代わりになってもらえぬ「青春」病なのだ、ということは肝に銘じておきたい。野坂昭如《あきゆき》氏だって「みんな悩んで大きくなった」と唄ってたし、本質的にはゲーテが悩んだのと同じ問題をぼくらも悩んでいるわけだ。解決のためのアリアドネの糸は、知恵という一言につきるのだが、ここでは、ゲーテとフロベールの解決法に学んでおこう。

3　ゲーテは〝逃げる〟ことで自滅をまぬがれた

ゲーテは、終生、女性のおもかげを追い求めた恋愛至上主義者だ。恋愛はゲーテの精神をどうしようもなく燃えたたせ、ひとつの恋愛ごとに彼の精神を豊かにレベルアップさせていった。

けれども、ひとつひとつの恋愛をゲーテは楽々と体験していたわけではなく、文字どおり全身全霊をこめてそれにのめりこんでいった。そして幾度も自制がきかなくなり、破滅の危機に陥った。このとき、ゲーテには一種の内面的なフィードバックがはたらいて危機をのがれるのだが、それは、現在の瞬間に全身を投入しながらしかも未来にむかって生きぬいていくための方法、つまり瞬間からの脱出、逃亡という方法だ。人生のジレンマ、少女を愛しながら、そして少女は当然結婚を期待しているのに、男が自由を失わぬことがどうすれば可能か、という問題に直面して、ゲーテは恋人のもとから逃亡してしまうのだ。

この逃亡は、彼の生涯で何度もくり返される。「いかなる愛情も習慣も興味も、必要以上に彼をとりこにすることは決してない。……彼はもっとも甘美な時のなかから最高の財宝を奪い去って逃げる」と、ヴァレリーが鋭く指摘するように、ゲーテの精神は恋愛体験から最大限養分を吸いとって大きくなっていく。この逃亡法は、恋愛にかぎらず、ワイマール公国の行政実務から逃亡してイタリア紀行する、というように、いろんな分野でみられる。

ゲーテは時々山に登った。現代人には、自分の好奇心や欲望をどこまでも肥大・拡張していこうとする増殖欲望・自我拡張の衝動（「ファウスト的衝動」）がある。この内面の衝動がデーモン（悪魔）となって、ゲーテにささやきかける。あまりに知りたがる衝動にかられ、巨人的な自我拡大欲にかられたファウスト博士に、メフィストフェレスが誘惑を試みるようにである。ゲーテは登山によって、この終生の課題であったデーモンの克服を果たすのだ。

4 ロマン主義的ノイローゼの克服法

ゲーテはデモーニッシュな人間についてたびたび語ったが、その原型はナポレオンだったらしい。フランス革命の前後の時代に、自ら意識することなく内なるデーモンに駆りたてられ、メフィストに助けられたファウストのように、万事好運にめぐまれてやすやすと彼に課せられた世界史的使命を達成する人間たちが輩出した。しかし、いったんその使命が成就するや、デーモンは人間を見棄ててしまう。英雄の没落という運命が次いでやってくる。プーシキンのように決闘による負傷で死ぬか、クライストのように自殺するか、シェリーのように海上で嵐に遭って死ぬか、バイロンのように外地で風土病にたおれるか、キーツやノヴァーリスやシューベルトのように病弱で夭折するか、さもなければヘルダーリンやニーチェのように狂気となるよりほかない。これら同時代のデモーニッシュな人間たちのなかで、危機からの脱出に成功したのは、ゲーテひとりだった。ヨーロッパでは「山」はデーモンの棲み家ときまっているから、ゲーテの登山とは、デーモンとの戦いとその勝利を意味していたのだ。

これら「青春病」とその治療法について考えるためには、小栗浩『人間ゲーテ』(岩波新書)、シュテファン・ツヴァイク『デーモンとの闘争』(みすず書房)、アーノルド・ハウザー『芸術の歴史』(平凡社)が参考になる。

フランスの近代文学の祖フロベールも、青春期のロマン主義的ノイローゼにおかされたひとりだった。二〇歳になるまで、彼は社会や生活の実情をかえりみることのない青年だった。当時は自分も友人も、無鉄砲なことや自殺もやりかねまじき危険な精神状態にあった、と彼は後年回想している。彼の危機の脱出法は、「芸術のための芸術」であり、このノイローゼのいちいちの症状を冷徹に分析し、『ボヴァリー夫人』という小説に形象化しきったことだった。

〝ボヴァリー夫人は私だ〟という作者フロベールの言葉は、この自己分析による危機ののりこえのことを意味している。のちに〝ボヴァリスム〟と呼ばれるこのノイローゼは、「ロマン主義の土台がぐらつきだすにつれて、現在に生き現在に対して責任を取ることを恐れるあまり現在から逃避し、本来自分がいなければいけない場所以外のところにばかりいたがって、常に遥か彼方を夢みようとする」現代人に共通したものであり、「その結果は、自分で自分の存在に対する責任を負うことができず、いつも責任を他になすりつけ、ありのままの自分の姿ではなく、かくありたい姿をしか見ようとしないような」きわめて主観的で感情の過剰な傾向となってあらわれる（ハウザー前掲書参照）。

現代のぼくらが読んでも、なにか自分のことがフロベールによって見すかされているように思う。本来の自分はこんな卑小な現実に生きているべきではないと考える青年期のロマン主義的観念を、フロベールはボヴァリー夫人の最後の悲惨な服毒自殺という結末まで見とどけることによって、克服したわけだ。

5 〝早熟か?〟〝晩熟か?〟に悩むひとに

「天才」問題をこのように、歴史的にとらえたうえで、もうひとつ、「早熟」と「晩熟」の問題に移ろう。というのは、天才はたいてい早熟なものだ、自分は天才ではないかという観念と裏腹に、早熟でない自分はひょっとして世界で一番ダメな存在ではないか、という考えも、青春病にはつきものだからだ。

詩人のランボーや数学者のガロアや、世には早熟の天才が多数いる。その反対に、数え年四〇歳でデビュー作『吾輩は猫である』を出した漱石のようなひともいる。

早熟と晩熟の問題は、実際、運命のいたずらというしかなくて、人為ではどうしようもないことだ、とあきらめるしかないのではあるまいか。ただ、知っておいてよいのは、早熟の天才には、仕事をいちはやくやりとげてしまったのちの生涯がまったく空白になることが多い、ということだ。『ガロアの生涯』を書いたインフェルトは、「神々に愛《め》でられしひとは夭折《ようせつ》す」というギリシャの劇作家メナンドロスの言葉で、ガロアの伝記を書き出している。

天才詩人ランボーの場合はもっと凄惨だ。彼は一七歳で不滅の詩をものし、二一歳で詩作を完全に放棄してしまう。そして、その後書かれた手紙のなかでは二度と文学についてふれなかった。文学を捨てたランボーは、放浪生活に入り、語学教師、大道商人、サーカス人足、港湾労働者、農場の日雇い、船員、オランダ軍志願兵、技師、研究旅行者、食料品商等々をやってどうにかその日の食にありつく。アフリカのどこかで伝染病を背負いこみ、マルセイユのある慈善病院で片足を切断しなければならなくなり、ついに三七歳、じりじりと恐ろしい苦痛に責めさいなまれながら彼は死んでいった。現代詩の創始者の一人であったランボーは、アフリカにいる彼のもとにその評判が届いたとき、それにたいしては全く無関心で、そのかわり「詩なんかクソくらえだ」という一語をはいた。――これは無気味な、恐ろしいほどのニヒリズムであり、「世上ランボーの詩といわれているものは、実はほかの誰かの手に成ったものであって、ランボーはそれを読んだことさえなかったのだ」という言葉を信じたくなるほど、極端な自己否定が行なわれている(ハウザー前掲書)。

ぼくらは、「天才」の観念や、「早熟の天才」の存在を否定するものではないが、歴史上の前例の結末までを見とどけたうえで、それ以上に困難な時代にある今の青春を乗り超えていくみちを探したい。この意味で、立志術の根底には、**人生と運命にたいしてつねに賢くあろうとする意志**が必要だと強調しておこう。

ヤル気を養う

ヤル気術

ポール・ヴァレリーが「朝のみそぎ」と呼んだ、彼の知的習慣は、ヤル気術の典型的な例といってよいだろう。

1 知的能力は意欲から生まれる

知的能力は意欲からうまれる。つまり志だ——ということは前章で述べた。志は大きいほどよい。大志をいだくことだ。どうせやるなら本格的な仕事を、どうせなるなら一流に、という、たった一回の自分の人生への大きな野心をもつこと。これが結局は、すべての原動力になる。心理学でいう〈動機づけ〉というやつだ。

目標をもったら、意欲を持続させる必要があるのだが、これは力学でいう「慣性の法則」にしたがうとよい。つまり、**習慣化する**ということだ。

フランスの詩人・思想家であるポール・ヴァレリーは、《ジェノヴァの危機》と呼ばれる（たぶん恋愛事件のからんだ）深刻な精神的衝撃の体験ののち、二〇年間完全な沈黙を守り、その間、高等数学や物理学にうちこんで最先端の科学を身につけたひととして有名だが、彼の「朝のみそぎ」と呼ぶ知的習慣は、ヤル気術の典型例だろう。

ヴァレリーは毎朝夜明け前に起床し、数時間孤独のうちに思索・瞑想し、想を練り、知性を自由の世界に遊ばせ、その時々の思いつきをノートに書きとめる努力を日課として、二三歳から死ぬまで続けた。『手帖《カイエ》』と呼ばれて刊行されているこのノートは、二五四冊、三万ページに及ぶ。このノートは文学や哲学やもっと広い意味で人間の思考法についての思いがけない発見やアイデアにみちているのだが、彼自身は朝のみそぎの目的は、「自分の精神を読むこと」にあったともらしている。

「書物は人間と同じ敵を持つ。いわく、火、湿気、虫、時間。そうしてそれ自らの内容」、とか、「演説者の身ぶり、あれは比喩だ。親指と人指し指との間に、はっきりそのつかまえたものを示すにつけ、または手のひらを天へむけて指先で天にふれるにつけ、彼がふれるもの、彼がつまみあげるもの、彼が打ちのめすものは、すべて今でこそ架空のものだが、かつては現実の行為であったものなのだ、かつて言葉が身ぶりであり、身ぶりが言葉であったとき」、といったような、鋭いアフォリズムが、このアイデア・ノートから飛びたっていった。

ポール・ヴァレリー

この知的トレーニングの習慣化の方法、もっとはっきりいえば毎日持続する、という方法は、先賢たちの多くが試みている方法であるし、結果として巨大な成果をうみだすことは確実だ。

ゲーテは、エッカーマンの『ゲーテとの対話』のなかで、はじめから大作を書こうと思うな、一歩一歩確実に踏んで行け、と強調しているし、実際の彼もそのように実行した。志は大きいのに実力がともなわず、それでいて努力をしないで「天才」気どりでいるロマン主義者が、彼にはがまんならなかった。一瞬一瞬が完成されたものであるということ、というのがゲーテが知的方法において心がけたことだった。

ゲーテは、大作主義をいましめて、こういっている。

「現在には現在の権利がある。その日その日に詩人の内部の思想や感情につきあげてくるものは、みな表現されることを求めているし、表現されるべきものだ。しかし、もっと大きな作品のことが頭にあると、それと並んではほかの何も浮かんでこなくなり、すべての思想はしりぞけられ、生活そのもののゆとりまでその間はなくなってしまう。……そのたいへんな労苦と犠牲にたいして、むくいられる喜びがやってくるかわり、いつも残るのは不快なエネルギーの衰えばかりさ。」（山下肇訳）

「老人の忠告を役立てて（若いひとたちは）まっしぐらによい道を進んでいくべきだ。いつかは目標に通じる歩みを一歩一歩と運んでいくのでは足りない。その一歩一歩が目標なのだし、一歩そのものが価値のあるものでなければならないよ」

2　森鷗外のライフスタイルに学ぶこと

ゲーテの影響を強くうけた日本の森鷗外も、毎日持続する、という方法で語学や仏教や哲学をマスターしていった。終生高級官僚だった鷗外は、役所からもどった数時間をフルに利用して、あれだけの量の、小説、評論、科学・医事・軍事論文、『即興詩人』『ファウスト』のような翻訳等を執筆したわけだ。彼の生涯で全執筆量を単純に割ると、一日平均、原稿用紙（四〇〇字）三枚書いた勘定になるという話を、たしか息子さんの文章で読んだ記憶がある。マルクスのいう〝生理的必要時間〟（睡眠）を最短（三〜四時間位）に切りつめるだけでなく、生活必要時間（洗面・食事等）も節約して、役所関係の仕事は通勤電車のなかですませる。

小倉左遷時代の彼の生活スタイルは、『鶏』という石田少佐を主人公にした短編小説でうかがえる。

「石田は、裏側の詰の間《ま》に出る。ここには水指《みずさし》と漱茶碗《うがい》と湯を取った金盥《かなだらい》とバケツとが置いてある。これは初《はじめ》の日から極《き》めてあるので、朝晩とも同じである。

石田は先ず楊枝を使う。漱をする。湯で顔を洗う。石鹼は七十銭位の舶来品を使っている。何故そんな贅沢をするかと人が問うと、石鹸は石鹸でなくてはいけない、贋物を使う位なら使わないと云っている。五分刈頭を洗う。それから裸になって体じゅうを丁寧に揩《ふ》く。同じ金盥で下湯《しもゆ》を使う。足を洗う。人が穢《きたな》いと云うと、己《おれ》の体は清潔だと云っている。湯をバケツに棄てる。水をその跡に取って手拭を洗う。水を棄てる。手拭を絞って金盥を揩く。又手拭を絞って掛ける。一日に二度ずつこれだけの事をする。湯屋には行かない」

カナダライ一杯の湯をこれだけのことに使うのは、みごとというほかない。体《たい》さばきにも無駄がない。幸田露伴が娘の文《あや》さんに、掃除のしかた、机の片づけかた、水のつかいかたを教えるくだりが、幸田文『こんなこと』という回想記に出てくるが、鷗外のこれと匹敵する。

「箒《ほうき》は箒と心得て、穂先が利くように使い馴らさなくてはいけない。風に吹かれたような癖がついている箒がぶらさがっていれば、そこの細君はあまい」「水のような拡がる性質のものは、すべて小取《こど》りまわしに扱う。おまけにバケツは底がせばまって口が開いているから、指と雑布は水をくるむ気持で扱いなさい。六分目の水の理由だ」などと露伴は娘に教えるわけだが、「父の雑布がけはすっきりしていた。のちに芝居を見るようになってから、あのときの父の動作の印象は舞台の人のとりなりと似ていたのだと思い、なんだか長年かかって見つけたぞという気がした」と娘の文さんが回想するように、露伴の日常生活の身ごなしは、舞台上の演技にも似た合理性に達していたらしい。

もう一度鷗外の『鶏』にもどると、石田の食事は、「机の前に据わる。膳が出る。どんなにゆっくり食っても、十五分より長く掛かったことはない」というスピーディーなものだ。

同じ小倉時代を回想した『二人の友』では、鷗外の勉強態度がうかがえる。

「安国寺さんは、私が小倉で京町の家に引き越した頃から、毎日私の所へ来ることになった。私が役所から帰って見ると、きっと安国寺さんが来て待っていて、夕食の時までいる。この間に私は安国寺さんにドイツ文の哲学入門の訳読をしてあげる。安国寺さんは又私に唯識論の講義をしてくれるのである。安国寺さんを送り出してから、私は夕食をして馬借町の宣教師の所へフランス語を習いに往った」

この仏教徒との交換教授の方法といい、フランス語学習といい、まさにファウスト的に貪婪な知性といえる。

3　毎日の習慣をつくるいちばんの秘訣

この毎日主義は、鷗外より五歳年下の漱石や露伴の牛歩主義にもみられ、明治的知性に共通したトレーニング法であったようだ。

若い芥川龍之介の『鼻』を絶讃して、激励の手紙を送った漱石の手紙のなかでは、

「牛になる事はどうしても必要です。吾々はとかく馬になりたがるが、牛には中々なり切れないです。僕のような老猾なものでも、只今《ただいま》牛と馬とつがって孕《はら》める事ある相《あい》の子位な程度のものです。

あせっては不可《いけ》ません。頭を悪くしては不可《いけ》ません。根気づくでお出でなさい。世の中は根気の前に頭を下げる事を知っていますが、火花の前には一瞬の記憶しか与えて呉《く》れません。うんうん死ぬ迄押すのです。それ丈《だけ》です。決して相手を拵《こし》らえてそれを押しちゃ不可《いけま》ません。相手はいくらでも後から後からと出て来ます。そうして吾々を悩ませます。牛は超然として押して行くのです。何を押すかと聞くなら申します。人間を押すのです。文士を押すのではありません」

と語りかけているが、これが持続の真髄だといえよう。露伴も自邸を「蝸牛庵《かぎゅう》」と名づけたほどだから、カタツムリの牛歩主義がモットーだったのだ。

毎日の習慣をつくるいちばんの秘訣は、「すぐにとりかかること」の習慣化だろう。もちろんそのためには、机の上に不必要なものを置かないこと、片づけから始めないこと、乱雑なものは押しのけて、単刀直入に仕事にむかうことだ。照明を至るところに置いて、部屋のどの場所でも仕事にとりかかれるようにするのも一法だ。机にむかってヤル気を出すためには、知的ウォーミング・アップとして、語学のような手作業を短時間やるように決めておくとよい。

それから、気力を養う方法としては、時々、自然とふれる方法がある。若き毛沢東が嵐の日にわざわざ山に出かけ、風雨に打たれて意志力を鍛練したという話を、中国へ行くとしてくれる。作家の庄野潤三氏は、午前中、執筆にかかる前に裏山に登って英気を養うそうだけれども、樹木は人間に活力を与えてくれることは確かだ。ドイツの哲学者、マルティン・ハイデガーも、田舎に住んで散歩をしながら思索した。老子の言葉に起源をもつ『森の小道』というタイトルの論文集もあるほどだ。自然は、ヘルダーリンや伊東静雄の詩にみられるごとく、存在者としての人間が、その故郷としての「存在の声を聞く」(ハイデガー)場所でもあるのだ。

ヤル気の持続を保証する方法としては、友人たちと定期的に研究会をもつという手もある。会合の前に勉強しなければならないから、自然に習慣化する。鷗外の史伝物の『伊沢蘭軒』などを読むと、江戸の文人たちも、研究サークルによるトレーニングをしていたようだ。友人からの知的刺激は、書物からの刺激よりはストレートで、健全なライバル意識からヤル気をおこさせてくれる。古来から、「切磋《せっさ》琢磨《たくま》」といわれるのがこれだ。

ヤル気の持続は、このように外的に保証することはできるが、内面的な動揺にたいしては必ずしも抵抗力があるわけではない。精神的な危機にたいして、どうやって知的トレーニングを持続するか、という方法を次に考えてみよう。

4 生きる意欲、ヤル気は内発的な力なのだ

近頃は、自分は意欲が足りない、ヤル気が起きないのだが意欲を起こす方法はないか、という若者がふえた。教育者や心理学者が、ヤル気のない子に《動機づけ》を与えることをあれこれ考案しているけれど、実のところこの点ばかりは科学の力もやっぱりお手あげだといっていい。生きる意欲のない子に生きることはすばらしいと教えるのは、医学や教育によってはできないのだ。

生きる意欲、ヤル気は、どこまでいってもその人の内発的な力なのだ。むしろそれが人間的実存の本質的な自由と孤独との証しなのだ、ということを忘れないようにしたい。まわりであれこれ手段を講じ、刺激を与えれば、ヤル気をひきだせる、という現代人の考え方こそ、思いあがりの錯覚だし、甘えの文化なのだ。

それでも人間は、ときには自信を失ったり失恋の痛みで意欲を全面的に喪失してしまったりすることがある。もちろんこの意欲喪失が、ゲーテの『若きウェルテルの悩み』のように偉大な創作に転化するまれなケースもないわけではない。でもこの方法は、ふつうの人間にはかえってセンチメンタリズムの自家中毒にかかって病いが長期化することが多いから、あまりすすめるわけにはいかない。

とくに失恋の場合などは、思いがちぢに乱れて、文学的なものがかえって病いを進行さ

せることになりかねない。ぼくなどはこんな経験をしたとき、なるたけ文学や人生論的な臭いのするものから遠ざかりたくて、気持が乱れて興奮してくるときにはきまってマルクスの『資本論』を読んだ。すると、この世界一難解な書物が意外にもすらすらと読めることに気がついた。理論の書だから、小説とちがって、その中にでてくるちょっとした言葉が、自分の心を傷つけたりすることはない。そういう安心感をもって読めるから、気持が苦しいときほど気分が集中できた。人間の心には、苦痛があればそれが発狂に至る前に、方向をそらせるフィードバック機能がはたらく。このときには『資本論』がその役目をはたしてくれたわけだ。だからぼくにとって、マルクスの『資本論』は、魂の危機から救ってくれた鎮静剤だったといえるのだ。

気分がしめつけられるようでどうにも生きることがつらくてならないときには、こんなふうに、なるたけ生活から離れた、未知の分野、理論書、数学の本、外国語学習などを手がけることをぼくはすすめたい。

5　伝記はヤル気を起こさせる興奮剤だ

ふだんから意欲を最高度の状態、つまりヤル気じゅうぶんの状態に保っておきたい人のためには、自分が興味のある分野で一流の仕事をなした人の伝記を読むことをすすめたい。

同じ分野で、同じ困難にぶつかり苦しむことが、自分だけでなく他の人にもあったのだ、ということもわかるし、困難を克服したひとがあることを知れば、勇気も湧くし希望ももてる。

この伝記による意欲づくりは、明治人の知的エネルギーの源泉だったようだ。たくさんの偉人伝と処世術とが組み合わせられた、スマイルス原著、中村正直《まさなお》訳の、「天ハ自ラ助クルモノヲ助クト云エル諺ハ……」で始まる『西国立志篇』（原名・自助論、明治四年）をはじめ、ナポレオンの伝記、その他『名将言行録』といったたぐいの本で、第一線で活躍していたひとたちは、意欲と野心をかきたてていた。明治一四年に出たナポレオンの伝記（『第一世拿破崙言行録』）をぼくは古本で手に入れたが、前にこの本をもっていた人が感じ入った箇所に、朱筆の漢文で「夫然豈夫然乎」とか、「男子乎生之事当注意於此」とか、あれこれ感想を書き入れていて、くり返しそこを読みかえしていた形跡がみられる。

伝記を子どもの読み物だとバカにしないこと。やはり、いかに生きるか、という永遠の人間の問いに、伝記はなんらかのかたちで生き方の典型、人生のノウハウをとりそろえてくれているものだ、というふうに、先人の生き方を謙虚にふりかえってみたいものだ。

そんな気持で伝記文学を眺めると、白水社の『キュリー夫人伝』は、芹沢光治良氏がいろんなところで引用しているように、戦前から今まで多くのインテリに読まれ、また女性の生き方という点でいまだに新しい魅力をもっているオトナの読み物だ。

伝記文学の名作はほかにもいくらでもあるけれど、戦後に伝記文学がオトナたちから読まれなくなっていった背景には、伝記のもつ立身出世志向に対して批判的になったこと、また、歴史学の発達から英雄史観が否定され、人間を時代と社会の条件のもとで見ていく風潮がたかまったことがあげられる。

ところが、戦後の民主主義は、古いモラルを否定するあまり、生きることの意味について新しいモラルを打ちだすことに成功していないし（無気力・無思想・無節操の三無主義は若者だけでなく、多くの世代に共通してみられる）、歴史科学は社会的条件を強調するあまり、個人の人物像（主体性）を描きだすことに失敗している。

そんなところから、保守的な実業家たちのあいだでは、相変わらず『孫子の兵法』や『作戦要務令』、山岡荘八の『徳川家康』が読まれる、といったことになった。つまり、人間の生き方についてかつて伝記文学が占めていた位置は空白のまま、その代理として、たとえば司馬遼太郎の歴史小説が読まれるといった状況が、現在あるのだ。

実は、明治初期の立身出世的な伝記物（立志物）の俗悪さを克服して、幸田露伴が開拓した歴史小説・史伝物の世界、これをさらに緻密な考証科学にまで深めた森鷗外の史伝物などの成果が、戦後にちっとも継承されていないのを、ぼくは不思議に思うひとりだ。知的な水準が、伝記文学の作者・読者の両方とも、衰弱しているのではないか、という危惧さえ感じるのだ。

愉快にやる

気分管理術

漱石の絶望的な〝不愉快〟は、何が原因だったのだろうか。〝不愉快〟を知的創造のエネルギーに転化させる方法とは？

1　ハシャギ虫とフサギ虫が気分をつくる

ヤル気の問題を考えていくと、「気分管理」の問題にいきつく。バイオリズムが「感情曲線」ということをいうけれど、それともちょっとちがって、もっと人間の身体性に近いところに気分が層を成して沈澱している。そしてこの気分がぼくらの無意識をとらえていて、ヤル気をださせたり、生きる意欲さえなくさせたりもする。

ハシャギの虫とフサギの虫とが交互に入れかわる気分のサイクルを、心理学者のクレッチマーは「躁鬱質」といって、人間の体質のタイプと対応させて分類しているが、この分類自体はさしあたりどうでもよい。ここでは、あるタイプのひとにだけ躁状態や鬱状態がみとめられるのではない、という観点から、気分の問題に迫っておきたい。

ボードレールの詩集『パリの憂鬱』をひもとけばわかるように、近代の都市生活が人間に、憂鬱とかアンニュイ(倦怠)とかの気分をもたらした。

この近代人の憂鬱は、日本にも明治時代にはいりこんできて、日本の知的人間たちに共通の気分をかたちづくった。

漱石は東京帝国大学で、ラフカディオ・ハーン(小泉八雲)のあとをうけて英文学の講座を担当して、スウィフトの『ガリヴァー旅行記』の講義をしている。そのテーマは、「スウィフトと厭世文学」というものだった。

そのなかで、漱石はスウィフトの人間観は徹頭徹尾「不愉快」ということにある、と論じている。『ガリヴァー旅行記』は、「人間の醜と陋と劣と愚を陳列」して、「人類は世界滅却の日に至る迄不幸」であり、ぼくら人間には永久に希望などないのだ、ということをメッセージしているのだから、これほど不愉快な内容はない、ということをえんえんと講義するわけだ。

不愉快の考察を執拗につづける漱石の講義を、当時のエリート学生がどんな顔をして聞いていたか興味あるところだが、漱石そのひとが、徹底的に不愉快という気分にひたされて生きたひとであったことは確かなようだ。それは彼の小説のどれを読んでも、「不愉快」という言葉をキーワードとして見つけることができる点からもわかるし、息子の夏目伸六さんや娘の筆子さんの回想記を読んでも痛いほど感じることができる。

妻とのいさかいに、ほんとはおまえなどと一緒になることはなかったんだ、といわんばかりに、「幻の女性」を引きあいにだして妻を責めた。それを聞いていて、文学者の娘であることがたまらなく悲しかったということを筆子さんはもらしているし、伸六さんにとって父は、

「暗い中の間の仏壇の前で、その時母は何かジッと拝んでいた。家の中はシーンと静まりかえって、コソッという物音一つ聞えなかった。しかし私はフッと、間の襖を一つ隔てた隣の書斎に父がじっと虎の様に蹲《うずくま》っているのを、心のどこかに意識した。仏壇の前で祈っていた母は、たしかに泣いている様だった」

と回想されるように、不機嫌が爆発すると家の中全体が陰鬱な空気に沈んでしまうほどの存在だった。この〝不愉快の虎〟の存在を家中の者がたえず意識して暮らさねばならなかったのだ。

漱石の不愉快を、彼の胃病や神経衰弱という身体性の問題として説明することはたやすいけれども、それなら今度は、その胃病や神経衰弱の原因が説明されねばならなくなる。漱石の不愉快の根源はボードレールと同質の近代の都市生活に求めることができるし、さらに、スウィフトの影響をうけた彼の人間や人生や社会への徹底した絶望、つまり厭世観にいきつく、とぼくは思う。そしてこれは、今のぼくらの憂鬱な気分にも源流となって流れこんでいるものと考えたい。明治の知性が、いちはやくこの気分のもつ問題性を、その生き方と文学の領域とで提出してくれているのだ。

人生にはなんの希望ももてないという認識をもった漱石は、東大のスウィフトの講義では、同時に文学の楽しさについて講じる。つまり、人生が不愉快であればあるだけ、その不愉快を完膚なきまでに暴いてみせたスウィフトの文学を読むことは愉快だ、という論理だ。これは漱石の文学の、実人生とのかかわりを理解するときに鍵となる論理だし、ぼくらが、フサギの虫にとらわれて陰鬱な気分に陥ったとき、それを知的創造のエネルギーに転化するためのひとつの解決法を提示してくれているもの、と読みかえすこともできる。

2 「愉快」をつくりだすための知恵

ガリヴァーの影響をうけた漱石の、この気分転換法とは違い、もうひとつの気分管理法は、漱石と同年齢で同じ厭世観をもつ幸田露伴の場合だ。露伴は漱石とちょうど反対に、ダニエル・デフォーの『ロビンソン・クルーソー』の影響をうけた。ロビンソン・クルーソーの伝記は、すでに幕末の頃に、オランダ語からの重訳で刊行されている(『魯敏遜漂行紀略』)。ロビンソンは食糧を集めたり、椅子を作ったり、要するにつまらぬ生活のことばかり考えている、と漱石はロビンソンを嫌ったが、露伴はこの、手をつかって物を作る、ということに無上の愉快を味わったひとだ。それで露伴は、小はミミズの飼い方から、大は都市計画(『一国の首都』という日本で最初の都市計画の論文がある)まで、あらゆることに手をつけている。だから、露伴の書いたものでは、「愉快」がキーワードになっている。ガリヴァー漱石の不愉快とロビンソン露伴の愉快とが、明治の知性の気分をその両極で構成している、という気分史の考え方から、その後の文学や思想の流れをたどる学問があったら、ぼくらの気分管理法に大変参考になるだろう。

その端緒をひらいた論文に、大石修平「魯敏孫―露伴」(『人文学報』東京都立大学、一九七三年、『感情の歴史――日本近代文学試論』所収、一九九三年刊、有精堂)がある。

哲学者で劇作家の山崎正和さんが、『不機嫌の時代』(一九七六年、のち講談社学術文庫)という本でこの気分史の問題に手をつけているけれど、「不愉快」はあっても「愉快」への考察が欠落している。漱石の弟子筋にあたる志賀直哉の文章は、たしかに「嫌な気がした」、つまり「不愉快」がキーワードになってはいる。けれども志賀直哉にも、この不愉快を愉快に転化する知恵はあったのだから、これを見のがしてはまずい。

気分の問題は、身体の問題や住居の問題、風や匂いの問題とも密接に関連するから、ぼくらはさらに、建築学・都市論などとも手を組んでこのテーマの解明をすすめていく必要がある。

問いかける

発問・発想トレーニング法

問いは知的好奇心から生まれる。知的好奇心は、知の空白部分から出てくる。そのために、自分の知的マップが必要だ。

1　自分のなかに世界大の知的マップをつくる

ぼくらは学校時代、試験勉強をしてきた経験をもっているのだが、そのときには教師がつくった問いに答える、というかたちで学んできたはずだ。

「教育」の原点には、ギリシャの哲人・ソクラテスの始めた「ソクラテス式助産術」というのがある。これは、教師は問いを与えるだけで、学生がその解答をだすために苦しむ、「陣痛」の苦しみ、というところから「助産術」と呼ばれる。この問う者と答える者との関係は、対話的であり、弁証法的な性格をもっている。

ソクラテス式助産術の弁証法をおしすすめると、ほんとうは、問う者と答える者とが位置を交替するところまでいかなくてはならないはずだ。学生が問いをつくって教師もともに苦悶する、という場面がないと、本来の教育とはいえない。

みずから問いを発することができるようになること、知の助産婦になること、これが知的自立ということの究極の目標だ。受験勉強になじんだぼくらの思考は、問いは外から与えられるもの、そして模範解答もどこかに存在しているもの、という発想が知らず知らず身についてしまっているから、とくに、みずから問いかける力を鍛えるために、知的感受性をとぎすますトレーニングを意識的に実行する必要がある。

誰にも解答がだせないような問いをみずから発し、その問いを自己のうちにかかえこんで生きる。これは痛みであり陣痛の苦しみだが、真の意味で「考える人」になるためにはこの方法しかない。

問いは知的好奇心からうまれる。知的好奇心は自分のなかの知的空白部、つまり欠如の感覚からでてくる。

ぼくらは自分のなかに、世界大の知的マップをつくろう。自分の今もっているありとあらゆる知識を、自分なりのしかたでこのマップに配置するのだ。そのためには学校の学科分類や図書分類も、自分用に再編成する必要がある。そうやって自分の知的世界像をつくることが、自立の第一歩になる。そうして、このマップをもとに、世界や自分の生活のありとあらゆる問題を説明するクセをつける。

すると自分に欠けているもの、知的空白部分が自覚できる。知りたいという欲望は、痛みの感覚をともなってわいてくるようになる。そうして、新しい知識を学ぶたびに、この世界像を改編していく。書棚の本の配置も、それにともなって組みかえていく。

こういう装置——四方に繊細な糸をはりめぐらして、ちょっとした微震でもその巣が感応できるよう、身がまえている蜘蛛のような知的態度をもっていると、ちょっとした刺激もすぐに自分のなかに知的反応を呼び起こすようになる。マップの中の空白部分はせばまらないでかえって広がっていくから、新しいものがどんどん入りこんでも、知的容量を越えて拒否反応をおこすことは起こらなくなる。すなわち、知的感度を、いつでも最高の状態に保っておくことができるようになるのだ。

2 問いを答えやすい形式にするのが発想術だ

発問のトレーニングによって、ぼくらは自分の内部に知的問いかけ装置をもつことになった。これは陣痛器械といいかえてもよいのだが、ではこの陣痛のメカニズムはどのようなものだろうか。ぎりぎりと歯をくいしばるようにリキんで考えることをしても、アイデアがうまれるわけではない。発想のトレーニングが必要なのだ。

発想術の王道は、やはり「コロンブスの卵」のエピソードだろう。このエピソードは分析に値する。つまり、対象（卵）を変形してしまえばよい、というダイナミックな発想に学ぶところがあるのだ。

問いをそのままのかたちで静止状態においても、解答はでてこないことが多い。数学では方程式の根を求められるとき、与えられた式を因数分解する。これは問いの形式を、別の答えやすい形式に変形してしまうということだ。同じように、あるテーマ(問い)が与えられたら、その**テーマを答えやすいかたちに分解したり置きかえたりする**トレーニングが発想法の根本だ。これをテーマ分析法という。

「困難は分割せよ」とデカルトのいうとおり、「日本のエネルギー危機をどうするか」という大問題が与えられてもあわてることはない。エネルギーといっても、人力や水力や風力や石炭や石油や原子力や、エネルギー源ごとに分割して考察をくわえることができる。水エネルギーや風力エネルギーや太陽エネルギーの利用の可能性については、まだ未知の部分が多いということもわかる。ここから、エイモリー・ロビンズは一度つかったらなくなってしまう石炭や石油などのハード・エネルギー文明にたいして、水力や風力、太陽熱など再生可能なソフト・エネルギーの文明を構想したのだ(『ソフト・エネルギー・パス――永続的平和への道』)。また、エネルギーの生産・流通・消費の機構をそれぞれ分析して、産油国のかかえる問題やエネルギーの国際流通機構をにぎる多国籍資本の問題点を指摘することもできる。あるいはエネルギーの用途を燃料部門と原料部門とに分割して、石油を燃料として利用するのは無駄だ、原料部門にだけ限定して長期利用する方法はないのか、というあらたな問いを派生させることもできる。同じ石油でも、技術、経済、政治、社会、文化の諸レベルでは問題性がちがって見えるものだ、という指摘もできる。もっと大事な発想は、問いそのものを転倒して、「ほんとうに日本はエネルギー危機なのか」という逆の問いを発することだろう。そこからは、日本での「エネルギー危機」論は、だれがどんな経緯ではじめたのか、というルーツ探しの作業が開始できる。問いそのものの位置をズラしたり、置きかえたり、分割したり、要するに動かしてみるというこのダイナミック発想法は、いろんな分野で発見をうむ有効な方法だ。

アインシュタインは、観測主体が固定されたまま対象をとらえるという古典力学の方法をはみだして、観測主体の運動をもくみこんだとき「相対性理論」を発見したのだし、観測という操作がすでに対象に変形をくわえてしまうものだという「不確定性原理」の認識は、古典科学や哲学の根底にあった「主体—対象」の固定的な図式をこわしてしまった。

この「不確定性原理」の発想は、今では経済学や記号論（文学）の分野にも大きな影響を与えている。

喫茶店に入ったら、自分ならこのインテリアはこうデザインする、自分ならこう経営する、と発想するトレーニングをしよう。話している相手に自分を置きかえてみて、相手はこう言うだろうと予想してみる主体交換の発想法は、読心術のトレーニングになるだけでなく、ゲーム理論や戦略論のトレーニングにもなる。

世界地図をひろげても、日本と中国がマンナカに位置する今のぼくらのつかっている世

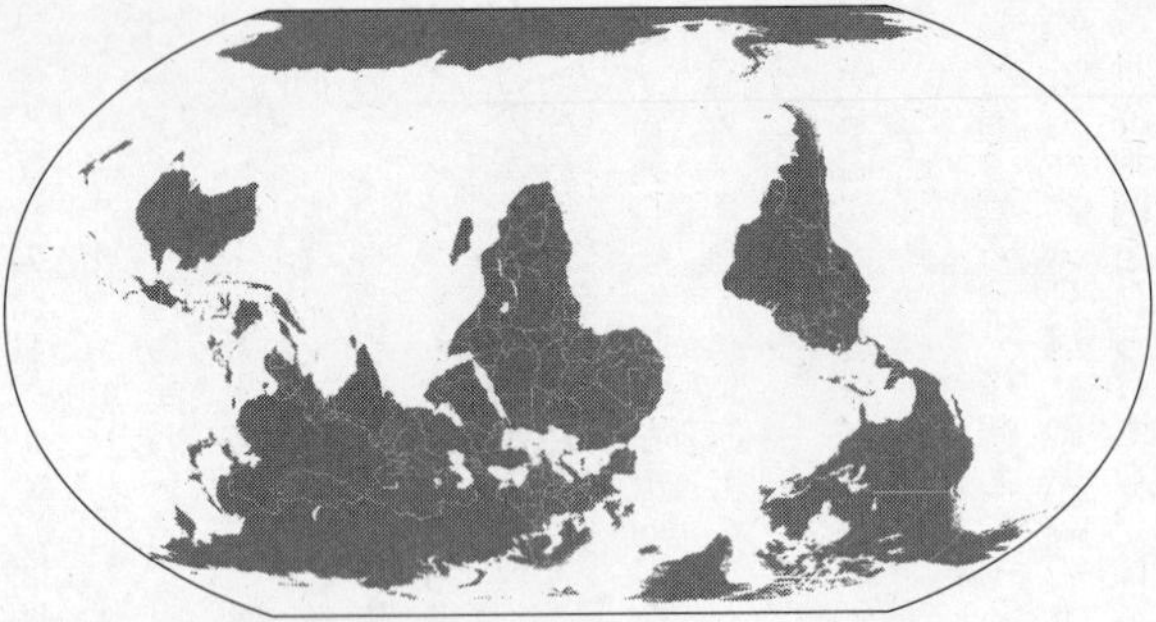

世界地図をさかさに眺めてみる

界地図が、どこでも通用するという先入観はこわしておこう。これはマテオ・リッチが中国の皇帝に献上したもので、中華思想にもとづく世界像なのだ。欧米人なら「世界」というとき、やはりロンドンのグリニッジ天文台を中心として、左右に西洋と東洋が分かれる世界地図を思いえがくはずで、中近東のスエズ運河あたりが歴史上、つねに争奪の対象となった理由も、その「世界のヘソ」としての位置から理解できるのだ。だから、西洋の世界像からいうと、「太平洋戦争」などといっても、東の果ての海上でドンパチやっていた程度の印象で、ピンとこない。「大東亜戦争」などといったら何が「大」なのか、相手には理解できない。

小松左京さんは、世界地図をさかさに眺めてごらん、と提案しているが、そうするとぼくらの北半球中心のものの見方がひっくりかえる。アジア、アフリカ、ラテン・アメリカ、つまり第三世界が、異様なかたちでニョキニョキと伸びてゆれている図が見えてくるのだ。

3　発想トレーニングに必要なものは何か？

発想トレーニングでは、このように観点を変えてみるだけでなく、場所を変えてみるという方法もある。

いくら机の前で固くなっていても、いい発想は浮かばない。別の机に移動するとか、ねそべってやるとか、散歩するとか、場所の移動の工夫をしていると、自分の発想に最適の場所がいくつかできる。たいていは、神経の緊張が解かれ、気分がリラックスでき、孤独になれる場所がよい。

ぼくは問いをかかえて銭湯に行く。筋肉の緊張がほどけて、ふっと息を抜いたとき、次々にいろんなアイデアが浮かんでくる。銭湯はぼくの発想に適した場所だな、とあるとき気がついてからは、意識的に行くようにしている。滝沢馬琴が銭湯の喧噪のなかで想を練って、帰ってから静かな書斎で『南総里見八犬伝』を書いているありさまを、芥川が小説にしているが、銭湯は裸の庶民の集まる場所で、馬琴の超世間的観念がこのもっとも俗世間的な喧噪とある種の緊張をもって凝縮していったのだな、と興味深く読んだ。

銭湯ではぼくは哲学的なアイデアの浮かぶことが多く、散歩中の十字路ではむしろ詩的な言葉が浮かぶ。たぶんこれは風に関係があるだろう。十字路は、四方からいろんな匂いの混じった風が吹いてきて合流する。四つ辻は、昔から、辻斬りと事故と出会いの場所だった。それから、曲がり角は、なぜかメロドラマを思わせる。詩人の萩原朔太郎が、群衆のなかに孤独と憩いを求めたように、ぼくら都市生活者にとって、雑沓の喧噪は大衆社会のなかでの個人、という自分のナマの姿をふと思い知らせてくれる場所のようだ。

4 大勢ならブレーン・ストーミングがいい

発想のトレーニングを複数でやる場合は、ブレーン・ストーミングの方法がいい。ひとつのテーマについて、無意識の連想もふくめて、思いつくことをありったけ参加者がしゃべる方法だ。これは会議とちがって、結論にもっていくことを考えてはならない。進行は雑談風でよいのだ。

ブレーン・ストーミングを成功させる条件は、参加者が気楽な気分で頭脳を柔軟にしていること、柔らかいソファーでビールでも出しておくとよい。それから、参加者は、どんなにバカげたアイデアでも恥ずかしがらずに口にすること。そのひとの無意識にあるものを、最大限引きだして活用しようというのが狙いだからだ。

ひとのアイデアを聞いていると、自分にもそれと関連したアイデアがうかぶ。こうやって、次々とアイデアをころがしていくうちに、思いがけないアイデアにまとまることがある。学ぶという言葉の語源は、もともと真似るということなのだから、模倣と変形のトレーニングをしているうちに、自分の発想の独創性も育っていく。

ブレーン・ストーミングは、慣れてくるとひとりでもできるようになる。電車のなかでひとりのブレーン・ストーミングをひらこう。週刊誌などの吊り広告を眺めながら、自分ならコピーはこうつくる、レイアウトはこうする、とあれこれアイデアをだしていれば暇つぶしとしても楽しいし、このトレーニングはきっと別の場面で応用がきく。広告のショールームみたいになっている電車のなかで、ひとりの独創的なコピーライターやエディターが誕生するのだ。疲れたら窓の外を眺めて、今度は都市計画についてのブレーン・ストーミングをひらこう。

他人の発想法に学び、それをまねて、たえず自分の発想装置の更新をはかっていこう。他人のノートのとりかたや書斎を見たら、発想法でなにか盗めるものはないかと探すくらいの貪欲なクセをつけたい。

自分を知る

〔基礎知力〕測定法

ほんとうの知的「脚力」をものにするためには、漢字の知識まで必要になってくる。知性を飛躍させるには、そこまで必要だ。

1 知的脚力をチェックしてみよう

知的トレーニングのプログラムをつくるためには、自分の現在の知的「基礎体力」をはかっておく必要がある。

この基礎能力には、自分の年齢、つまり知的活動に費やせる持ち時間とか、収入、つまり知的活動にどのくらいの予算が出費できるのか、ということが大枠としてふくまれる。けれどもこれは、時間も費用も自分の置かれた条件のなかで、最大限にする工夫をするしかない。

そこで、ここでは知的能力の基礎となる自分の「脚力」はどのくらいか、ということを知っておこう。たとえば、文字能力や計算能力、速読能力、語学力、各学問分野の用語についての知識、文章力、等々である。これらはふだんから、自分の空白部や弱点をチェックしてきたえるようにしておく。

たとえば、漢字を少なくするという方針は一見便利なようだが、ぼくは反対で、**漢字をできるだけたくさん覚えよう**、といいたい。しかも旧字体も覚えよう、といいたい。なぜなら、ぼくらの知的創造にとって、戦後刊行された書物を読むだけでは絶対的に不足だからだ。事典類をとってみても、文章類をとってみても、ちょっと突っこんで調べたいときには、中世・近世の辞典『節用集《せつようしゅう》』とか、明治から大正にかけて編纂されたとても便利な百科事彙『古事類苑《こじるいえん》』とか『広文庫《こうぶんこ》』とか、現代の出版社ではとても企画できないような大著がどうしても必要になる。

たとえば、羅城門の階段は何段あったか、なんていう疑問がわいたときには、どうしても古文献にたよらざるをえないのだが、どんな文献に出ているか、それさえわからない。そんなときに、これらの百科事彙や文庫が役にたつわけだ。ところがこれらは、原文のまま抄出してあるから、まずは漢文が読めなくてはならない。先立つのは漢字の知識なのだ。

これらを調べないで、戦後の出版物だけですませようというのは、自分からひとりよがりの視野狭窄《きょうさく》症に自分の知性をとじこめることとおなじだ。そんなところからは、知性の飛躍は望めない。

2　漢字・漢文コンプレックスを克服する

漢字・旧漢字をどんどん覚えていこう。その方法として、戦前の文章は総ルビ付が多いから、同じ本を買うなら戦前の版で買って読む。たとえば戦前の小説なら戦前のものを買う。改造社の円本なら、二〇〇円くらいで古本屋の店頭に棚ざらしになっている。総ルビだと漢字への恐怖心がなくなるし、だいいち、漢和辞典をめくって読書の快楽を中断される煩わしさがなくなってよい。何冊か読んでいくうちに自然に覚えて、一定程度覚えると漢字の造語法が無意識に理解できるようになって、飛躍的に識字量がふえる。

漢字の次には漢文。戦前の文化の根底には漢文脈の思考が貫いている。漱石は作家である以上にすぐれた漢詩人だった。初期の社会主義者・幸徳秋水の文章も漢文訓読調だ。昭和初年代に自殺した芥川龍之介も、ちょっとした感慨を漢詩にしている。

漢文訓読は、古代日本人の発明した独特の翻訳法で、この翻訳原理は、明治の頃の欧文和訳にも適用されたものだ。原文に、ちょっとした補助記号をそえるだけで、日本語に転化するというこの翻訳法は、実にみごとなものだとぼくは思う。この翻訳原理は、語学の場合だけでなく、現在の日本語の文章を読むときにもやはり採用されている。これは柳田國男が指摘しているのだが、ぼくらは漢語をいまでも訓読（翻訳）して了解しているではないか。だから、日本人が日本語の文章を読むという行為は、ちょっと特殊であって、翻訳するという作業がともなうのだ。

湯川秀樹は、漢学者の祖父から幼少期に漢文の素読を叩きこまれ、それがのちに素粒子理論の発見に役だったといっている。『荘子』に出てくる、「南海の帝を儵《しゅく》と為《な》し、北海の帝を忽《こつ》と為し、中央の帝を渾沌と為す、儵と忽と、時に相与《あいとも》に渾沌の地に遇《あ》へり。……」というくだりで、儵と忽とが会うのを素粒子の衝突とみて、そして混沌を、素粒子を受けいれる時間・空間のようなもの、と湯川氏はこれを再読して解釈している。この話は湯川氏の『本の中の世界』（岩波新書）に出てくる。子供の頃から読んだ本を残らず大事にとってあって、ときどき読み返したという湯川氏の読書人としてのありかたと、そのおおらかな自愛心に、ぼくらは心が洗われる思いがするはずだ。

漢文の次には、筆文字や木版本の活字。岩波書店で『国書総目録』という八巻からなる大著が出ている。これは江戸時代までに日本で刊行された本で現存するものを、その著者・刊行年・内容分類・現在の所蔵者までふくめて網羅した巨大なカタログだ。

これを見ると、翻刻されて現在の活字本になっているのはこのカタログに登録されている書物のごくわずかにすぎないのではあるまいか。つまり、ぼくらが明治より前の本を読もうとしても、現在の活字で読める本はほんの氷山の一角にすぎないということだ〔現在では、国文学研究資料館ホームページにて、『国書総目録』を継承・発展させた「日本古典籍総合目録データベース」が公開されている〕。

木版文字や手書き文字を読めるようにするには、師について手ほどきをうけるのが早道だが、それがいない場合、くずし字解読字典や異体字類などの字書で、ある程度までは読めるようになる。

3 語学は、肉体トレーニングの集積だ

次は語学。マルクスは「語学は生活の武器だ」といったが、これは知的生活の武器でもある。原典にあたらなければ信用しないという学問的良心をもつひとには、ぜひとも語学力が必要になる。世界大百科の編集者として、またルネサンス研究者としても知られる林達夫さんなどは、この「原典にあたれ」主義を歳をとっても実行していた。林氏はさる有名教授の訳した岩波文庫の誤訳を指摘して物議をかもしたこともある。

翻訳には誤訳はつきものなのだから、誤訳の指摘が公然とされるようになったほうが読者にはありがたい。けれどもそれも結局他人依存にすぎず、最終判断は自分でくださざるをえない。ひとつの解決法は翻訳書を読む場合、原書を併用するという方法だ。翻訳でわからない箇所に出くわしたら、調べるようにする。冗長なようでも、このほうが理解も深まるし語学力もつく。

語学学習は、知的視野の拡大と同時に、比較文化論的な視点をもてる点でも利益が大き

い。母語に限定された思考が、外国語学習によって反省できるというメリットだ。

語学学習の上達法は、暗誦の一語に尽きる。和訳のトレーニングをする場合、原文の一節ずつを頭に入れておいて辞書を読むようにする。これをしないと辞書を引くのに時間がかかってしょうがない。そして、最後に和訳をもう一度、原語になおしてみる。原語と比較してまちがった箇所を検討すると、日本語とその原語との構造的な違いに気づくことが多い。ドイツ語学習で有名な関口存男氏は、アテネ・フランセでラテン語を学んだとき、この、ラテン語↓日本語↓さらにラテン語、という翻訳トレーニングの方法をつかって、数か月でマスターしたばかりか、教える立場になったという。

考古学者シュリーマンの自伝、『古代への情熱』でくわしく説明されている語学学習法も有名だ。文法に苦しめられ、辞書をひくのに手間どる学校の語学教育では、手紙も書けるようになれないと知っていたシュリーマンは、やはり徹底した暗誦主義を採用している。――「非常に多く音読すること、決して翻訳しないこと、毎日一時間をあてること、つねに興味ある対象について作文を書くこと、これを教師の指導によって訂正すること、前日直されたものを暗記して、次の時間に暗誦すること」。暗記は昼間より夜間にするのがよい。このやりかたで彼は、英語、フランス語、近代ギリシャ語等を六か月で、オランダ語、スペイン語、イタリア語等を六週間以内でマスターした。トロイの遺跡を発掘したいという少年時代の夢を果たすために、彼は前半生を商人としての資金づくりと語学学習とに費やしたわけだ。彼は自分の開発した語学習得法を学校教育にいかすよう提案しているし、妻にたいしても試みている。方法の根底にはつねに情熱がある、といえよう。

一か国語をマスターしたひとは、その経験が他国語の学習に生かされるから、学習期間もずっと短縮できる。最初の外国語学習の経験をよく反省しておくことだ。

ヨーロッパの言語を学ばなければならない場合、ラテン語かギリシャ語を先にやっておくと便利だ。ラテン語は、文法的にヨーロッパ諸語の起源をなしているから、これを知っていれば、それの省略変形（進化）として各国語の文法がのみこめる。語彙面でも共通するものが多い。鷗外の小説『舞姫』では、主人公・豊太郎は語学力（ドイツ語・フランス語）の達人として登場する。ドイツに留学したとき本国のドイツ人が豊太郎のドイツ語に賛嘆しているし、恋人エリスに標準語を教えたり、エリスとの恋愛スキャンダルで職を失ってドイツに骨をうめるしかないとあきらめていた主人公が、帰国のチャンスをつかむのも、その抜群の語学力によってだった。鷗外そのひともそうだった。森鷗外がヨーロッパ諸語に熟達できたのは、幼い頃のオランダ語学習がさいわいした、といえる。鷗外が、というより彼の父親の教育方針が合理的だったわけだ。もちろん、若い頃、鷗外はドイツ語の辞書をまるごと書写してしまったほどだから、彼自身の毎日主義の学習法が、彼に確実な語学力を身につけさせたのだということはいうまでもない。

語学は、毎日、そして頭よりも手や目や唇をつかう肉体トレーニングなのだ、ということをもう一度肝に銘じておこう。

　ここで、文科・理科の両方面にわたって、国際的に令名をはせた日本の知性、南方熊楠《みなかたくまぐす》の語学習得法についてみておこう。

　熊楠は在英中、英・仏・伊・西・葡・希・羅などヨーロッパ諸語の文献を自在に読みこなしただけでなく、漢語、サンスクリット・アルメニア・アラビア・ペルシャなどの東洋の諸語にも通じ、大英博物館でだれも読めずに眠っている珍本類から、膨大な抜き書きノートをつくった。日本の歴史上、またと現われないといわれるこの外国語習得の天才・熊楠の方法は、彼自身の手紙によるとこういうものだ。

「語学なども小生は半ケ月で大抵自分行き宿りし国の語で日用だけは辨じたり。（中略）物の名や事の名は「汝はこれを何と呼ぶか」という一問さえ話し得れば誰でも教えてくれ申し候。前置詞斉ち日本で申さばテニヲハ、これだけは六、七十是非おぼえるが必要なれど、他の事は別段書籍に拠《よら》ずともじきに分り申し候。それから読書の一段になると欧米には対訳本というもの多くこれあり、一頁が英語、一頁が伊語という風に向い合せに同一の文を異語で書きあり、それを一冊も通読すれば読書は出来申し候。その上むつかしき字は字書で引くに候」（『全集』巻八）

南方熊楠（1920年）

つまり、熊楠の外国語習得は、対訳本を通読する方法だ。一冊の書物はたいがいその国語に必要な、文法や基本語彙をそろえもっているはずだから、それをマスターすれば他の本も読めるようになるというのは理にかなっている。あとは辞書を引けばいい。

ぼくらも熊楠のように、一か国語を「半ケ月」二週間で習得できるかどうかはわからないけれど、この方法はためしてみるだけの合理的な価値がある。以前、シュルレアリスムなどの本を訳しておられた巖谷国士さんに、フランス語学習のことで相談したとき、やはり、(文法書などから始めないで) 原書と翻訳書を交互に併行して読んでいけばよい、ぼくはそうやってきた、とアドヴァイスされた覚えがある。

4 ぼくらの知的空間を大宇宙に拡げるには

言葉に関する知的基礎能力で大切なことは、第二の外国語ともいうべき、学問用語だ。翻訳文化というべき日本の諸学問は、その専門用語が翻訳語の場合が多く、しかもそれが漢語であるのがほとんどだから、日常の日本語とはかけ離れていて、日本語からの類推がきかないのがふつうだ。

それぞれ学問はいわば、特殊に閉鎖的な、互いに外国語どうしのような関係になっている。同じ subject が哲学用語としては「主体」、言語学では「主語」、文学では「主題」と訳しわけられるのはまだしも、「示差的」という言語学の用語と「微分」という数学用語とは、日本語だけ見たのでは同一の単語（differentiel）だとは知るよしもない。

しかし、あらたな学問領域にわけ入ろうとする場合、その学問の基礎概念をしっかり頭にきざみこむ必要があることはいうまでもない。日本語の学問の初歩は、こんなわけでとくに専門用語の習得という、一種の語学学習を経過することになる。

この場合もっとも役にたつのは、テクストのかたわらに専門事典をおいておくことだ。いま見てきたように、日本語の学問用語は互いに閉鎖的な体系をなしているから、かえってこの専門事典は利用価値が大きい。皮肉なことだがそうなのだ。一つの用語の解説中にわからない用語がでてきたら、イモヅル式にそれらを引いて読んでいく。この追跡はいつか行きどまりにくる（体系が閉じられる）。そのときには、たいていその学問の基礎概念は身についていると考えていい。

専門事典は、必ずうしろに欧文索引のついているものを選ぶこと。この理由は前に述べたことから明らかだろう。日本語の用語の起源がわかるだけでなく、翻訳の際や、他の学問分野との交流をしようとするときに、これは大変役だつ。日本語をいったん欧語に還元してから他の分野と交流するというのは、欧語の通訳が介在するようでおかしいが、これも皮肉なことだが、日本の学問の特殊な性格からきているわけだ。

いままで述べてきたように、漢字漢文、手書き文字、外国語と知的宇宙を拡大して考えていくと、ぼくらが思考し、呼吸している知的空間は、ほんのせまい小宇宙なのだということがわかるはずだ。しかも、これは書物の世界での話にすぎない。博識を誇るひとは、たいてい、知の奥行きと広がりを知って身ぶるいした体験のないひとだと思ってまちがいない。

5 使いこなす能力とは辞書に慣れることだ

ついでだから、辞書についてもう少し話を続けよう。辞書・事典類をひっくるめて中国人は「工具書」と呼ぶそうだ。つまり、それらは大工さんの使うノコギリやカンナと同じ知的生産のための道具だ、という考えからだろう。

道具は、機械とちがって、オートマチックに動かないという点に特色がある。つまり使うひとの能力に応じて、働きも異なる。だから、辞書・事典類を使いこなす能力をもつこと、つまり習熟することが第一、という点を肝に銘じてほしい。

それから、道具としての辞書・事典類は、自分の知的サイズにあわせて、用途にあわせてそろえること。装飾品ではないのだ。たとえば、くずし字を読むひとには、児玉幸多の『くずし字解読辞典』(近藤書店)、『五體字類』(西東書房)、ヨーロッパ語に挑戦するひとならLiddell & Scottの『ギリシャ語(希英)辞典』(A Greek-English Lexicon)やLewis &

Short の『ラテン語辞典』(A Latin Dictionary)(ともにオックスフォード版で、初心者用の縮刷本もある)といった辞典が必要になるだろう(日本の『羅和辞典』はあまり役にたたない)。

英文でも仏文でも、時代物を読む場合には、オックスフォードの英語辞典(OED)とかロベールのフランス語辞典が必要になってくる。語義の変遷が時代順に、出典をあげてたどってある、という日本人には羨むべき大辞書だ。

簡単な英文のようでいて、ふつうの英和辞典では間にあわなくて、やっぱりOEDが必要だという例をあげよう。

たとえば、

An ant is a wise creature for itself, but it is a **shrewd** thing in an orchard or garden.

という英文。shrewd という単語はふつう「抜け目のない」「利口な」「すばしこい」と辞書では説明してある。しかし、これでは意味が通らなくなる。せっかく but という逆接の接続詞によってつながれているのだから、wise と shrewd とは何らかの意味上の対立関係になくてはならない。

OEDで引いてわかることだが、shrewd は hurtful, injurious, つまり「有害な」の意味で使われているのだ。したがってこの英文は、「蟻はそれだけとしてみれば賢い生物だが、果樹園や庭園では有害な虫だ」、ということになる。これは、フランシス・ベーコン(一五六一〜一六二六年)の文章で、自分を深く愛する人間は世の人々を堕落させるものだ、とエゴイストを攻撃するくだりでひかれたたとえである。shrewdが「有害な」の意味で使われたのは一七世紀の前半までなので、やはりこの種の英文はOEDにたよらざるをえない。

漢和辞典については、ぼくは出版界に一言しておきたい。最近では国語辞典に漢字の親字の説明も載るようになったから、漢和辞典の利用価値はなくなった。

それなら漢字の辞典はまったく不要かというとそうではない。国語辞典では収録字数がよく使われるものに限られている。漢字の多い文章には、どうしても漢字のディクショナリーは必要だ。しかし、ほしいのは漢和「辞」典ではなく、漢和「字」典なのだ。つまり熟語の説明などは国語辞典でも調べられるし、個々の文字を知っていればおよそ見当がつくから、不要なのだ。文字ができるだけ収録されていて、その読み（音—平仄《ひょうそく》と現代中国音をふくめ）と意味（訓）と、できれば字源とが載っていれば、そのほうがずっと価値がある。現在のハンディな漢和辞典は、国語辞典と熟語（しかも用例の貧弱な）がダブっていて、ぶ厚いわりに親字の数が少ない。出てない漢字は結局、諸橋大漢和（諸橋轍次『大漢和辞典』全一五巻、大修館書店）にたよることになる。

そこで、親字（単字）だけの「字」典はないかと探していて、戦前に三省堂ででた、宇野哲人『明解漢和辞典』というのが古本屋で手に入った。これはいまのハンディな漢和よりずっと小さくて軽く、ポケットに入れて図書館に持ちこむこともできる。収録字数も比較的多く、旧字体であるのもぼくにはありがたい。熟語の収録は最小限にかぎっている。

もうひとつの特徴は、親字の配列が、部首別でなく、字音による五〇音順配列である点で、これはたいへん便利だ。というのも、漢字の八〇％は「形声文字」で、音符を見つければ字音はほとんど予想がつくからだ。たとえば「貔」なんていう字にでくわしても、音符の「比」から「ヒ」と読むんだなと見当がつくし、意符「豸」に注目すれば、猛獣の一種だろうという予想はつく。この漢和なら国語辞典と同様、ハ行の「ヒ」の項目をめくっていれば「比」の並びにでてくる。部首引きとくらべ音引きは、ワンタッチ分は確実に早い。これは戦後もしばらく出ていたから古本で手に入る確率は高い。

その後、親字一万五、〇〇〇を収録して（今のハンディな漢和は一万くらい）、しかもワイシャツのポケットにも入るくらいの、塚本哲三『袖珍漢和辞典』（有朋堂、大正四年）というのを見つけたが、これは部首引き。

というわけで、ポケット版単字漢和の刊行を、戦後の出版界にもぜひ望みたいのだが、それまでの期間、ぼくは『康熙字典』の併用をすすめたい。世界一といわれる諸橋大漢和は高価なのと、大部だからそうちょくちょくはつかえない（体力がいる）のとを考えると、五万字あるといわれるすべての漢字が、この『康熙字典』一冊に収録されているのはなんとしても心づよい。それに俗字・異体字まで載っているから、古文献を読むときに便利だ。

中国の皇帝の文化統制は、このような後世にも役立つ学史的副産物をうんでいるのだ。〔古文書の解読には、東京大学史料編纂所のサイトで「電子くずし字字典データベース」を選択し検索するとくずし字のリストが写真で一覧できて便利。漢字の字典では、白川静の字書三部作『字統』『字訓』『字通』は、漢字が民俗語彙でもあることを示してくれる待望の字典だ。これと藤堂明保の古代音韻学からする『漢字源』とをくらべ読むと興味深い。「道」になぜ「首」が入っているのか、という疑問に、白川は異族の首を携え魔よけにするからだ、藤堂はあたま（首）を向けて進むからだ、と説明するなどずいぶん違う。〕

友を選ぶ・師を選ぶ

知的交流術

自分と異なる分野の知人をつくること、同学の士をつくって協力すること。そして、異なる分野の人たちが集う学際集団をつくること。

1　自分の知力を拡張する交流術の3パターン

自分の基礎能力のトレーニングをした。今度は人間関係に目をむけよう。知力のある知人をつくって、自分の知力を拡張する知的交際法だ。

これは、知的分業と知的協業という二面から考えることができる。つまり、**自分とは異なる分野の知人をつくること**、もうひとつは、**同学の士をつくって協力しあうこと**だ。実は第三に、**知的分業による知的協業**というのが考えられる。異なる専門分野のひとたちが集まって、共通のテーマを研究するいわゆる「学際《インターディシプリン》」という方法だ。

第一の知的分業は、ひとりの人間がすべての分野の専門家にはなれないという理由から、その必要がうまれる。自分の専門分野を深めてゆく途中で、どうしても他の分野の知識や方法を参照したいということがある。そんなときに、その分野の友人をもっていれば手っとりばやい。同じ分野でも専攻やテーマはそれぞれ異なるのだから、そこにも一種の知的分業が成りたつ。

相手が専門を深めていればいるほど、書物や論文で発表されていない流動状態にある見解を聞くことができるから、その点についてはまだわかっていない、とか、その点についてはダレソレがくわしい、といった有益な情報を聞ける。このテーマならどんな本を買ったらいいかというアドヴァイスもきけるし、蔵書も、高価な専門書を自分ですべてとりそろえるわけにはいかないから、友人がもっていればさしあたり購入予定品目からはずしておける。

要するに、モチはモチ屋という諺どおり、自分と異なる専門的な知識は独学でガンバロウなどと悠長なことをいわず、専門家に問いあわせることだ。

第二の知的協業は、切磋琢磨の関係だ。同一のテーマにたいして互いにしのぎを削る、もっとも緊張感にみちたライバル関係だ。情報交換とディスカッションが、この関係ではもっとも濃密にたたかわされる。この分野では、知的協業による共同研究がなされるのが望ましいけれど、論文執筆では個人の業績主義が顔をだすから、非常にデリケートな問題をふくむ。ディスカッションで出された見解が、自分のものか相手のものか、見分けのつかないことも間々あるからだ。

知的生産の主体はあくまでも、自己と他者との相互主体性のうちにあるのに、物理的には一個人の論文に帰結せざるをえないという業績個人主義が、ことに人文科学の領域で強い。引用・盗作問題が時々論議されるけれども、モラルの問題として論じられても、相互主体性という知的方法論の問題としてまともに検討されてはいない。結局この引用問題は、言語のもつ個体性と共同性との二重性の問題として、未解決の問題だといえる。

ぼくらは、この引用の問題をふくめて「知的協力」のありかたについて深く考えながら、業績個人主義には陥らない方向で、同学の士と緊張感にみちたトレーニングを行なっていきたい。

第三の知的分業による知的協業、つまり学際の方法は、具体的なものをあつかう文化人類学などの領域でさかんに行なわれている方法だ。それほど大がかりなものでなければ、ぼくらもふだん、異なる分野や異なる発想のひとと交流するとき、やはり学際的な関係をたえずつくってはいる。そこから、いずれの分野にも属さない第三の発想がうみだされれば、学際的方法の成果といえるのだが、そうでなければ、これは第一の知的分業間での情報交換ということにすぎない。

学問はそれぞれ独自の用語体系を基盤においていることを考えると、この第三の発想とか高次の統合《ジンテーゼ》という仮説は、「学際的」言語（用語法）をもつわけではないから言語的基盤がなく、多分に願望的な性格がつよいといえる。「学際」はひところ流行語だったけれども、それほどパッとした成果もうまず、異なる専門分野のひとたちがその専門性（知識プラス方法）を提供しあって、共同のプロジェクトをなしとげること、という程度の意味で現在つかわれているようだ。もちろんそのことが悪いというのではない。異質な分野のひとたちとの出会いは自分の領域に供するものが多いし、反省の材料ともなる。

ただ、学問が諸学科に分化している現在の知的分業体制をのりこえるためには、各専門分野のありかた自体の変革もうちにふくむような、根底的な学問論がなければだめだということだ。

知的交流の三つのパターンを見てきていえることは、まず自分が独自の専門領域を深めていることが前提だということ。専門的知性をもたない交流はよもやま話や床屋政談に終始するだけで、成果をうまない。互いに啓発しあう生産性をもつために、ぼくらはこの分野では誰にもひけをとらない、といえる知的個性をもとう。

それから、知的交流はあくまで具体的な人間関係を通じて行なわれるものであることをはっきり自覚しておこう。人間関係にはおのずからモラルがある。相手を利用手段と考えてはいけない。互いが自分の最良のものを出しあって、それを共有していく、友情関係で結ばれていなくてはならない。相手の知的長所を素直に賞讃し、はげますことが、相手を高め、やがて自分を高めることになる。

2　友を選んで、友情の共同体をつくる

一九三〇年代の、知的創造性にみちたひとつの友情の例を紹介しよう。これは、ドイツの劇作家のベルトルト・ブレヒトと批評家のヴァルター・ベンヤミンの場合だ。ふたりともユダヤ人で、デンマーク南部のフューネン島のスヴェンボルに亡命している。ベンヤミンはブレヒトとともにした亡命生活について、ある手紙のなかでこう紹介している。

「ブレヒトは、ぼくがひとりでいることを必要としているのを、察してくれている。これがとてもありがたい。そうでなくても十分に快適なのだが、かれのこの配慮のおかげで、ぼくは仕事にひきこもっていられる。(中略)一局ないし二局のチェスは、生活に多少の変化を与えるためのものだが、これも灰色の海峡の色、一様性の色をおびてきている。というのは、ぼくはめったに勝たないのだ」

ブレヒトの演劇や詩についてよく理解し評註もしたベンヤミンによれば、ブレヒトとの友情は、片手間に小さな親切をするようなものとはちがい、「最大の親切をささいなことのようにやってのける」ものであって、すこしもべたべたしたところのない、「ひととひととの距離をなくすのではなく、生かすもの」であったという。

ただし、この友情は誰にも無分別に適用されるものではない。友情は相手を選び、相手

チェスに興じるブレヒト（左）とベンヤミン（右）

の資格を確かめるのだ（野村修『スヴェンボルの対話』、平凡社）。

友を選ぶこと、そして友情の共同体をつくること、についてこの例は、ぼくらにひとつの手本を提供してくれていると思う。

それから、友人間でパンフレットをつくったり、ひとつの共同作業をしようとする場合の注意をひとこと。その場合、会議に司会をたてるのとおなじように、共同作業にはひとり必ずプロモーター（進行係）をつくっておくべきだ。プロモーターは具体的な作業にタッチせずに、メンバーの作業をチェックしてスケジュールを変更したり、メンバーの作業がスムースに進むよう環境をととのえ、激励したり、手伝ったり、ときにはきつく催促したりする。これがいないと仕事は永遠にまとまらないという事態もおこる。ぼくは、これで苦い経験をしたことがある。一冊の本を共同でつくるのに、全員が執筆を分担して、編集者にあたるひとがいないから、互いにまだいいやまだいいやで、とうとうそのうち気が抜けてしまったのだ。船頭が多くてもしょうがないが船員ばかりでもまたこまるのだ。

ところで知的交際法について、明治二四年に『成功遂志・勤学要訣』という知的ハウトゥーが出ているが（アメリカのジョン・トッド原著、吉田巳之訳述）、そのなかで、友人が勉強中に雑談をしかけてうるさい場合の撃退法について、面白い方法を紹介している。「諸君ニシテ若シ談話ノ念ニ堪エ難クシテ到底舌頭ヲ制抑スルコト能ワザル時ハ勉強中ノ事柄ヲ話題ト為セヨ是レ実ニ万死中一活ノ方法ニシテ兵家ノ所謂背水ノ陣法ナリ」、つまり、雑談が気になってどうしても口をひらかなくてはならないときには、いま自分が勉強していた内容について、相手に講義してみよ、そうすれば自分の復習にもなる、というわけだ。米日合作の妙法というべきか。

3 もうひとつの柱は、良き師を選ぶことだ

さて、友を選ぶことと並んで、知的交流のもうひとつの柱には、師を選ぶ、というむずかしい問題がある。なぜむずかしいかといえば、第一に良き師がいない、第二に良き師がいたとしても発見できない（身近にいない場合もふくめて）、第三に発見できたとしてその師が自分を採用してくれない、といったことがあるからだ。友を選ぶのとくらべて、師の数は少ない。

逆に、師が有能な弟子を探しもとめて、全国をひとさらい（スカウト）してまわる移動大学なんてものがあってもいいと思うけれども、これは冗談になる。やはり、弟子が師を選ぶ、つまり入門術ということになる。

良き師を見つけたら、くりかえし入門を頼むしかない。焼物なんかではいま、比較的このケースで住みこみ修業するということがあるようだが、学問の分野では師はたいがい大学にいるから、入学試験による選抜をくぐらなければならない。個人的に教えを乞う場合にも、住みこみはまず不可能だから、聴講や研究会への参加というかたちになる。作家を師に選ぶ場合どうすればよいか、ぼくは知らないし考えたこともない。創作は指南などなくて、自分でつくりだすものと思うからだ。

それはともかく、現在の入門術は、師にたいして礼を失することのないよう、教えを乞う場合には、最初は電話でなく手紙などで頼むこと。

そして入門を許されたら、むろん良き弟子となって師の深奥部にあるものを引きだすようつとめる。良き師は、その師の書いた書物以上のものを必ずもっている。知的創造のノウハウを、その身体の表情や手つきや身ごなしを通して感じとらせてくれるはずだ。ある問題について、師がどんな表情をするかで、無言の評価を読みとれることが多い。ページをめくる手つきとか、口調とか、師の身ぶりをまねているうちに、師の発想法の一端に気づくこともできる。

入門術の秘訣は、没我になってまずは師の思考空間のなかに入りこんでしまうことだ。師の言葉で語り、考え、師のように読む。師をまねることに徹する。師の指示どおりに学んで私意をはさまない。これが結局は上達の近道だ。なんでこんなつまらない作業をするのか、という思いは入門術には禁物だ。その疑問は、上達した時におのずからとける。知的格差があるから師弟関係が成り立つので、その分野での西も東もわからぬ初心者が、なぜこんなことをするのか、と考えても答がでるはずもない。「なぜ」と問えばすぐに誰かが答えてくれるもの、と考えるのは、知的甘えだ。どんな「なぜ」にも、それを理解できる一定の年齢と能力というものがあるのだし、解答のない「なぜ」だってある。

4 入門期間を終えた師弟関係の宿命は?

上達ということについて、やはり中島敦の『名人伝』が面白くて、しかも考えさせるところのある例を示してくれているように思う。

ざっと、こんな話だ。

「趙《ちょう》の邯鄲《かんたん》の都に住む紀昌《きしょう》という男が、天下第一の弓の名人になろうと志を立てた。己の師に頼むべき人物を物色するに、当今弓矢をとっては、名手・飛衛《ひえい》に及ぶ者があろうとは思われぬ。百歩を隔てて柳葉を射るに百発百中するという達人だそうである。紀昌ははるばる飛衛をたずねてその門にはいった。

飛衛は新人の門人に、まず瞬《まばた》きせざることを学べと命じた。紀昌は家に帰り、妻の機織《はた》り台にもぐり込んで、そこに仰向けにひっくり返った。眼とすれすれに機躡《まねき》が忙しく上下往来するのをじっと瞬かずに見つめていようという工夫である。理由を知らない妻は大いに驚いた。第一、妙な姿勢を妙な角度から良人にのぞかれては困るという。いやがる妻を紀昌は叱りつけて、無理に機を織り続けさせた。来る日も来る日も彼はこのおかしな恰好で、瞬きせざる修練を重ねる。二年後には、あわただしく往返する牽挺《まねき》が睫毛をかすめても、絶えて瞬くことがなくなった。彼はようやく機の下からはい出す。もはや、鋭利な錐の先をもって瞼を突かれても、まばたきをせぬまでになっていた。不意に火の粉が目に飛び入ろうとも、目の前に突然灰神楽《はいかぐら》が立とうとも、彼は決して目をパチつかせない。彼の瞼はもはやそれを閉じるべき筋肉の使用法を忘れて、夜、熟睡しているときでも、紀昌の目はクワッと大きく見開かれたままである。ついに、彼の目の睫毛と睫毛との間に小さな一匹の蜘蛛《くも》が巣をかけるに及んで、彼はようやく自信を得て、師の飛衛にこれを告げた」

　すると師の飛衛がいう。

「瞬かざるのみではまだ射《しゃ》を授けるに足りぬ。次には、視《み》ることを学べ。視ることに熟して、さて、小を視ること大のごとく、微《び》を見ること著《ちょ》のごとくなったならば、来たって我に告げるがよい」と。

　紀昌は家にもどり、肌着から一匹の虱《しらみ》を探しだして、自分の髪の毛でつなぎ窓にかけて、終日にらみ暮らした。三年の月日が流れたある日、ふと気がつくと、窓の虱が馬のような大きさに見えた。

紀昌はこれをさっそく師のもとに告げに行った。師は「でかしたぞ」と胸をうち、ただちに射術の奥儀秘伝を授けはじめた。目の基礎訓練に五年もかけた甲斐があって紀昌の腕前の上達は驚くほど早い。一〇日の後、試みに紀昌が百歩隔てて柳葉を射るに、すでに百発百中である。二〇日の後、一杯に水をたたえた盃を右肱《みぎひじ》に載せて剛弓を引くに、狙いに狂いのないのはもとより、杯中の水も微動だにしない。二か月の後には、皆伝となってしまうわけだ。話はさらにつづく。

もはや師から学び取るべき何ものもなくなった紀昌は、ある日、ふとよからぬ考えを起こした。今や弓をもって己《おのれ》に敵すべき者は、師の飛衛をおいてほかにない、天下第一の名人となるためにこれを除かねばならぬ、と。こうして郊野での師弟の死闘がはじまる。ところが力は互角で、「二人互いに射れば、矢はそのたびに中道にして相当たり、ともに地に墜《お》ちた」。ふたりはとうとう矢を捨て、互いにかけよると、野原のまん中に相抱いて、しばし美しい師弟愛の涙にかきくれた。

こうして師は、紀昌に、この道の大家、太行山脈に棲む甘蠅《かんよう》老師の存在を教え、そこで紀昌は「不射《ふしゃ》の射」の奥儀をきわめて帰る、という話だ。

見ることについて五年もかけた予備トレーニングは、そのあとの二か月の授業でやっとその意味が会得できる。成長した弟子が師を越えるためには、師を喰い殺さねばならなくなる。この寓話は、入門、上達、皆伝について、あらゆるトレーニングに共通する一般原理を、もっとも純粋なかたちで提供してくれているように思う。

入門期間を終えると卒業だが、その後の師弟関係はどうなのか。ぼくは入門中だからそんなことはわからない。

しかし、

「ニーチェという最も独創的な哲学者の生涯の歴史は、実に感動すべき「弟子」の歴史であった。われわれは師との宿命的な関係に思いを致すとき、人間の生にあり得る限り最も精神的で、従って最も純粋なこの人間関係の典型として、必ずやニーチェの場合を考えざるを得ないであろう」（原田義人『ニーチェの言葉』、角川文庫）

といわれるニーチェにとっての師とは、ショーペンハウワーやワグナーであったわけだが、このニーチェが、『人間的な、余りに人間的な』のなかで、師弟関係について、こんな言葉をはいている。

「あらゆる師はただひとりの弟子だけを持つ。そしてその弟子は師に対して不忠実となる。何故ならば彼もまた師となるべく定められているからである」

父と子の関係にも似たこれは、師弟の人間関係の宿命というよりは、知というものの宿命だというようにうけとりたい。つまり、いかなる知も、必ず時間とともに古びてゆくものだ、と。もちろん、これは、たんなる自然時間の進行につれてということではなく、弟子が師を知的にのりこえたときにかぎられる、ということはいうまでもないのだが。

知の空間術

知的空間をもつ

書斎とは、自分の知的能力の空間的拡張であり、いわば頭脳と手足の延長だ。そして、空間全体を思考させることが必要だ。

1　書斎は一個の巨大な百科事典なのだ

自分の知力のトレーニング、知的協力者をつくって自身の能力を人間関係のネットワークへと拡張していく知的交流法を検討したので、今度は自分の部屋を見まわしてみる。

ぼくらはどんなにせまくても書斎をもつべきだ。ひとりでものを読み、考え、書くための固定され、閉鎖された知的空間、それが書斎だ。ひとりの閉鎖された空間が必要なのは、**知的作業が本源的には、一個の頭脳による、孤独な作業**だからだ。他人の存在が気になっては自分の内面を思うままさらけだすことはできない。思考しているとき、ひとはまったく無防備な状態にある。警戒心をほどいて内面世界に入りこむために、他者の視線は遮断する必要があるのだ。

山本七平さんがエルサレムに住むユダヤの最高の律法学者の書斎を訪れる場面を、テレビで見た。この律法学者は、本をひろげてそのページに目をやるともう本の中の人になる。私が入ってきたのも気づかないほどだった、と山本さんはこのひとの尋常でない集中力の強さに驚嘆していた。書斎がよほど「安全な」場所でなければ、このような集中力は保障できないだろう、とぼくはそのとき感じた。

書斎は固定された場所でなければならない。これは、気分や思考の場所性と関連がある。始終、引っ越しているようだと、からだも頭もその場所になじめず、知的作業を開始するまでに時間がかかる。しかも場所の不安定さは気分を不安定にさせ、思考の持続を妨げる。散歩のコースも、ひとところである必要はないが、決めておいたほうがよい。

書斎は、自分の知的能力の空間的拡張だ。頭脳と手足の延長なのだ。この点を自覚すること。書斎におかれてある書物はすべて、一種の「事典」と化して、必要に応じて引ける（とりだせる）場所に並んでいる。書斎は一個の巨大な百科事典なのだと考える。覚えていなくとも、持っている、すぐに使える、という状態がすでに、知的能力なわけだ。そうすると、知的作業とは、自分の頭脳で考えるだけでなく、**部屋全体が思考していること**なのだなということが、感覚的にもつかめてくる。

ある哲学者の家をたずねたことがある。話をしていて書名があがるたびごとに、彼はその本を書棚までとりにいく。話が進行していくにつれてこれがくり返されるので、おいとまする頃にはテーブルの上は本でいっぱいになってしまった。

つまり、**書棚は記憶の貯蔵庫である。**記憶が頭脳の飽和に達した分を、モノ（本）のかたちで外化しておく。頭脳それ自体は一種のインデックス（索引）となり、書斎空間がむしろ思考する身体にしてかつ主体、ということになる。それゆえ、思考するとは、まさしく本棚の前を「歩く」という身体的行為のことなのだ。書斎全体が思考する装置となっている光景を、ぼくはこの哲学者との対話でまざまざと見る思いがした。

2　図書館よりも書店の配架法に学べ！

次に、書棚への本の並べかた、つまり配架法について考える。

配架法は、十進分類法にもとづく図書館の配架法よりは、書店の配架分類法のほうが参考になる。書店では売りたい本は、客の目につきやすい、客の手にとりやすい棚に並べる。内容も、固定したジャンル分類でなく、可変的な話題（テーマ）別分類である店が多い。

ぼくらの配架法も、判型によるのでなく、内容分類でいく。書店の販売戦略に相当するのはぼくらの頭のなかにあるテーマ意識の束、つまり知的マップだ。自分がもっとも強いテーマ意識を感じているジャンルの本をひとそろい、もっともよい場所に並べる。これを中心として、そのテーマの関連分野をそのまわりに配置する。こうして、自分の問題関心の強さの度合に応じて、いくつかの焦点をもつ、知的カタログの壁面ができあがる。

この配架法を考えるためには、まず自分のテーマ集を紙に全部書きだし、全書棚を白地図のように紙に書いてそのテーマ別の割りつけ《レイアウト》をする作業が先決だ。こうした設計図をつくることで、自分の現在の思考状況をまとめることもできるし、知の全体性・体系性を獲得するためのトレーニングにもなる。もちろん、この紙上のシミュレーションは、記憶にも便利で、どの本がどこの書棚においてあるかあとで利用するときに抜群の効果を発揮する。設計図にあわせて一冊一冊の本が、どのコーナーに属するか考えることは、自分の知的世界像にとってその本がどんな価値をもつのか判定することだから、当然、どの一冊の本も印象がつよくなるわけだ。

書店とちがって、本は平積みに並べてはいけない。平積みにすると書棚にたくさんおさまるけれども、取り出しにくくて、結局「死蔵」書と化す。

それから、分類の鉄則には「ゼロ項目」をつくるということがある。自分のテーマ意識による配架法は、ぼくらの知的世界像の変化に応じて組みかえていく状況的な性格をもつべきものだが、もっと現在的に、いま自分がやっている仕事にあわせて必要な書籍を置く場所がほしいのだ。そのために、余裕のあるひとなら、棚の二つくらいは空けておきたい。あるいは、本屋さんで、洋書のペーパーバックなどをおさめてある回転式本棚、あれがあったらいいな、と思う。しかし、ぼくにはその余裕がないので、折りたたみ式のワゴンを古道具屋から買い、ひとつのテーマで原稿を書かねばならないときに使う本をひとそろい、それに並べて机の左側においてある。構想を練ったり、執筆したりするときに、机をせまくはしないでしかも坐ったまま必要な本が手にとれるので、思考が中断されなくて、はなはだ具合がよい。仕事が終わるとこれらの本は、書棚の元の場所へ帰っていく。

3 使いやすさを第一に考えるのが必要だ

図書館とも書店ともちがって、書斎の書棚は、万人のためにひらかれている必要はなくたったひとりの読者のためにだけひらかれているものだ。自分のためのつかいやすさを第一義に考えればよい。書斎の、この徹底して自己中心的な配架法は、自分の知的世界像の空間への投影であること、つまり、自分の頭脳の延長なのだということを考えれば納得がいくだろう。

だから書斎の書棚を見せることは、他人に自分の世界像を見せるに等しい意味をもつ。この点の自覚は重大だ。ひとつのエピソードを紹介しよう。書淫家の山口昌男氏が、『本の神話学』(中央公論社、のち岩波現代文庫)のなかで引いている話だ。

二〇世紀の知的起源を探っていくと、ぼくらはそのひとつとしてドイツのワイマール文化に出会うことになる。そしてそこには、美術史家アビ・ヴァールブルクの収集した膨大な文献を中心として創設されたヴァールブルク研究所がある。

哲学者エルンスト・カッシーラーは、一九二〇年のある日、ヴァールブルク文庫を見に行った。カッシーラーはそこで、「哲学に関する書物を占星術と魔術と民俗学に関する書物の次に並べ、美術の部門を文学と宗教と哲学の部門と組み合わせている」、ヴァールブルクの正統的でない本の配架法を知って新鮮な感動にうたれた（ピーター・ゲイ『ワイマール文化』、みすず書房）。

この配架法は、シンボル（象徴）形式をとおして人間をとらえようというカッシーラーの哲学的な意図に完全に一致しており、壮大なパノラマをあたえた。この、「哲学に関する書物を占星術と魔術と民俗学に関する書物の次に並べ」るという配架法に、山口氏は、「アリストテレス的形而上学に対する西欧の思想史のもう一つの底流であるプラトン哲学、それも新プラトニズムと錬金術の伝統」を読みとっている。

ぼくらも、自分の書棚の前に立って、また友や師の書棚を見せてもらって、自分の世界像に大きな変革のおこることを期待し、身がまえていたい。

4　本の所有、蔵書には独特の意味がある

それから、自分の蔵書を友人に貸す場合のことだが、必ず借用書をとること。どんな紙でもよいから、書名、借りたひとの名前、年月日、を書いてもらう。これは証文としての

意味よりもだれに貸したのかを記録しておくためだ。その場で覚えていても、これをしないとだれに貸したかを忘れてしまうだけでなく、その本の存在さえ忘れてしまっている場合もでてくる。全集のたった一冊でも欠けたら、全集としての利用価値はないに等しい。本にはカネを積んでも手に入らないものもあるのだから、カネの貸借以上につつしみぶかくなければいけない。

書物の貸借は古くから行なわれている本独特の物流形式だが、これが人間関係のトラブルをひきおこすことがよくある。貸借がいつのまにか所有の変更になることが多いからだ。林達夫氏は、贈呈された本を友人に貸したところ、それがいつのまにか古本屋の店頭に出ていて、しかもそれを贈呈者(平野謙氏)に発見された、という経験を書いている(『本のもう一つの世界』)。

贈呈者にたいして大変失礼をしたことになるわけで、これは本の貸借にともなう契約上のモラルを強調するだけですまない、さらに奥ぶかい問題をはらんでいる。つまり、「蔵書」という観念の非常にデリケートな性格にふれてくるのだ。

知の生産・流通・消費の総過程のもとでアカデミズムやジャーナリズムの問題を分析した日本のマルクス主義哲学者・戸坂潤は、この視点から、書物の貸借関係について考えている(「世界の一環としての日本」、一九三七年、全集第五巻所収)。

かれは、ある金持の青年に本の閲読をたのんだが断わられ、あらためて、「書籍の社会的所有関係」というカテゴリーを確認する。「学問の公共性」「学問上のフェアプレー」「社会的に公共性を有《も》つべき研究資料」という理念は、タテマエ上は通用していても実際には市民道徳として貫徹してはいないことを思い知らされたわけだ。そして、重要資料をもっているかいないか、つまり「研究上の労働用具」の所有の如何が、知的生産の成果を規定するという点を指摘するわけだ。

こんな例をひきながら、本の所有、つまり蔵書、ということに独特な意味のあることも戸坂潤は発見してこんなふうにいう。

「いうまでもなく本は単に読むためのものばかりとは限らない。というのは、読まれつつある時だけ本の効用があるのではない。いつでも読み得るということ、否いつでも楽に見ることが出来るということが、本の効用なのであるから、読まなくても何か所有するということに書物の意義があるのだ。本は手回りの道具であり材料なのである。それを用意することが本の所有の価値なのである」

本は道具であり、持ち主とのあいだに身体的で親密な関係が成立するのだということ、この点ばかりは図書館がいくら発達しても変わらないだろうと思う。

「本を読む」前に、「本を持つ」、つまり蔵書ということの独特な意味をこころえておくことは、これからぼくらが知的生産を開始するときにきわめて重要な意義をもってくることなのだ。

コラム❶　図書館は知力を拡張する空間だ

21世紀に入り図書館の利便性は一段と向上した。WEB検索を利用して読みたい本や雑誌を最寄りの地域図書館で受けとれる。自治体図書館に所蔵されていない本でも、相互貸借制度により大学図書館などからとりよせてくれる。WEBでレファレンスの相談に乗ってくれるサービスがあり、詳細な回答を読むと、こちらの知的な問いにライブラリアンたちがどんな方法で立ち向かったかを知ることができて楽しい。専門学術書のあつまる大学図書館にも、一般登録者に館外貸し出しをし、書庫にも自由に立入れるところがある。かつては図書館といえば雑誌類の所蔵が不十分であったが、国立・公立図書館ともに週刊誌から学術雑誌まで収集・保管に力を入れる拠点館ができ、調査や研究のためのサービスが充実してきた。

このほか、大手新聞の記事、国内外のさまざまな雑誌・論文、国内最大級のオンライン辞書（ジャパンナレッジ）に館内のPCからアクセスできる。図書館を自己の知力を拡張する空間として活用しない手はない。

ところで最後に、個人図書館である「蔵書」はどうか。蔵書がだいじとぼくは強調してきた。歴史学者のKさんが蔵書の半分を売り払ったという記事を読んで取材したことがある。「本を解放してあげなさい。前の本は市場で新しい主人に出会えるし、棚の空いた場所にはまた新しい本を買うことができます」。蔵書の憂鬱を知るひとには大胆かつ爽快な提案だと思う。

実践編

読み・考え・書くための技術11章

論文を書く

知的生産過程のモデル

〝方法は高くつく〟とヴァレリーは言った。ここに示すモデルをもとにして、自分自身の手法を見つけ出してみよう。

1 単純化した知的生産過程の共通モデル

知的生産は本来ハンド・クラフト的なものだから、そのしくみは複雑きわまりないものだし、個人や専門によって千差万別だ。まして、職人気質に徹するひとは、たとえばポール・ヴァレリーのように〝方法は高くつく〟といって、自分の手法を他人に公開したがらないものだ。

ぼくらはそれだからこそ、そうした知的巨匠たちの方法を知り、それらを改めて今日に生かすことを試みているわけだが、ここではむしろ、できるだけ単純化してどの領域にもあてはまるようにした、知的生産過程の共通モデルをつくることにしよう。このモデルを、専門や個人の知的体質にあわせて、適当に変形したり改良をくわえたりして、自分の手法とよべるものをぼくらひとりひとりが持てるようになるためにだ。

一一一ページの図は、ひとつの論文をしあげようとしたとき、どれだけの知的工程をたどるかを一覧できるようにしたものだ。学校に提出するレポートのたぐいから、卒論や一冊の単行本を書きおろす場合にも、このモデルは利用できる。別に「論文」にかぎらなくともよいのだが、これがいちばんわかりやすいので、他の分野はこれを変形すればよいと考えて、読んでほしい。

大事な箇所はあとで詳述することにして、ここでは、概略を説明することにする。

ひとつの論文が「決定稿」として仕あがるためには、すくなくとも三つの段階がいる。考えるのに必要な材料をあつめる「インプット」の段階、あつまった資料に検討をくわえて再構成する「加工」の段階、最後に、その加工された頭のなかの半製品を完成品として表現する「アウトプット」の段階、という三段階だ。

小論文を書く場合や、よほど手慣れたひとの場合は、この三段階を一度ずつ通れば完成稿ができる。しかし、いざ執筆しはじめてから、考えのあいまいな点や再調査の必要が生じることは必ずあるものだ。無理につじつまをあわせて書きつづけることは、かえって労力と時間を消耗させる。それで、長い論文の場合にはとくに、この三段階を最低二サイクル（I〜IIIとIV〜VI）はおこなうほうが無駄がない。

この計六段階はさらにA〜Lまでの計一二ステップの作業工程に分けられる。そしてA〜Lはもちろん、各段階ごとに不備を発見することはあるものだから、一直線の進行ということはありえない。前のステップにいつでもフィードバックできる心のゆとりも必要だ。

2　知的生産には12の工程がある

それでは、各工程について簡単に説明しよう。

A＝問題意識発生・テーマ設定……これは「発問・発想トレーニング法」のところで説明した。ここでのテーマはまだ漠然としたものでよい。ここに問題がありそうだ、というアタリやカンがはたらけば、そのテーマは検討する価値がある。このアタリやカンは言葉にしてメモしておくこと。次のBステップでこのメモがテーマの明確化に役だつ。

B＝テーマ分析……現在の自分の手持ちの知識を総動員して、自分はなぜこのテーマを思いたったか、とりあげるに値するテーマかどうか、そして、このテーマを解明するにはどんな作業が必要か、さらに小さないくつかのテーマに分割できないか、と考えて、テーマの輪郭を徐々に明らかにしていく。テーマ分析の具体例は「発問・発想トレーニング法」にあげてある。小さなテーマ群に分かれたら、その小テーマのうち自分の現在の知的能力で扱えるものとそうでないものとを区別し、さらにテーマをしぼりこむ（これは「〈基礎知力〉測定法」を参照）。

これらの作業は、「研究ノート」をつくっていちいち記録しておく。のちの研究作業に

区分	工程		1. 読む		2. 考える		3. 書く	
●インプット	Ⅰインプット	A. 問題意識発生 テーマ設定	拡散的読書術		問う	●発想 ●予想 ●仮説 ●時間計算	記録（認識）過程	●メモ
		B. テーマ分析						●研究ノート ★研究プラン ●文献メモ ●索引カード
		C. 第1次情報収集		※ためし読み	考える（陣痛）			
●加工	Ⅱ加工（醸造）	D. 資料分類・分析	集中読書	●精読 ●遅読 ●再読		●記憶 ●分析		●読書カード ●研究カード
		E. エントロピー廃棄	目的限定型読書					●メモ
		F. 構想		●再読		※総合		※構想ノート ★概念図
	Ⅲアウトプット	G. 構成			答える		執筆（表現）過程	※センテンス ※アウトライン レジュメ(小論文)
		H. 草稿執筆		●自己の文章を読む				★目次 ※草稿ノート ★草稿
	Ⅳインプット	I. 草稿検討						
		J. 第2次情報収集		●精読（必要箇所）				★追加資料
	Ⅴ加工	K. 草稿修正						※推敲
●アウトプット	Ⅵアウトプット	L. 清書		●校正読み				★決定稿

● 生産の過程で
※ 困難な部分
（網掛け） 最も困難な部分
★ 生産物

知的生産工程のモデル図

行きづまりがきたとき、出発点での流動状態の思考にたち帰ることができて、再出発の可能性を残しておける。ノートのことは別の章で詳述するが、この研究ノートは原稿執筆の段階まで、自分の方法論上の変化を記録していくもので、自分の思考過程をむきだしにした言葉で書いておいてかまわない。

テーマ分析が終わったら、このノートに、テーマ名（論文の仮タイトル）をつけ、小テーマについての作業の一覧を書いた「研究プラン」を書く。これはテーマについてのラフ・スケッチであり、もっともプリミティヴな論文目次だ。研究が進むにつれて、たぶんこのプランはズタズタに改変をくわえられるだろう。ここで友人や先生に相談するのもよい。

研究プランには、論文のタイム・リミット（締切）から逆算した（コレ大切……計画術の真髄）タイム・スケジュールをつけること。

C＝第一次情報収集……そのテーマに必要な資料は、どんな情報でも「全部」あつめるよう心がける。目的の限定された蒐集のことを、ここではとくに「収集」と呼んでおくことにしよう。目的が限定されていても、「蒐集術」で述べるように、これは時間のかかる作業であることを覚悟しておかなくてはならない。それで文献収集の場合、じっくり読むというわけにはいかないから、テーマに関係があるかないか、「ためし読み」の方法でいく。

ここでは、収集途上に図書館や本屋で見かけた本の文献メモや索引カードもつくっておく。

D＝資料の分類・分析……資料のコレクションができたら、資料をひとつひとつ丹念に検討し、つかえないものは排除していく。文献資料は精読し（ときには再読・三読したり、「遅読（書写・暗誦）」する必要もある）、本にサイドラインや書きこみを入れたり、索引を裏表紙につくったりして、あとで見直しやすいように加工をくわえておく。そして、目的によってても異なるが、テーマと重なる部分について、要約・書き抜き・コメント、のいずれか（併用してよい）の読書ノートをつくる。

この過程で、必要な資料のあいだに、いくつかの関連（錯綜しているが）が見えてきて、資料の内容分類が可能となる。もちろんこのとき、頭のなかでは、資料を目の前にして、Bステップのときの「テーマ分析」とくらべていっそう具体的な（即物的な）分析作業がおこなわれているわけだ。分析にとって必要なら、文献の内容を索引できるように見出しをつけて、出典を書いた「研究カード」をつくるとか、統計調査をおこなうとかしてみる。要するにこの段階は、資料（モノ）と頭（観念）とのあいだの絶えまない往復運動で、試行錯誤の連続だ。結論がでるともでないとも誰にも保証できない。

E＝エントロピー廃棄……いつ果てるともわからなかったDの分類・分析作業にも、やがて、（気力や体力が消耗しつくしてということもあるが）終わりがくる。結論がでたわけではないのに、試行錯誤はやりつくしてもう手がない、という場合も往々にしてある。こんなときには、アインシュタインは、『物理学はいかに創られたか』のなかで、かれの好きな名探偵ホームズを安楽椅子にすわらせ、悠然と煙草をふかさせることにしている。――「これらの事実は多くの場合に、全く異様な、支離滅裂な、何の関係もないもののように見えます。しかし名探偵は、その時はもうそれ以上の調査は不必要で、ただ思索のみがその集められた事実を関係づけるものだということを知っているのです」というわけだからだ。

かつて、フランスのド゠ゴール大統領は、寸暇を惜しんで「ボンヤリ」したそうだが、ボンヤリして緊張をほどくことの意味は大きい。しばらく資料の全体を頭のなかにねかしておいて、ボンヤリする。すると、頭のなかでその資料たちがゆっくり醸成してくる。それを待つのだ。紅茶を飲むためには、砂糖が溶けるまでの時間を待たねばならぬ、とベルクソンもいっている。

増大した知的エントロピーを時間によって洗い流してもらう。資料たちはかすかながら、「構想」の形をとって近づいてくる。それが手にとれるまで近づくのを待っている微妙な瞬間、――これがまさに、教育の助産師・ソクラテスが「陣痛」にあたえた意味だったろう。この最後のものをメモしておこう。

F＝構想……Bステップでつくった「研究ノート」をひろげて、もう一度テーマ分析をやる。今度は、分析と総合の結果、あらたにインプットされた資料の全体が、テーマにもとづいて再構成されているから、細部まで説明可能な概念図ができる。これは文章ではない。小テーマ群を区画したり線でつないだりした思考の地図、観念の設計図だ。このマップは、具体的な資料の細部まで説明できるかどうかを、何回もシミュレートして描きなおし、頑丈な構造物にしあげなくてはならない。

G＝構成……概念図はまだ文章の形をとっていない。マップを文章で説明するためには、面を線に変換しなければならない。風景を言葉で説明するときのように、文章にはまた別の秩序——順序とストーリーがある。だから観念上の構造物を、文章ではいくつかに章分けした「目次」につくり変える。

「目次」構成が適切かどうかは、執筆過程の難易を左右する。それをテストするには、その目次をもとにして、粗筋（一章を一センテンスくらいのセンテンス・アウトライン）を書いてみるとよい。章から章へうまく橋渡しができないようだったら、執筆過程で難航するから、ここでもう一度、前のステップにたちかえって検討する。要するに、自分の思考の産物と言葉で対話するわけだ。うまく言葉に馴らすことができないと、それは原稿になっても、他人にわかってもらえない。

H＝草稿執筆……目次と執筆に必要な本、ノート、カード類（これらは目次の章立ての順に並べる）を用意して、原稿の執筆にとりかかる。第二サイクルの予定された草稿なら、文法や文体などにかまわず、どんどん書いていく。前を見かえすこともしない。長い引用文はコピーをはりつけたり、あるいは出典とその見出しをメモするだけで、とばしてしまってもかまわない。一気に書き終えるようにする。――この狂気のような集中とスピードが大事なのだ。そうしないと、中途で何度でも挫折感にみまわれて、論文はなかなか形をなさない。

I＝草稿検討……草稿を書き終えたら、それを今度はゆっくりと何度も読みかえす。これは精読法でいき、自分の書いたものに、あらゆる角度から論難をくわえてみる（友人に読んでもらえればなおよい）。そしてケチつけの可能な箇所すべてにチェックをいれて、FやDのステップまでひきかえして考える。

J＝第二次情報収集……この情報収集は草稿段階で見つかった不備をおぎなうためにおこなうもので、目的が限定されているから「探索術」を参考にすればよい。

K＝草稿修正……D～Gのステップを追加資料をくわえてもう一度やり、草稿にどのくらい手なおしを入れるか考える。草稿に書きこみを入れるだけで決定稿になる場合もあれば、全面的に書きなおす場合もある。これは、「推敲トレーニング」を参照のこと。

L＝清書……完成稿では、「前書き」はいちばん最後に書くとよい。清書の途中でもまだ思考のハプニングはおこりうるから、全体の見とおしがたってから書くべきなのだ。

3 「読む」「考える」「書く」

以上、図にしたがって各作業ステップをみてきて、さらに作業の細目のところをながめてほしい。

「読む」「考える」「書く」の三つの作業で、その作業にもっとも時間が集約的につかわれる、いいかえればもっともシンドイ作業ステップにアミをかけておいた。三項目ともに共通する集約的な作業ステップは、Dの「資料の分類・分析」だ。つまり、これが、「研究」という性格のもっとも濃厚な作業だということになる。だから、この作業に種々の創意工夫をくわえることができれば、ぼくらは、自分の知的生産のスタイルを手に入れることができるのだ。

それから、「読む」作業についてみると、Cの「第一次情報収集」までが拡散的な読書、Dは全面的で集中的な読書、F以降は必要な箇所のみを読みなおすときの目的限定的読書、というように三つの異なる読書態度に段階分けできそうだ。

「考える」は、A～Bのように自分に既存の知識で考える段階、C～Fの、あらたな知識を消化・吸収して自分の血肉にする（再編する）段階、G～Lの、自己の思考を展開する段階、というように、まさに、ソクラテス式の、問う―考える（陣痛）―答える、という三段階をふんでいる点が面白い。考えるというプロセスは古今東西、変わらないものらしい。「書く」は、A〜Fまでは、公表を目的としない記録過程で、思考がそのまま言葉になったような文章でよく、G〜Hは、それを読む他者を想定して書く表現過程である、というように大きく二段階に分かれる。

ぼくらは、この知的生産過程のモデルをときどきにらんで、それがどの工程に位置するのかを考えながら、たとえば探索術や速読術、推敲術などの実践的なトレーニングにはいっていこう。そして、つねに知の職人（知職人！）が心がけるべきは創意工夫だ、ということを忘れないようにしよう。

あつめる

蒐集術

あるテーマについてのコレクションが一定量に達すると、自分の意見をもてるようになる。コレクションは、すでに自分の能力の一部だ。

1 あつめることは分析の第一歩だ

あつめることは分析の第一歩だ。

物でも情報でもいいが、あつめているうちに知らず知らずにそれについての鑑識眼が身についてくる。あるテーマについてのコレクションが一定量に達すると、自分の意見というものが吐けるようになる。つまり誰にもヒケをとらないようなコレクションをつくれる、ということは、そのひとの実力の証明だし、そのコレクションはそのひとの能力の一部だ、ということとなのだ。

だから、知的生産を志すぼくらは、何かひとつテーマを決めて、それのコレクターになろう。これがそのテーマの権威者《オーソリティ》になるための一番の近道だ。そして、あつめるということは、マニアならいくらでもしていることで、そんなに苦しい作業ではない。むしろ、ザクザクと自分の部屋にデータがあつまってゆく喜びは、なんともたまらない快楽なのだ。
たとえば、戦時中のポスター類と政府広報（『週報』と呼ばれて、〝隣組〟同士が回覧して
ハンコをおすもの）を片っぱしから集めているデザイナーがいるが、このひとは、現代の
広告を見ても、ハハン、これはドイツのナチスがオリンピックをひらいたときにつくった
ポスターの真似だな。この商標はナチスの盗用だ、といった具合に、一九二〇年代以降の
広告ポスターについては、ピカ一の鑑識眼をもつに至っている。それに、これらの資料は、
古本屋でもまだそんなに値が張っていない。このひとは、いずれ日本に、自分のコレクシ
ョンを中心とした「戦時文化研究所」という資料館をつくるのではないか、とぼくは期待
している。

コレクションの利点は、「蔵書」のところで指摘したように、読まなくとも持っている
ということが、いつでもつかえるという可能性を提供してくれる点にある。**物的所有は知的所有の第一歩**なのだ。思考はいつなんどきその本を必要とするかわからない。まさか真
夜中に図書館は利用できない。

それに、手元において書名をながめているだけでも、ある親しさの関係がわいてつかい
やすくなるし、書名が自分の知的世界像に啓示をあたえてくれることもある。あつめられ
た資料たちがぼくらに、ヤルゾという意欲をわかせ、知的好奇心をそそり、そしてときに
はテーマ（問い）をあたえてくれることさえあるのだ。それにまた自分で所有していれば、

アンダーラインを引くなど、その本に変形をくわえて加工し、自分の知的生産の道具としてつかいやすい状態における、というメリットもある。だから、経済条件がゆるすかぎり、目的限定的でなく、知的興味のひろがるにまかせて、ぼくらは本を買いだめておいたほうがよい。

グラフィック・デザイナーは雑誌を見て面白い図案があったら、切り抜いてとっておく。そのコレクションは自分の作品制作のときの、「アイデアの玉手箱」になるからだ。モンタージュにデザインの究極を見るデザイナーにとっては、この蒐集作業の巧拙は自分の仕事の質を決定する生命線だ。

2 「全部」あつめることが大切なのだ

蒐集術の鉄則は、「全部」あつめるということだ。それは、「分析は体系が完成したところから始まる」(R・バルト『モードの体系』)からだ。研究対象がスキマだらけでは研究方法も不完全になる。あつめるという行為は、たいがい果てることがないものだが、しかし一定量のコレクションがたまり、ほぼ「全体」が見えてくると、逆に、あと何が足りないのか空白部も明確になってきて、蒐集の重点をそこに集中できるようになって、効率はぐんとたかまる。つまり、対象が知的に所有できるようになるわけだ。

蒐集もこの段階までくると、研究に一区切りをつけるために、逆に対象を体系として閉じさせることができるようになる。

たとえば、フランスの記号学者ロラン・バルトは、モードの研究を思いたって、モード雑誌やモード写真の切り抜きをあつめはじめる。はじめは現実のモード（目に見える衣服）の分析をめざしたのに、途中からモードの記述だけに分析対象を限定してしまった。記述されたモードは、閉じられた体系《システム》をつくっていることがわかったからだ。そこで、「競馬場ではプリントが全盛です」とか「丈はウエストまで、ターキッシュ・ブルーのアンサンブルにジャケットは首のつけ根まで」といった、フランスのモード雑誌（『エル』『ジャルダン・デ・モード』『ヴォーグ』等）にあらわれる言葉だけを一年間分まとめて、これを分析、『モードの体系』という独創的な研究にまとめあげた。

これは、果てしない蒐集作業に一定の枠をあたえて（モード写真のほうは断念することによって）、研究対象の体系性を確保するという方法の好例で、この枠づけが逆に、テーマを明確に限定することにもなっていることがわかるだろう。

だから、どこまでも趣味にとどまる蒐集ならともかく、知的生産を目標にした蒐集は、なんらかの体系性・全体性をあたえる必要がある。

なんとなく電化製品のカタログをあつめている、というだけでは知的蒐集とはいえない。たとえば、電気カミソリのカタログに限定すれば、バウハウスのデザインの流れと何らかの関連が見つからないか、といったテーマが考えられるようになる。トランジスタ・ラジオに限定すれば、操作ダイヤルがいつごろこんなにふえたのか、といった疑問がわき、宇宙ロケットの操作盤とのあいだにある連想がわけば、アポロ計画がID（インダストリアル・デザイン）にあたえた影響、というテーマが見つかる。このテーマに食指が動かされるなら、次の蒐集作業でおくべき重点はなにか、おのずからわかってくる。操作ダイヤルの多いラジオには若い男性のイメージがつきまとう、ということを発見できれば、蒐集は歴史的な方向ではなく、他の若い男性向けの電化製品のカタログの蒐集という、同時代の方向をとることができ、その比較から精神分析的なアプローチもできるし、社会学的な分析も開始することができる。

文学で一作家を研究する場合、個人全集がでていればもちろんそれを買いそろえることが出発点になる。尾崎紅葉のように、大文豪ではあっても不完全な全集しかでていない場合は、もれている作品の蒐集をしなくてはならない（一九九三年から『尾崎紅葉全集』全一二巻、別巻一が岩波書店より刊行、ただし新字）。しかし、全部あつまらなければ分析できないわけではない。現在あつまったかぎりでの全体を見わたしてみて、その作家の小説だけ（小説全部）に限定するとか、むしろ紀行文のほうに重点をおく、とか、さしあたりの方針を決めることはできる。しかし、いずれにしても、出発は、あつめること、それも「全部」あつめること、にあることにかわりはない。

3　いい本を見つけだすにはコツがある

本を買う決心はどうやってするか。もちろん自分の必要度と予算枠とによるが、蒐集のメリットからいけば、いずれ必要になりそうな本もいま買っておいたほうがいい。二、三千部しか刷らない本が多いのだから、その本がいつまでも書店でぼくらを待っていてくれると考えるのは甘いのだ。買って読んでから失敗だったなと苦い思いをすることもしばしばある。しかしそれは仕方ない。買う↓読む、の順序を逆にはできないからだ。読書には、購買上の多少のムダはつきものだ。これは賢い読者となるための必要コストと割りきること。哲学者の戸坂潤も、「読書はそれ自身不経済なやり方を必要としている」といっている。

本を買うときの鑑定術は、一般的には、

❶ 書名・前書き・後書きからどんなテーマを狙ったものか知る。

❷ 著者が、このテーマで書くにふさわしいひとであるかどうか、自分の知識や「著者略歴」をみて人物鑑定する。著者自身が執筆しているかどうか、ゴースト・ライターを使っているのではないか、も、前書きと本文の比較からわかることがある。

❸ 著者についてはわからなくても、自分の得意な分野、知りたい問題が書かれている箇

所をひろい読みして、その本がどの程度、自分の期待にこたえてくれるかを内容判定することもできる。

❹注や引用文献を見て、古典をどのくらいふまえてモノを言っているか、外国文献にどのくらい目を通しているか、判定する。もちろんこれは、注や文献が多くても独創性がない本があるから、テーマとのかかわりで判断する。

❺その本を書くためにどのくらいの知力とエネルギー（投下労働時間）がかかっているかで、数か月しかもたない本か、数年はもつ本かを知る。膨大なエネルギーが投与されていたり、そのひとの個性でしかできない一回的な仕事になっている本は、時がたつにつれて内容価値を増す本で、当然知的耐用年数も長い。

❻誤字・誤植が多い本はやっつけ仕事だ。これは編集者の誠実さを鑑定するわけだ。

❼本の定価は、内容の鑑定とは無関係だ。良書で少部数しか刷らなければ高価になるのはいたしかたない。

4　蒐集的知性の歴史をふり返ってみる

最後に蒐集ということの意味について、ぼくらはその歴史的な位置づけもしておこう。

エンゲルスは、科学の歴史を、蒐集の科学から整理の科学へ、というようにいささか図式的にまとめたが、個人の知的成長においてもこれがいえる。子どものころ、ぼくらは、おとながみてガラクタと思えるようなものに胸をときめかして、宝物のようにそれらをあつめ、大事に箱に入れてとっておいた経験があるはずだ。子どもの頃から博物館通いが好きで、終日ぼんやり化石などを眺めていた、という文化人類学者のレヴィ＝ストロースは、家の地下室に各地からもち帰ったガラクタのコレクションをつくって楽しんでいたそうだ。蒐集という行為には、知の原初状態の、純粋なよろこびがあるのだといえる。

古代の帝王たちも、権力と富をおのれのもとへ集中するばかりでなく、珍獣をあつめて動物園をつくったり、清の乾隆帝のように、中国全土の全書物をあつめて、実に八万巻近くにのぼる『四庫全書』という巨大な、本のピラミッドをつくった。

蒐集という知的欲望は、ルネサンス時代には大衆のものとなり、旅行の流行とともに、ベンヤミンが「拾い屋さん」と呼ぶところの、エドゥアルト・フックス（風俗史家）のような蒐集家や、書物の世界から抜け出て、世界という書物を読み漁《あさ》ってあるく、「足で考える」多くの人類学者たちを輩出させた。

日本でも、明治の三〇年代から始まる、都市から地方への旅行の流行は、はるかにロシアの「ヴ・ナロード（人民の中へ）」の運動とも呼応して、自然主義文学、写生文（言文一致）、民俗学といった蒐集的知性を生成させている（柳田國男「旅行と歴史」）。

そして、戦争が科学・技術を発展させるとすれば、自然災害や戦災による破壊の廃墟には、もう一度、プリミティヴな蒐集的知性が蘇生してくることもまた事実だ。関東大震災、第二次世界大戦、高度成長による列島破壊、それぞれの廃墟に、蒐集のルネサンスがみとめられるのだ。

「あつめる」という言葉をとおして、ぼくらは知の歴史の根底をすかしみたわけだ。今度はいよいよ、自分のコレクションを前にして、知的生産にはいっていくことになる。

さがす・しらべる

探索術

いろんな分類システムを知り、使いこなせれば、ぼくらの知的好奇心は、解答のある問いにかぎっては必ずみたせるはずだ。

1 いろいろな分類システムを使いこなす

「あつめる」という行為は拡大的だったが、「さがす」「しらべる」という行為はその反対に限定的だ。蒐集行為は範囲をひろげていって「全体（全部）」に及んだとき終わりとなり、探索はだんだん焦点をしぼっていって「突きとめ」たとき終わりとなる。

探索には**分類学的発想**と**推理力**とが必要だ。ここでは分類学的発想とは、自分の知りたいことがらが、既知の体系のどの項に属しているかを知る能力という意味でつかっている。

ギリシャの昔以来、人間の精神活動をいくつかの分野に分類する試みがなされた。とくに、そのなかでも、ベーコンのように人間の知力を「記憶（歴史）」「想像（詩）」「理性（哲学）」とか、カントのように「感性」「悟性」「理性」とか、三分割する三分法の伝統がつよい。『百科全書』をつくったダランベールも、「記憶（歴史）」「理性（哲学）」「想像

（芸術）」というベーコンに似た三分法だ。そして、これをダランベールが「人間知識の系統樹」と、樹木にたとえて植物質のイメージで名づけたのは、もちろんその起源に植物学と分類学との親密な関係が想定されているからだ。

本の世界だけでなく、面白い分類法はいろいろある。ゴミの分別だってそうだし、廃品回収にもモノについての独特な分類学がある。電話帳をひっくりかえすと、職業・産業・日常生活についての分類がでてくる。ぼくらは、こうした分類表から興味をひかれるものにあたって、分類学的発想をきたえるためのトレーニングに利用しよう。

探索には、分類学的発想とともに、もうひとつ推理力が必要だ。知の探偵になることだ。とっぴなことをいうようだけれども、分類学的発想は、一冊の本でいえば「目次」にあたり、推理力は本のうしろの「索引」にあたる。読んだ内容がどの章のどんな項目に位置づけられるか、ということは、分類学的発想で、この分類表は本の場合「目次」が提供してくれている。読んだ内容の輪郭は覚えていて（知りたいことがらは何かが明確で）、どの本で読んだかも覚えている場合——たとえば、未開民族の首長がレヴィ＝ストロースのメモをとるのをみて文字を書く真似を始めた、という記述が『悲しき熱帯』のなかにあったが、それはなんという部族で、首長の行為がこの部族にどんな影響をあたえたか、をもう一度明確に知りたいというような場合——には、「目次」を見ていけば、「エクリチュールのレッスン」という項目がみつかる。学術論文ふうの本になるほど「目次」はより精緻な分類学的体系をそなえてくるから、探索に便利だ。このレヴィ＝ストロースの場合にはやはり「目次」の分類表を下へたどって探すしかなく、ナンビクワラ族という名前を覚えていないのだから、「索引」があったとしても（固有名詞索引のような場合にはなおさら）、たぶん役にたたなかっただろう。

2　探索には推理力も必要だ

この反対に、分類学的探索が役だたない場合がある。知りたいことがらが図書分類表や目次を利用できるまでに明確化されていない（部分的情報しかあたえられていない）ときや、そのことがらが分類表をはみでてしまったり、いろんな分類項目に同時に属してしまったりする場合がそうだ。この場合には、分類表の範囲を全体から部分へとだんだんしぼりこんでいって、目的物をつきとめる、ということができない。探偵は、犯人が何ものともわからないまま、犯人が残していった痕跡を手がかりにして、推理力にたよるしかない。

たとえば、フランスの象徴詩人・マラルメと椅子についてのエピソードがあったけれども、どんな内容だったか、どの本で読んだのか覚えていない、というような場合。手がかりになるのは、「マラルメ」「椅子」という二つの単語と、このエピソードがマラルメそのひとや「フランス文学」「建築学」というジャンルとは直接かかわりがない文脈でつかわれていたような気がする、というかすかな記憶だけだ。

となると、探したいのは、マラルメのこのエピソードというより、このエピソードを引用したひとだ。だから、マラルメの伝記やマラルメ研究書のなかに真犯人が隠れているとはかぎらない。

この場合、探索の範囲はあまりにも広すぎる。全体から部分へという方法がとれないとすれば、部分に徹するしかない。「マラルメ」「椅子」という単語をもって、アタリをつけ「聞きこみ」をしてまわるしかない。こんなときには、「目次」ではなく「索引」に聞いてまわる。マラルメから連想される書物、さらにその書物から連想される書物、……というように、イモヅル式に追跡していく。

ぼくはこんなふうにして、マラルメからはもっとも遠い場所にいると思われた『漱石全集』（岩波版）の固有名詞索引のなかに、「マラルメの窮屈」という見出しを見つけだした。そのときには鼻がピクンと動いたものだ。

漱石の小説『行人』のなかに引用されたエピソードだったのだ。マラルメの家にはよく若い崇拝者たちが集まって談話をした。そして、どんなに多くのひとが押しかけても、マラルメのすわる場所は暖炉のそばの揺り椅子と決まっていた。ところがある晩、新しい客がきて、この習慣を知らないものだから、その椅子に腰かけてしまった。それでマラルメは不安になり、いつものように話に身がはいらなくなった。一座はシラケてしまった、というエピソードで、「何という窮屈な事だろう」と漱石は作中人物のひとりにいわせている。

このエピソードのくだりを再読して、ぼくは改めて漱石文学の本質が「不愉快」ということだったんだな、と、このマラルメと漱石の奇妙な取り合わせの意味を了解した。

この探索は、索引があったからできたようなものの、日本では残念ながらアルファベット圏ほどは、本の末尾の索引や、作家別用語辞典（コンコーダンス）が発達していないので、二次的な手がかりとしては、巻末の「注」や「参考文献」から推理していくことになる。もうひとつの方法は、**自分で辞典をつくるようにすること**だ。覚えておきたい情報があったら簡単に出典等をメモし、小見出しをつけてアイウエオ順に並べておく。推理と連想による探索のための自分用の索引装置をつくっておくわけだ。

3 「目次」による探索と「索引」による探索

以上、探索術を、「目次」による分類学的探索と、「索引」による推理・連想的探索とに分けて検討したが、ぼくらはもちろん実践ではこの両方の組みあわせでいくことにしよう。

そして、「目次」探索法と「索引」探索法とには、垂直的／平面的、樹状的／網状的、単一的／分散的、エコノミー的／エコロジー的、文法的／語彙的、といった対立する性格があることをよく検討してつかいわけよう。

一冊の書物を眺めても、「目次」は、ひとつの中央司令室から各部局が枝分かれして下へ下へと配置されていく、合理的な官僚組織をおもわせる面があり、反対にうしろの「索引」は、どの項目も対等に、五〇音順とかアルファベット順とか、ニュートラルな基準で配置されて隣の項目とはそれ以上に必然的な関係をとりむすんでいない。かえって全然かけはなれた場所にある項目と響きあったりして、なにか、漢方医学のツボや経絡にも似た、有機的なやわらかさを感じさせる。「目次」の究極の理想が、合理的・科学的である点にあるとすれば、「索引」は、むかし五〇音にそれぞれ神秘な力をみとめた言霊学派があったように、シュールでかつ錬金術的な魅惑をぼくらにあたえてくれるようにおもうのだ。

目次のもつ官僚制度、その論理崇拝や機械的性格をきらって、いわば目次の索引化を実行した書物もある。フランスの批評家、ロラン・バルトは、『テクストの快楽』や『愛のディスクール』を、それぞれの断章につけたタイトル(小見出し)の頭文字をアルファベット順に配列して、目次・構成にしてしまったのだ。フランスの書物は、「目次」も本の最後にくるので、こういう発想はうかびやすかったのだろうとは思うけれども、それにしてもこれはフランスでも、「本」の概念を変えるものとして新鮮にうけとめられたようだ。

最後に、目次探索(分類学)と索引探索(推理)とをくみあわせた探索術の、応用トレーニングをしておこう。

まず問題——最近、フランスに旅行した日本人がモードの店に買物にはいり、そのまま行方不明になってしまった、という噂があるかどうか、あるとしたらどこに記録されているか、という突飛な問題を出されたらどう解決するだろうか。

ぼくはエドガール・モランの『オルレアンのうわさ』(みすず書房)の方法をつかって、日本で一九七三年におきた買いだめの「噂パニック」を調査したことがある。そのとき、必要あってこの問題を探索しなければならなくなった。

フランスに旅行した日本人女性がモードの店で行方不明——しかも事実であるかどうかはどうでもよく、その噂があったかどうか。この問いはあまりに漠然としている。そこでまず探索の範囲をできるだけしぼらなくてはならない。

まず、この噂は、モランの本であつかわれた話そっくりだ。モランの調査した噂は、一九六九年五月に、フランスの中央部に位置する地方都市、オルレアンでおきている。そして、モードの店の試着室で、女性が薬物をかがされるか注射をうたれるかして、地下の人身売買ルートをとおして外国の売春街に売られている、というのだ。

そこで、探索の時期は一九六九年以降にかぎることにする。

そして、女性、誘拐、噂、といった事項をあつかっているのだから、学問分類でいけば「社会学」に属するはずだ。けれども、こんな最近の、しかも事実かどうかもはっきりしない噂について、日本の社会学文献をあさってみても、時間をくわれるばかりで、徒労におわりそうだ。そこで、国会図書館以下、日本のアカデミズム（学術＝図書分類）にたよることはあきらめざるをえない。

こうなると、もっと大型の分類表をつかうしかない。ぼくは、知の分類をおおざっぱに、アカデミズム（文献中心）・ジャーナリズム（新聞・雑誌・映像中心）・日常生活（世間話）、という三つのレベルで考えている。アカデミズムとジャーナリズムは基本的に書き言葉の世界であり、情報は文字か映像に定着して保存される。これにたいして日常生活のレベルは話し言葉の世界であり、庶民のあいだでおこなわれている無数の会話・井戸端会議などは、落書きにでもならないかぎり記録として残されることはない。

すると、この分類でいけば、小規模な噂などは日常生活のレベルに属していて、記録に残される可能性はきわめて少ない。記録がない、という結論が出れば探索はそこで打ちどめにできるのだが、しかし、あきらめるのは早すぎる。

世間話のように瞬間瞬間にかき消えていくものでありながら、それを記録に残しているような媒体があればしめたものだ。それはきっと、ジャーナリズムの世界と日常生活の世界との接点——境界領域のようなところに位置するメディアだろう。ぼくはそれで、週刊誌、それも女性週刊誌に目をつけた。スキャンダルという、アカデミズムはもちろん、正統派ジャーナリズムでさえあつかわないような、真実と虚偽との混合された現象、きわどくあいまいな領域をあつかうのが、このメディアの特色だ。

女性週刊誌のバックナンバーなどは図書館でもあまり保存していない。このような雑誌の場合、東京都世田谷区にある大宅文庫のお世話になるしかない。

このケースでは、大宅文庫で、一九六九年以降の女性週刊誌の目次を片っぱしから調べて、目あての記事を一件だけ見つけることができた。コピーしてもらって帰り、モランの調査したオルレアンの噂との比較検討をしたわけだ。同一の噂（物語《レシ》）の変種《ヴァリアント》ではあったけれども、日本の女性週刊誌の場合には、オルレアンの噂につきまとっていたユダヤ人問題（ユダヤ人のモード店で……）がきれいに消去されていることがわかって、興味ぶかかった。

おなじ問題の探索について、ぼくなどよりもずっとスマートで効率のよい方法を実行できるひとが、たぶんいくらもいるにちがいない。ただ、しろうとなりに、分類と推理をはたらかせていけばなんとか目的物を突きとめることができる、ということをひとつの事例で示したかったまでだ。それと、アカデミズムが知のすべてではない、ということも。

分類する・名づける

知的パッケージ術

情報のコレクションも、分類という加工をしないうちはまだ原料段階、悪くするとガラクタの山で終わってしまう。

1　自分自身の分類体系を身につけよう

分類表をつかいこなす知の探索に習熟したぼくらは、それで満足せず、これらの分類システムを参考にしながら、さらにぼくら自身の分類体系をつくりだすという、もうひとつ積極的な、分類学的発想を身につけたい。

これは、ぼくらの知的世界像にあわせたマップづくりのことをいうのだし、もっと具体的にいえば、ぼくらが蒐集した情報のコレクションを、知的生産に役だてるためにいくつかの部分に分割するという作業のことをいうのだ。この加工をくわえないうちは、せっかくのコレクションもまだ原料段階、悪くするとガラクタの山でおわってしまう。

あつめるという行為は、ひろい意味ではすでに分類作業でもある。自分のテーマにあうかあわないか、という区別を、ぼくらはあつめるときにしていたはずだからだ。あるテーマについての資料収集がほぼ「全部」という段階に達したら、今度はその資料を片っぱしから詳細に検討していく。文献ならば熟読してノートをとる（または研究カードをつくる）、モノであれば観察や実験をして観察記録・実験記録をつくる。そして検討した結果（ノート、カード、記録）を比較して、たとえば共通性と差異性（対立）という観点から、その結果になんらかの法則を見いだす作業をする。その場合観点はいろいろに変えて、しんぼうづよく、ノートやカードが何かを語り始めるのを待つ。そうすると、次第に、資料を整理するための分類基準がみえてくる。分類基準はひととおりとはかぎらない。

分類基準ができてきたら、その基準にあわせて資料を分類する。共通項どうしを同一グループにまとめたり、対立するものを両極にひき離して配置したり、これは書棚の配架でやった方法でやるわけだ。これを幾通りも試行錯誤してみる。

2　分類したものに名前をつける

分類で大切なことは、分類されたグループに名前をつけることだ。名づけること《ネーミング》によって対象は明確なかたちで出現する。命名は確実な把握（分析）や迅速な整理にとって有効なだけでなく、記憶のためにも大変役だつ。見出しのラベルは記憶の貯蔵庫のなかの引きだしみたいなもので、思いだすきっかけになってくれるのだ。ひとつのグループのメンバーすべてを覚えているより、そのグループを一語に要約して覚えるほうが、効率がよいにきまっている。だから、**命名とは知的包装《パッケージ》術なのだ**といってもよい。

命名も、大きく分けて概念による方法とイメージによる方法とがある。概念による方法は、「地球の生態学的危機」とか「地域社会での主婦層の役割の増大」とか「漱石の永遠観」とか、厳密な要約になっている半面、抽象的で味も素っ気もない。イメージによる命名は、「宇宙船地球号」とか「女たちのファシズム」とか「鏡への投身」とか、名づけるべき資料グループとの対応に過不足はあっても、具体的で印象はつよい。カタストロフ理論は「ツバメのシッポ」で人々に記憶された。「未開」人の思惟を肯定的にあつかったレヴィ＝ストロースの著書『野生の思考』(La Pensée sauvage)が、「未開の思考」と同時に野生のパンジー(三色すみれ——同じスペル)をも意味するように、概念とイメージとをたくみにくみあわせた命名法もある。概念化とイメージ化とは結局、甲乙つけがたい。資料の性格と好みの問題だろう。

分析術

分ける・関係づける

資料を分類・整理したあとには分析という作業が待っている。分析とは見えない関係を見つけようとすることなのだ。

1　分析とは見えない関係を見つけることだ

分析とはとにもかくにも分けること、分解することである。なぜ分析が必要かといえば、問題にしている対象が複雑すぎて、いくら眺めても正体がつかめない場合があるからだ。そんな場合には、相手の正体をつかむために、こちらから何らかのはたらきかけをしなければならない。はたらきかけて対象の全体を幾つかの要素に分けることができれば、相手の正体はつかみやすくなる。それらの要素の関係までわかるようになれば、分析は完了だ。対象の全貌がつかめたのだ。

ぼくらは蒐集術において、あるテーマにしたがって資料をあつめ、知的パッケージ術でそのコレクションをいくつかのグループ（カテゴリー）に分類し、ラベルを貼るということをやった。分類とはある基準にしたがって対象を仕分けすることなのだから、分析の最も単純な方法だといってよい。研究によっては、分類ができれば完成というものもある。分析はこの点、ただ分類・整理できればよいというのとちがって、**分けられた諸要素間の関係や規則性を見つける**ところに主眼をおく。採集してきた植物たちをひとつの分類体系に整理すること、そしてどんな新種がでてきてもその一枚の分類表のどこかにそれを所属させることができれば、分類学の使命は一応果たされたことになる。しかしこれをさらに、光合成をする植物としない植物とのあいだにどんな関係があるかしらべたり、鳥の翼とケモノの前肢とを比較したりして、進化の系統関係をあきらかにしようということになると、固有の意味での「分析」が必要になってくる。分析とは、見えない関係を見ようとすることだ。

たとえば「光」という対象を分析するにはどうするか。やはりまずはそれを分解すればよい。物理学ではプリズムをつかいスペクトル分析をおこなう。太陽光線はプリズムを通過させると、アカ・ダイダイ・キ・ミドリ・アオ・アイ・ムラサキのスペクトル（もちろん連続スペクトルだが）に分解される（ニュートン『光学』）。すなわち、白色光が波長のちがいに応じてそれぞれの成分色光に分析されたわけだ。つまり、全体（白色光）が要素（成分色光）に分解されただけでなく、要素間の関係も波長のちがいとしてつかまえられたのだ。

もちろん分析は、対象を実体的に分解できなくてもかまわない。分析者の頭の中で——

概念による分析をやればよいのだ。相手が生きた人間で実験ができないときとか、人間だの社会だの芸術だの抽象的なものを対象とする分析には、とくに概念による分析が必要になる。文法学者が「文」を分析するときには、主語になる・ならないとか修飾・被修飾の関係とかといった概念のプリズムをつかって、文を品詞に分解する。

定性分析と定量分析

おなじ分析とはいっても、化学の世界でのように「定性分析」と「定量分析」とがある。要するに質を重視するか量を重視するかのちがいだ。大気汚染について、汚染物質の種類をならべあげるだけでは説得力がない。各汚染物質の量（ppm）をはかって、定量的にその耐えがたさを力説したほうが効果は大きい。それに、「水は水素と酸素とから成る」というよりは、「H_2O（水素原子二個・酸素原子一個）」というように量的関係を明示したほうが対象を操作可能な形で記述できるのだ。地理学では「分布」というかたちで地図上に量を表現したりする――「東京都における緑の分布と犯罪の分布」といったように。社会学の人口動態分析にも統計調査という定量的な分析手法がつかわれる。経済学では価格の動きをとらえることが大事なので、商品の質とは無関係に量の把握が基礎となる。面白いのはマルクスが、$p' = \frac{m}{c+v}$ という方程式をつかって資本主義の滅亡を予言したことだろう。これは「利潤率の傾向的低落化の法則」、またの名を絶対的窮乏化の法則と呼ばれ、予言がはずれたといって攻撃される点でも有名なものだが、社会の運動法則を力学的な公式で説明した点が面白い。

一般に研究は定性的分析から定量的分析にすすむという傾向がある。しかし定量的研究がすすむと、今度は新しい質が見いだされ、新しい段階で定性↓定量のサイクルがくりかえされることになる。

統計資料の読みとりの手法

ここで数量的な分析のための、統計図表の読みとりにふれておこう。これには電卓と筆記具を用意しておく。まず数値だけがならべられている統計表の場合、特徴的な数値をとらえることが大事だ。人口の変化を知ろうとすれば、どこで激増しているか、激減しているのは何年頃か、大ざっぱに節目を見つける。そしてその節目となる数値には、黄色のサインペンなどでマークをつけておく。大ざっぱな把握ができると、無味乾燥にみえた数字の羅列が意味のあるものに変わり、さらに細かい検討をするときの貴重な手がかりになってくれる。もちろんこの段階では、数字は精確にとらえるよりは概数でとらえることが大切だ。大正九年の二六歳人口が八一四、九三三人とあれば約八〇万名、同じく昭和五〇年同年齢人口が二、四一八、六六六人とあれば約二四〇万名、と概数で把握すれば、半世紀ちょっとで三倍になっているなと比較ができる。コンマ1までの値が必要な研究に、コンマ

知能検査成績と年齢との関係

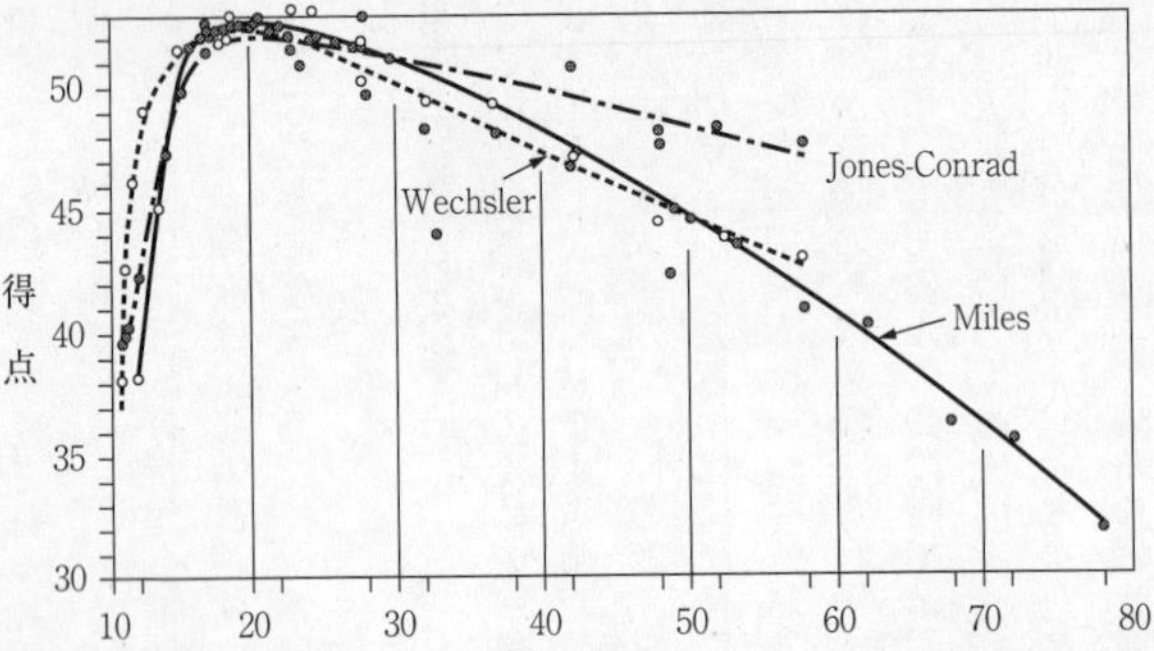

(Stieglitz, E.G.：Geriatric Medicine をもとに作成)

3までの値を出そうと時間をかけるのは愚かというものだ。

統計表の読みとりでもうひとつのポイントは、視覚化せよということだ。大ざっぱな数値(それも節目になった特徴的な数値だけ)をグラフ(図)に変えてみる。グラフも、大ざっぱなものでよい。

すでにグラフ化されている統計の読みとりも、以上の手法と同じだ。激しい変化のあらわれている節目を見つけて、マークをつける。要するに早くアラスジを知ることだ。ただし作図されたものについては、読みとりの手法だけでなく、見せかたの手法についての理解も必要になる。タテ軸は何を単位にしているかとか、これで本当に相関関係がわかるのかとか、作図上のルールを凡例で知っておかねばならない。

よく年齢別の知能検査成績がグラフ化され、

二〇歳台から下り坂になっているのを見かけるが、これでいくと自分もこのようにして知的に老化していくのかなと不安を覚えるにちがいない。しかしこれは実際には、同一の人間の一生でどう知能が変化するか（これを縦断的研究という）を調査したわけでなく、ある時点で各年齢層の人々の知能をはかった横断的研究をグラフ化したものにすぎない。それぞれの点（数値）を線でむすんで、あたかも人間一生のごとくストーリー化することには危険があるのだ。まず各群の被験者たちは教育程度、職業構成などあらゆる点で等質でなければならないはずだが、このような被験者群を構成することは実際には不可能である。だいいち、現在の時点で六〇代の人たちと一〇代の人たちとでは、うけた教育内容からしてちがっている。社会はどんどん高学歴化し、情報化されているので、今の一〇歳の人間が六〇歳になったとき、検査されてこのグラフの数値と同じ成績を出すなどは到底考えられないことではないか。

このように、作図の手法（見せかたの技術）についての理解と習熟とは、統計でウソをつかれないためにどうしても必要なトレーニングである。

数字だけの統計とグラフにされた統計とでは、グラフのほうが手っとりばやく見やすいけれども、資料価値としては数字だけのもののほうが断然価値がある。数字は利用目的に応じていろんなグラフに変えることができるけれど、グラフはもとの数字にもどすこともできない。数表は原料であり、グラフはもう変形のきかない完成品なのだ。数表ばかりあげられていて利用価値の大きい本は、『日本統計年鑑』（総務省統計局）だろう。気象から物価から学校数まで、あらゆる分野の統計があげられた数字ばかりの本だが、索引のついているのも便利で多目的に利用できる〔現在ではウェブサイトがある〕。

2　まず初歩的な分析術からスタートすることにしよう

分析の手法のトレーニングには論理の訓練も必要だ。論理学に「帰納法」と「演繹法」というふたつの推論の形式があるので、これを検討してみる。

帰納法とは、特殊なものから一般的なものを導きだす方法だ。これは経験を重視する方法なので、個々の観察や経験にもとづいて、そこから普遍的な法則を見つけだすわけだ。これは日常生活でもよくつかわれる。P社製の万年筆を幾本もつかってみて、「P社製の万年筆はすべりがよいけれど早くいたむ」という結論を得るなどがこれだ。実際には他のメーカーのものもつかってみて、P社製ならP社製、M社製ならM社製という同一グループに共通する性質を抽出するわけで、比較という方法をつかうことが多い。

これにたいして**演繹法とは、一般的なものから特殊なものを導きだす方法**で、三段論法もこのひとつだ。数学では公理から出発していくつかの定理や系を導きだすが、これも演繹法だ。定理にもとづいて個々の問題を解くのも同様に演繹法だ。この石器は立川ローム層から発掘されたものだから、洪積世の旧石器時代のものだと結論する。地層についてわかっている一般的な事柄にもとづいて、個々の出土品の年代を推定していくわけだから、これも演繹法だ。それから、仮説をつくって問題を解決していくのも演繹法と考えてよい。論理操作のうえでは仮説は公理と同様にあつかわれているわけだからだ。大陸や海は巨大な板（プレート）に乗って移動しているという、地球科学のプレート・テクトニクス仮説が有名だ。この仮説から、大陸と島々の配置関係や、火山・地震などの諸現象が合理的に説明できるようになった。

帰納法はかぎられた経験から一般的な結論を出すものだから、その推論のしかたそのものが論理的には誤謬だという批判がある。事例をいくら豊富にあつめてそこから結論を出しても、次から次へと新しい事例が出てくるようでは、いつまでたっても普遍的結論には到達できないことになる。それで科学的研究の多くは、帰納法から演繹法へという方向をたどっている。経済学や言語学なども、経験や比較にもとづく帰納的な方法から、演繹的な方向に転換した。チョムスキーの言語学（生成変形文法）などは演繹法の極端で、人間が先天的にもって生まれた言語能力（普遍的な構造）から出発して、多様な各国語を派生させようとするものだ。しかし、帰納法の側から演繹法に反論をくわえることもできる。演繹の出発点におかれる普遍的な命題とはそもそも経験から導きだされたもの、すなわち帰納されたものではないかというように。二〇世紀にはいると、ニュートンやデカルトが絶対的な真理と考えた数学的な公理さえ、仮説にすぎないことがあきらかにされるようになった。たとえばそれまで自明の真理として疑われることのなかったユークリッド幾何学の公理を否定した非ユークリッド幾何学が、リーマンの手によってつくられたのだ。さらにゲーデルという数学者は、どんな公理系にも欠陥があるということを証明した（「不完全性定理」＝公理論的集合論が無矛盾であることを証明する構成的手順は存在しない）。これにたいして、「超限帰納法」という方法をつかってゲンツェンというひとが反論をこころみたそうだが、くわしいことをぼくは知らない。

こうみてくるとどんなに完璧と思われる演繹法にも、その出発点のところで帰納法が混入してくることは避けられそうにない。「仮説」というものはそうしたあやうさをもつものだ。そこでぼくらは分析のさいには、このふたつの推論形式の長短をわきまえてつかうことになる。**帰納法は発見的な価値のある方法であり、演繹法は思考の正しさを保証し、最短コースで回答に辿りつく経済的価値をもつ方法**なのだ。帰納法の帯びる経験主義《アポステリオリズム》的な性格と、演繹法のもつ先天主義《アプリオリズム》的な性格とを考えると、分析をおこなう分野によってもどっちに重点をおくべきかはちがってくる。人類学や社会学の調査は、どうしても観察という経験なしにすますことはできない。

ところで、「世論調査」などでおこなわれるアンケート調査は、完璧な帰納法のように思えるけれども実はそうではない。質問項目をつくる時点である種の仮説がつくられている。それも意図的につくられることもある。たとえばよく問題とされるところだが、今の日本にたいして、A「満足」、B「まあまあ満足」、C「満足ではない」という選択肢でいくか、A「不満はない」、B「やや不満あり」、C「不満がある」という選択肢で質問するかで、集計結果は変わってこないだろうか。そしてこの結果を、大きく「満足」「不満足」の二グループに分けるときには、B項目の帰属次第で結論が逆に出ることもありうる。

アンケートのしかたについてもう一言つけくわえておこう。アンケート調査をする場合、質問作成者自身が質問にこたえるひと（インフォーマント）になって一度回答してみるとよい。この模擬回答をしてみると質問項目の不備が見つかることがよくある。それからもうひとつ、質問項目は集計のことまで考えて、効率のよいものをつくれということだ。質問項目は多ければよい、細かければよいというものではない。調査の目的をはっきり限定することだ。集計結果からどのような分析をくわえて、どんな結論を得たいのか、そこまで見通して問題を作成しないとあとで泣くことになる。ぼく自身これでは手ひどい失敗をしたことがある。ともあれ、アンケートづくりにも、仮説を設定しそこから質問の選択肢を導きだすという、演繹的操作が必要だということである。

3　マトリックスづくりの手法を使いこなす

分析に仮説が大事な役割を果たすことをいったので、さらにつっこんで、今度は複雑な対象を相手どる場合のマトリックス（母胎）づくりの手法を紹介しておく。

複雑な対象を分析するには、手ぶらで思考したり、じかに観察したのではたちうちできない場合がある。たとえば社会の未来予測をする場合など、時間軸のとりかたで短期予測、中期予測、長期予測とそれぞれ異なる方法をとらねばならないし、経済のレベルでの予測と文化のレベルでの予測とがくいちがう結論を出すこともありうる。このように多元方程式のような複雑な対象をあつかう場合には、あらかじめ対象に似せて単純化した論理装置をつくっておくとよい。これをぼくはマトリックスと呼んでいる。これはどんな答がでてきても、その答をほうりこめる空っぽの論理装置ということだ。核物理などで、原子の模型（モデル）をつくって模擬実験（シミュレーション）をやり、素粒子のふるまいを観察するのもおなじ方法だと思う。ただぼくのいうマトリックスは、もっと素朴な手づくりの論理装置でよい。

以前、知りあいのふたりのデザイナーと、新聞の全面をつかったフォト・モンタージュのポスターをつくったことがある。六本木の彼らの仕事場でディスカッションをしてまず大ざっぱなイメージを決め、資料をあつめて別の日にまた会う。彼らは新聞紙大の紙に線をひいたり、写真の切れっぱしを貼りつけたものを幾つか用意していて、それに別の切れっぱしをのせてみたりして批評しあう。これがえんえんと続くのだ。斜線の向きや角度、切れっぱしを置く位置、スケッチ、などを変えるたびに、その一枚の画像のおもむきはガラリと変わる。考えるより先に手が動いて新しい組みあわせをつくり、考えるのはそのあとというふうだった。こうして長時間、可能なかぎりのおびただしい組みあわせ実験をしたのちにやっと、ひとつかふたつ原案がきまる。大変な重労働だったけれど、ぼくはそこで職人の手作業の面白さというものを味わうことができた。彼らもまた手づくりのモデルをつかって、シミュレーションをやっていたのだ。

分析用マトリックスをつくるには、まず次元とレベルという考えを導入する。どの次元どのレベルで分析するかによって、異なる答のでることがあるからだ。対象が複雑で多元的な性格をもつ場合、それを無理にひとつの答（本質）に還元しようとするのはよくない。むしろ、どの次元、どのレベルでの分析かをおさえていれば答はいくつでてもかまわないわけだ。次元とレベルというのは言語学から借りてきた用語だけれど、言語という対象も、それを歴史的（通時的）にとらえるか、構造的（共時的）にとらえるか、音韻のレベルでとらえるか、単語や文のレベルでとらえるかで、それぞれ異なった様相を呈する複雑な現象だ。

社会を対象とした分析の場合、ぼくはそれを、ある時点の断面で切った構造的分析と一過性の時間のなかでの変化を追う歴史的分析とのふたつの次元に分ける。それぞれの次元はさらに六つの分析レベルに分けられる。各レベルとその分析にとって重要な指標は次のとおりだ。

(1) 生態学的条件（自然・災害、人口、資源—食糧・エネルギー、産業廃棄物）

(2) 技術革新（コンピュータリゼーション、情報化、原子力、バイオ・テクノロジー、ビッグ・テクノロジーとソフト・テクノロジー）

(3) 経済成長（産業構造、成長率、市場システムと公共経済、国際通貨体制、多国籍企業、資本主義／社会主義、南北問題）

(4) 社会変動（家族制度、日常生活、コミュニティ、工業化／都市化）

(5) 政治変化（意思決定メカニズム、民主主義、政党、集権と分権、国家、世界戦争）

(6) 文化変容（価値観、イデオロギー、生活様式、学校教育制度とマスメディア、マスカルチャー／カウンターカルチャー）

括弧内の指標はテーマによって重要度がちがうし、新しい指標がでてくればつけくわえることにしてある。それに各レベルの変化を引きおこす動因については、それぞれ固有の論理があるのだがここでは省略しておく。

このマトリックスは、たとえば「老人問題」にかんするテーマで考えなければならないとき、それは(1)のレベルなら、老人人口、老化、老人病といった生理学的分析、(2)のレベ

社会＝世界変動マトリックス

	文化変動	社会変動	経済変動	技術変動	
前産業化社会	象徴的世界像	共同体社会	自然成長性（使用価値原則）	手工業性	
産業化社会／工業化社会	近代主義 民主主義 節約イデオロギー	工業化社会の成立	資本主義システムの成立 交換システム 自由競争原理	第一次産業革命 工場制生産 機械体系	1770頃
産業化社会／工業化社会	イギリス的ライフスタイルからアメリカ的ライフスタイルへ〔消費イデオロギー〕	大量生産・大量消費社会の成立	世界資本主義システム 植民地主義 経済計画	第二次産業革命 大量生産システム モータリゼーション	1875頃
産業化社会／脱工業化社会	価値軸の喪失 価値観の多様化	資源ナショナリズム 複合紛争社会 地域エゴ	世界市場の動揺 市場の失敗	技術革新 第三次産業革命〔情報の産業化〕	第二次大戦
			公害（複合汚染）	技術革新の「停滞」	1975頃
脱産業化社会（都市化社会）	世界イメージ 社会イメージ	世界コミュニティ／ローカル・コミュニティ	世界互恵システム・贈与システムによる統合	社会・文化要請からの技術発展〔情報の社会化〕	

ルなら老人の労働能力特性と職務再設計といった技術的問題、(3)のレベルなら給与制度や老人雇用、福祉（公共経済）の問題として、……といったぐあいにテーマ分析をするのに役にたつし、自分が当面どのレベルでこのテーマをあつかうのか、テーマをしぼるときにも役にたつ。テーマをひとつのレベルに限定したときも、それが他のどのレベルとつよく連関するかをこのマトリックスで予想することができる。

このマトリックスに歴史的な次元をくわえれば、構造的な変化を見るときに参考になる。分析の内容そのものの紹介ははぶくけれども、『芸術と技術の関連に関する調査研究』（一九七五年）という共同研究をしたときに、ぼくが分析用につくった基礎マトリックスを紹介しておこう。中味は空っぽだから別のテーマにたいして、変形・応用してもらえればよいと思う。

4　システム分析と構造分析について

分析術のトレーニングもだんだんグレード・アップして、二〇世紀の段階にたどりついたようだ。最後のマトリックスによる分析法の紹介のところでは、サイバネティクス、システム分析、構造分析、といった現代的科学（システム工学、言語学、構造人類学）でつかわれる分析法と同質の考えを導入していたつもりだ。

現代の分析術の特徴をあげると次のとおりだ。

(1) 分析を分析者の視点や操作とふかくかかわるものと考えること。言語学者のソシュールは「視点(方法)が対象をつくる」といった。**対象はそこにあるものではなくて、分析という操作によってつくりだされる**ものだというのだ。分析者の操作がすでに対象に影響を与え、それを変形してしまうという自覚は、自然科学のなかでも量子力学の「不確定性原理」によってあきらかにされ、また文化人類学の分野では、文化人類学者のフィールドワークが、未開民族にとりかえしのつかない変質をくわえてしまう(これもまた帝国主義的侵略だ)という反省としてはっきりしてきた。いいかえると、分析において主体と対象とを二分して考える「主客二元論」が崩壊したのだ。そこで分析者は、分析という行為・操作の主体である自分自身にも、考察の目をむけるようになった。哲学やサイバネティクスが言語の問題に強い関心を示すようになったのも、問いを発してものを考え、分析をするこの自分自身を明らかにしようとしはじめたことと関連がある。精神分析における医者と患者も、不確定性の原理にさらされており、両者の接点は言語だけだから、フロイトは言語について非常に鋭い考察をおこなうようになったのだ。

(2) もうひとつは要素主義や本質・実体という概念にかわって関係(形式・機能・構造)という概念が重視されるようになったこと。ものごとをバラバラな要素(部分)に分解して、その諸要素を組みあわせて全体をみていこうという足し算的な分析法ではやってゆけなくなり、まず全体的な関係、構造、システムを見ていこうという考えかたが有力になってきたのだ。これは対象の全体をありのまま（生きたまま）に、具体性を失うことなく把握しようということで、それゆえ、**対象となる現実が多元的でいろんな意味をもつ**ことをみとめてかかる。全体の関係を重視するこの考えかたでいくと、関係が要素（項）に先行するということになり、何が交換されるかでなくいかに交換されるかを分析する社会学での交換理論、情報の内容にはかかわらず情報の伝達過程（コミュニケーション・プロセス）だけを分析するサイバネティクスなどが発達してきたわけだ。

この分析術の章の最初では、分けること、分解すること、と書いた。分解して対象を死なせてしまったのでは分析の意味がない。実は、分けるといったときにはすでに関係の意識がはたらいている――そうでなければ分解はただの無意味な破壊になる――ということが、ここまできたら理解してもらえることと思う。

それでは、二一世紀における分析はどうなるのだろうか。二〇世紀に発達したシステム分析と構造分析への批判やあからさまな敵意も、諸所で表明されている。そのいくつかについてはあとの「発想法カタログ」で散見できるはずである。

読む

読書術

書物というシンボルのカタログには、世界が縮約されている。読書を通してぼくらは、他人の人生を追体験するのだ。

1 「読む」ことは世界を他者と共有することだ

「読む」という行為は人類史数百万年の歴史のなかでは、文字が発明された数千年前に出現したもので、そう古いものではない。文字の発明は人間に「書く」と「読む」という象徴的な（宇宙人が見たら妙な顔をするだろう）行為をあらたにつけくわえたばかりでなく、人間社会に「進歩」という特殊な歴史的加速度をあたえてしまった。

読むとは世界を所有することだ。

文字は人間社会に「権力」と「所有（私有財産）」をもたらした。それが領土や財産のカタログ作成を可能にしたからだ。たとえば、南米の未開民族ナンビクワラ族の首長に筆記用具をあたえると、かれは仲間たちの前で読み書きのしぐさを真似てみせる。そしてこの部族にも階級分化がはじまるありさまを、文化人類学者のレヴィ＝ストロースは『悲しき熱帯』のなかで報告している。

文字というシンボルは世界を掌握するもっとも有効な形式だ。だから、このシンボルを操作することは世界の所有を意味する。いったん文字が発明されてしまうと、これの操作法を知らない（文字を読めない）者は世界の所有から排除されることになる。逆にいうと、このシンボルの操作をとおして世界を共有するみちも人類にはひらけているはずだ。だから、「読む」ことは世界を他者と共有することだ、という立場をまず確認して、どんな「悪書」の追放や焚書にもぼくらは反対していきたい。

書物というシンボルのカタログには、世界が縮約されておさめられている。ぼくらは自分の体験をもとに考える。しかし、過去のひとびとや他国のひとびとの体験をも「間接体験」として自己の体験のなかにたえずとりこんでいる。読書をとおしてぼくらは他人の人生を追体験するわけだ。作中の人物のひとりになったような気持で別の人生を生き、感動する、というもっとも原初的な読書態度は誰にもあるはずで、読むことの快楽もここからはじまる。つまり、この感情移入型の読書は、読者自身が参加する二次元世界での演劇なのだ。

2　本の外にいるか、なかに入るか?

どんな間接体験（情報）を得たいのか、つまり読書の目的によって、読書態度も変わってくる。

これを「外在的読書」と「内在的読書」とのふたつの態度に大別して考えてみよう。

外在的読書は、読書の目的（問い）が本の外部にあって、その本は手段にすぎないような場合だ。たとえばナニかを調べるためにその本にあたってみる（本を事典としてつかう）とか、ネタさがしのためだとか、研究テーマのための文献資料としてつかうとか、という場合だ。この場合には、極端にいうと本は読んでしまうと使用済みの廃品に変わる。目的は本の外にあるわけだから、読んだことによって自分が変わるという楽しみはない（こういう本は、できれば図書館などから借りてすませるのがよい）。しかし情報過多の現代には、この読書態度はむしろますます必要になっていくようにぼくは思う。自分に必要な情報を手に入れ、読まなくてもいい本はなにかを早く知ることは、じっくり楽しむ読書を保障するために、まずしなければならない防衛戦だからだ。そして実際、この読書態度に適した情報提供型の本が今日、必要とされ、増えてもいるのだ。

外在的読書は、**速読法**でいく。速読の技術は後述するが、目的意識が明確であるほど速く読めるものだ。

外在的読書にたいして、**内在的読書**は、その本を読むこと自体が自己目的であるような場合で、読み終わったあとの結果をなにも予想しない。この読書態度は無心で純粋だから、思わぬ自己変革のきっかけになることも多い。〝ランボーとの出会いはひとつの事件だった〟という小林秀雄氏のように、偶然《アクシデント》に期待する楽しみがあるのだ。しかし、残念ながら、戦後の出版界にそのような本の少ないのはどういうわけか。あるいは、むかしもいまも、その種の本はいつでも少なかった、というほうが正しいのかもしれないが。

内在的読書も、その態度が、その著書にまなぼうとする意識がつよい求道《ぐどう》的なありかたと、娯楽《エンタテイメント》的色彩のつよい場合とに二分できる。偶然に期待できる点ではどちらも同じだが、求道的読書には通読がむいているし、娯楽的読書はひろい読みでもかまわない。どちらも自己目的なのだから、速読する必要はない。読書にかける時間そのものを、ぜいたくに楽しむべきだ。そして、この種の本は再読できるように自分で買ってもっていたくなるものだ。

求道的読書の場合、読者はその本にはじめから高い評価をあたえているわけだが、むずかしい古典の通読には根気がいる。外在的読書が自己中心的であったのとはちがって、ここでは自分がどう変形されてもかまわないという可塑的な気持ちで、はじめのうちは没我になって著者の思想のなかにはいりこむようにするのがコツだ。自分の意見をもつためには、いったん他人の頭脳で今までの自分をズタズタに解体してしまう必要がある。異質な思想に接して自己解体した体験をもたないひとの意見は、そのひとのオリジナルとしては信用できない。自分の意見などと思っているのも、たいがい他人の言葉や意見からできているにすぎないからだ。求道的読書にもし期待した事件が起きるとすれば、このような思想上の処女喪失を体験することのほかにはない。著者の思想で考えることができるようになれば、その考えをあらゆる事例にあてはめてみる。あてはまらない事例がでてきたらもう一度本のなかにもどって著者と討論する。そこまでいけば、ぼくらはその本をわがものとし、ある面では著者をのり超えたことになる。求道、——道《ルート》を見つけたのだ。

3 アタマのなかにもう一冊の本ができる

読むとはテクストを変形することだ。読むことによって、ぼくらはその本をぼくらのアタマのなかに転写している。十分理解した場合であれ、ぼくらのアタマに転写された本には、活字の行列とはちがったぼくら自身の言葉が混じってしまう。本が紙製品の無意味な物体から、意味をもったシンボルの織物となるためには、このプロセスはどうしても経なければならない。だから、意味を了解する——すなわち、**「読む」とは、本という客観（活字）とぼくらの主観（言葉）との合成物をつくること**にほかならない。

読むことによって、ぼくらはアタマのなかにもう一冊の本をつくる。つまり、本は複数化（二冊化）するわけだ。アタマに転写されたもう一冊の本（写本）は、丸ごとの写本の場合と、とびとびに転写された抄本の場合とがある。これはふたつの異なる読書法の結果だ。つまり、通読（↓丸ごとの写本）とひろい読み（↓抄本）とのふたつだ。

本は一ページ目からはじまって終わりのページまでノンブルがふってあるが、だからといってはじめのページから順に読みとおさなくてはならない、というきまりはない。また、その本の全部に目をとおさなければいけないわけでもない。雑誌的な性格（もっとすすむと新聞的な性格）がつよい本であるほど、好きな記事を**ひろい読み**すればことが足りてしまう。

娯楽的なひろい読みばかりでなく、探索術のためにも、ひろい読みのトレーニングをしておく必要がある。これは、本を雑誌として読む娯楽的ひろい読みとはちょっとちがい、目次や索引を利用して本を事典として読むことだ。必要な情報を知るための「引く本」と考えるわけだ。

ひろい読みの効用は、時間の節約になるという点にあるだけではない。ひろい読みに習熟すると、本のページの順序にもこだわらなくなるから、本というものにつきまとう固定観念をこわすことができ、読書が自由で気楽なものだとわかるようになる。多読の秘訣はひろい読みだ。

ひろい読みによってアタマに転写された抄本は、順序もバラバラなカード方式に似ている。読者が、そのカードの抄本をみずから整理しておかないと、いつのまにか散失してしまうのだ。カード方式は、「組み合わせ術」としての思いがけない生産性を発揮する半面、相当に組織的な保管術をもたないと、全体なき断片として書斎の闇に忘れられてしまうことが多い。同じことで、一冊の本を断片化していくひろい読みは、本の秩序にたいして積極的・攻撃的にかかわれる半面、読んだ本の印象が案外記憶に残らないものだ、という点のあることは自覚しておきたい。

本の全体を全体として受けいれる読書法が**通読法**だ。通読とは一ページ目から、その本の秩序にしたがって終わりまで読みとおすことだ。これはカード方式とちがって、ノート方式の写本づくりに似た行為だ。通読法のメリットは、その本の全体、文脈の有機的な連関がつかめることにある。通読が、その本のもつ時間性までをも読者に体得させてくれるからだ。なるたけ中断せず、本の流れに、しなやかに身をまかせる、ということが通読の効用を得るためのなによりの秘訣なのだ。

4　全集通読はトレーニングのチャンピオン

ひとりの作家、ひとりの思想家について徹底的に知ろうという場合、ぜひとも全集の通読からはじめなければならない。全集にとっては、著作のひとつひとつも断片と考えられる。ひとつやふたつその著作を読んで「ヤナギタは……」とか「ソーセキは……」とかいっているうちはまだかわいい。ヤナギタ・ゴッコ、ソーセキ・ゴッコ、をしている程度に思わなくてはいけない。全集をはじめの巻のはじめのページから、最後の巻の日記・書簡にいたるまで、「全部」読みとおすこと、それがひとりの作家、ひとりの思想家について知る、もっとも確実で、結局は唯一最短コースだとぼくはいいたい。わかってもわからなくても、毎日はじめのページから一枚一枚、全集のページをめくっていくだけだ。それでいい。

そのなかで、読書力、理解力、体系的な思考力、記憶力、構想力、のすべての点においてぼくらの知力が、驚くほどパワー・アップしてひとまわり大きくなっていることに気づくはずだ。一度、全集通読ということをやったひとは、知的生産のかまえにおいて、ナニかが決定的に他のひととはかわってくるものだ。

全集通読には、ひとりの著作家の生涯という問題までふくめて、知的トレーニングのあらゆる要素が動員されるから、これは知的生産のノウハウの全体を代表できるチャンピオンだといってよい。全集という大型の書物を、その著作家の知的全生涯にわたって丸ごとぼくらのアタマに転写すること——本格的知性を育てるために、ぼくらは全集通読の方法をぜひ実行しよう。

5 からだを使って読んでしまう

読むとは肉体的な行為でもある。

からだの姿勢によって読書は微妙な変化をうける。立って読む、坐って読む、寝そべって読む、という姿勢別の読書の三タイプでは読書のスピードは立ち読みがもっとも速く、寝そべって読むのがもっとも遅い。

だから書店での「立ち読み」は速読のトレーニングに最適だ。すくなくとも月に一度は大型書店に行き、新刊図書を漁《あさ》るようにして立ち読みし、出版界の動向を知るようにしたい。新聞広告にはのらない良書があるし、書評が出てからでは遅い場合もあるので、書店でじかに、新刊書と面談し、いずれ買う本の品定めをしておくわけだ。

また、本代はバカにならないし、買うのはもったいないな、という本がたくさんある場合にも立ち読みは有効だ。必要な情報だけをひろい読みしてその場で覚えてしまえれば、その本は買わなくてすむ。本代の節約という切実な動機づけがあるから、この種の立ち読みは自分でも意外なくらい集中力をつけてくれるトレーニングになる。デザイナーの赤瀬川原平さん、すなわちのちの芥川賞作家・尾辻克彦氏が、以前、必要なページをこすると文字が複写できる携帯用フロッタージュ・ペンがあるといいなあ、と語っていたことをぼくは共感をもって思いだす。フロッタージュというのは、ぼくらが子供のころ、一〇円硬貨に紙をかぶせて鉛筆でごしごしやった、あのそぼくな複写法だ。ニセ千円札事件で物議をかもした赤瀬川さんらしい発想だといわねばならない。もちろんこんなフロッタージュ・ペンは出まわる見こみがないから、ぼくらは立ち読みのとき、必要な情報のなかでもとくに最小限の数の固有名詞、数字についてはメモし、あとは頭に入れてしまうようにすればよい。それには、このあと述べる「記憶読書術」の方法を身につけてもらえばいい。ある

ぼくはこの立ち読みの方法によって、書店という空間を最大限タダ利用している。あるプロジェクトがあたえられ、レポートや原稿を書かねばならないときには、まず大型書店に行く。そしてテーマに関係ありそうな本を何冊も物色して必要情報を頭に入れる。ときには疲れて坐りこんで読むときもある。そうやって書棚から書棚へとうろつきながら、頭のなかで情報をつなぎあわせ、レポートや原稿の「構想」をだんだん形あるものにしていく。半日からまる一日もそうやっていることもある。そして最後に、どうしても必要な本だけを買って帰るわけだ。

図書館は、書店とくらべたら新刊書籍が閲覧できるまでにかなりタイム・ラグ(時差)があって、状況を追うようなプロジェクトには適さない。そして、もちろん、予算がふんだんにつかえるわけではないぼくらにとって、書店での立ち読みは窮余の一策であり、また書店はぼくらの貧相な書斎をタダで拡張利用できる有難い空間なのだ。

姿勢別読書法については、とくに切実な立ち読みにばかり筆をさいてしまったが、長編小説などを読む場合は、坐ったり、寝そべったり、ときどき姿勢を変えることが、読みきるための秘訣だ。正しい姿勢と読みキルゾという根性だけでは、『戦争と平和』や『大菩

薩峠』は最終ページに達するものではない。

からだのどこをつかうかによって、読書は生理的分類もできる。目と口をつかう「音読」と、目だけをつかう「黙読」だ。音読のほうが歴史的にもふるく、個体発生的には文字を習い覚えた小学校低学年用の読書法だ。『源氏物語』も、宮廷サロンの女房たちが集まって、ひとりがまわりのものに読んできかせる「音読」によって享受されたのだという説がある。明治の二〇年代までは音読が優位の時代だったのだから、その頃までの本はぼくらも音読して検討するとあたらしい発見があるということを、二葉亭四迷の『浮雲』に例をとりながら、前田愛氏が『近代読者の成立』(有精堂、のち岩波現代文庫)のなかで書いている。

音読(文字→音声→意味)は黙読(文字→意味)にくらべて時間がかかるし、複雑な内容だと理解度も弱まる。音読から黙読への転換は、読書上の「乳離れ」なのだからその時期は早いほどよい。ただし、読書の苦手なひとは文字を音声化するところですでにつまずいている場合が多いから、毎日一〇分間、新聞を声を出して読む練習でもすると読書の基礎が固まる。

中世の修道院で「黙読」をしている僧侶は気味悪がられたという。他人の視線を遮断して紙にむかっているそのさまは、悪魔と無言で取りひきしているようにまわりからはみえたのだ(外山滋比古『近代読者論』、みすず書房)。外山氏によれば、黙読は近代的自我の成立と相即的だ。簡単にいえば、個人の自立のひとつの証なのだ。

黙読が進歩すると、目だけでなく、手や道具をつかうようになる。ページを指でしおったり、サイドラインを引いたり、書きこみをしたり、さらにはメモをとったり、ペンや紙をつかうわけだ。「行間を読む」とか「余白を読む」とかいわれるが、「行間に書く」「余白に書く」ということも始まるわけだ。この肉体的行為は、テクストの物的変形をとおして本の世界を物として所有することであり、再読するときに、自分がかつてつけた印はランドマークの役割を果たしてくれるから、発見に便利でもあり、記憶の再現にも役立つ。だからぼくらは、古本屋の常識に反して、**書きこみをした本のほうが価値が高い**、というふうに考えるべきだ。

6　読書は五つの段階に分けられる

さて、いよいよ、読むことの具体的な技法の検討にうつろう。これは、本のアタマへの転写の度合（おもに転写に要する時間）に応じてⒶためし読み、Ⓑ速読術、Ⓒ精読術、Ⓓ再読術、Ⓔ遅読術、の五段階に分けられる。

Ⓐためし読み……これは、この本は買うべき価値があるかどうか鑑定する、いわば商品テストのときなどにつかう方法で、時間は短いほどよい。ひとつ補足しておくと、最初の

タイトル読みにはやや時間をかけるのがコツだ。タイトルから何が予想できるか、どんな本かを予想するトレーニングをするのだ。そしていざ本文をあけて、自分の予想があたったかはずれたかを知るようにする。これは読書の動機づけや書名の記憶に役だつし、本についてのカンが知らず知らずにできていく。タイトルはその本のエキス中のエキスなのだ。ためし読みの一変形として「積読法《ツンドク》」がある。買ったままで読まない本も、心のどこかで絶えず気にかかっているもので（書名だけは読んでいるもので）、つまりツン読はしているわけだ。いざというときには、この無意識読書法も効果を発揮する。雑学博士の植草甚一さんがタイトル読みの名人だったことはあまりに有名だ。

Ⓑ**速読術**……速読のためには、読書のときの目の動きはどんなものか知っておく必要がある。実は、目は一文字一文字を追って連続的に移動しているわけではない。そんなことをしたら、文字は知覚できても意味はわからない。目は、単語やもうすこし長いフレーズ単位で非連続に移動しているのだ。だから、このとき目が固定する範囲を長く広くすれば、読書のスピードは速くなる。はじめは単語（文節）単位で、次いで一行に三回くらい目を固定する練習をする。こうして、ひと目で一行、次いで二行、と視線の滞留範囲（視界）を広げていくと、数か月のトレーニングで、一回にワンパラグラフくらいは読めるようになる。

はじめのうちは、滞留範囲を左手の指でさして練習するとよい。

日本語の文章は、漢字・カタカナが混じっているから、それらを飛び石づたいに目で追っていけば速読できる、という独特の長所をもっている。ページのなかのカタカナ（外来語）部分をひと目みるだけでも、その著者の教養範囲がだいたい予想できてしまう。

このほか、速読法としては、あんまり饒舌な小説で粗筋だけを知りたいというような場合、段落の最初のセンテンスだけを読んでいく、とか、ナナメ読みの変形で、ページの上半分または三分の一だけを読んでいく、というスピード・アップした速読法もある。ダニエル・デフォーの『ロビンソン・クルーソー』や村上龍の『限りなく透明に近いブルー』でためしてみよう。また、論文でも、小見出しが多い本は、興味のある（未知の）小見出しの節だけ読みすすめていけば大要はとらえられるし、同一著者のものを前に読んだことがあれば、目次をじっと睨んで、新しいことを言ってそうな章だけとりあえず読んですませる（抜き読み）ことができる。

速読には、その著者の文体に馴れるまではゆっくりと読むことが必要だ。このことと関連するが、前に述べた全集通読法は速読のトレーニングに抜群の方法だということをもう一度強調しておきたい。一度、全集を通読したひとは、読書に必要なすべてのノウハウを身につけているから、他の本を読むときにも、すぐに速読態勢にはいれる。

速読にむいた本とむかない本とがある。内容的にも書物の形態によってもそれはある。速読でいくかどうかは、したがってぼくらの読書上の戦略判断にまかせられる。

同じ本でも、文庫本と単行本とでは異なる。文庫本は、活字の字間・行間がぎっしりせまいページにつまっているから、速読にむいており、慣れてくるとひと目一ページまでいくそうだ。単行本や豪華本は余白をぜいたくにとっているから、文庫本とくらべて速度はおちるが、目が中心（活字）と同時に周辺（余白）を見ているので疲れが少ないし、その余白にゆったりと想像力をあそばせる、という読書時間の余徳にあずかることができる。

余白もまた、何ものにもかえがたい意味作用をなすのだ。活字密度が最も稀薄になると（ページが余白だらけになると）、言外の意味が最大量になる——詩というジャンルを思いうかべてもらえば、納得がいくはずだ。発話（有声）は沈黙（無声）によって、文字（図）は余白（地）によって、はじめて言語としてぼくらに知覚（識別）できるものとなる、ということの真実は尊い。

また、一段組みの本よりも、二段組み、三段組みの本のほうが速読に適していることは、新聞の面構成をみればわかるだろう。

読書には一定のスピードが必要だ。長篇小説を経済学の理論書のようにゆっくり読んでいたら、アラスジを忘れてしまうだろう。

Ⓒ精読術……読解という一定の努力をともなう場合の読書法だ。この場合、ペンとノート（紙）を用意しておくことが必要だ。キーワードやキーセンテンスにはサイドラインをひき、覚えておきたい箇所には☆とか◎とかのマークをつけるとか、ページ（版面《はんづら》）の上

（天）の部分に線を引いて、その範囲を指定しておく。そうすればむずかしい箇所に逢着したとき、すぐたち返って再考することができる。

サイドラインの引きかたも、自分用のをきめておく。たとえば、「重要」というときは——線、「ちょっと問題だ」というときは〰〰線、キーワードは丸でかこむ、とかいうように。多色ボールペンで色を変える方法もあり、ぼくは著者の思想を徹底的に知りたいときは、四色ボールペンをフルにつかって、その本の文体分析までしてしまうことにしている。ターヘル・アナトミアを訳した杉田玄白たちは、訳せない箇所に⊕のマークを付したことが『蘭学事始』に出てくる。

一考を要する箇所は余白や別の紙（読書ノート）の上で図解したり、計算したりしながら読みすすめる。手ぶらの読書にくらべて、筆記具をもって読書することの効果は大きい。この読書態度は、書物にたいしていつでもアクションをおこせる状態にあり、書物の世界に積極的に介入していく攻撃的な姿勢を示している。**テクストの物的変形（傷《しるし》をつけること）はそれの知的所有（記憶）の第一歩**なのだ。

筆記具をもたない場合でも、指でページをしおることはできるし、ページの角が問題箇所を指すように折れば、サイドラインのかわりになる。

こうして一冊読み終わったら、見返しか目次の余白部に、マークをつけた本文のページをメモし、簡単な小見出しをつけて、自分用の索引をつくっておく。この場合、ページ数

を先にメモし、そのあと本文内容のメモをするという順序でやる。ちょっとしたことだが、この手順が大事だということはやってみればわかる。本に自家製の索引をつくるというこの方法は、五分か一〇分でできることだから、いちいち読書ノートをつくるよりずっと効率がよい。本を閉じれば、本文のどこにマークを入れたかは見えなくなってしまう。だから、索引を一覧できるようにしておけば「引く本」として再読するときもう一度全ページをめくるテマがはぶけて、あとで涙がこぼれるほど嬉しい思いをするときがあるものだ。この索引づくりは、アタマに転写された写本を、紙の上に縮小して物質化しておく、ということにその本質がある。

それから、精読術で大事なことは、図表や写真がのっている文章の場合、本文とつきあわせてそれらを熟視すること。図版は、本文を具体的に理解する助けになるし、ややこしい文章が一目でスッキリわかってしまうことも多い。

精読は深い理解を目的とするものなので、相当の集中力と持続力がいる。疲れていたり、心になにか気にかかることがあるときなどには、目だけが文字を追っていて全然意味のつかめていないことがあるものだ。こんなときは、根性でリキんでもだめで、何度も同じページをむなしく徘徊することになる。

こんな場合には、読書をもう一度、肉体の作業に還元してあげるとよい。たとえば指で追うとか、音読してしまうとか、あるいは書き込みや書写をするとか、身体にちょっとした緊張をあたえるのだ。漢字ばかりがやたらと並べられた政治的パンフなどは、音読すれば難なく片がついてしまうことが多い。

7 「サイドライン法」の実際

ここで、サイドライン法を中心にした読解トレーニングをしておこう。

サイドラインは、本文全体の要旨をつかんだり、文脈上の関連を一目瞭然に際だたせるために、本文ページに引く補助線だ。幾何学の問題が一本の補助線によってはらりと解けてしまうような威力を、これも発揮することがある。

読解は、最終的には本文をより少ない言葉に要約して、読み手の頭脳に定着させることを目ざすのだが、その要約づくりのためにも、サイドライン法は役だつ。

アンダーライン法またはサイドライン法による要約トレーニングの実際を示そう。

アンダーラインという言葉は、英語やフランス語の辞書をひけばわかるとおり、「強調する」「目立たせる」ということだ。だから、理解しようとする文章のキーワードやキーセンテンスに線を引いて、線を引いた箇所を、飛び石づたいにつなげば、本文の要約になっているようにすることが、アンダーライン法のコツだ。

哲学や科学論文の文章は、概念とかカテゴリーによって思考をすすめ、記述を展開していくので、キーワード（キーセンテンス）が見つけやすい。

次の例でトレーニングしてみよう。比較的短いパラグラフをあげるので、はじめはサイドライン法をつかわず、目だけで熟読してみて、読みおわったら頭の中で、この文章が何をいっていたか自分自身で説明してみよう。

ハイデガーも、ヤスパースやサルトルその他の思想家とともに、実存哲学者のうちに数え入れられてはいるが、実存が人間の一つの在り方を示すものであるかぎり、もともと実存哲学が人間を根本課題とする人間中心主義だとすれば、人間をも一つの存在者とみなし、存在者とは術語的に区別された存在を根本課題とするハイデガーの立場は、けっして実存哲学にあるとは言えず、存在者の存在を問題対象とするものとして、存在中心主義にあり、文字どおり存在論にあると言うべきである

こういう文章に慣れたひとなら、手（鉛筆）をつかわなくても、目だけで本文中のある言葉にサイドラインを引き、短時間でその要約《ダイジェスト》を頭の中におさめてしまうことができる。でもはじめてこの種の文章に接するひとは、「実存」だとか「存在者」だとかのまぎらわしい単語に目がくらんで、同じ箇所を何回か往復してやっと意味がとれるというふうだろう。それだと時間がかかってしょうがない。しかも、やっと頭の中に要約した言葉たちが、

いざ目をつぶって自分自身に説明してみる段になると雲散霧消してしまって、記憶に残らないということもおこる。そこで、今度は、この文章をすこし長めに引用して、実際にサイドラインを引いて読んでみる。

ハイデガーも、ヤスパースやサルトルその他の思想家とともに、実存哲学者のうちに数え入れられてはいるが、実存が人間の一つの在り方を示すものであるかぎり、もともと実存哲学が人間を根本課題とする人間中心主義だとすれば、人間をも一つの存在者とみなし、存在者とは術語的に区別された存在を根本課題とするハイデガーの立場は、けっして実存哲学にあるとは言えず、存在者の存在を問題対象とするものとして、存在中心主義にあり、文字どおり存在論にあると言うべきである。ここに、たとえ同じく実存哲学と呼ばれるとしても、ハイデガーの実存哲学の大きな特徴がある。しかし存在は、そのまま把握されうる存在者とはちがって、おのれを示すどころか、むしろおのれを秘匿し隠蔽する。そのようなものとしての存在が、ハイデガーにおける現象にほかならない。だからこそ、そうした現象に関して、〝おのれを示すものを、それがおのれ自身のほうからおのれを示すとおりに、おのれ自身のほうから見させる〟ということが、すなわち現象学が、とりわけ必要となる。存在者の存在を根本課題とする存在論は、現象学的方法によってのみ可能なのである（原佑「ハイデガーへの対応」）。

サイドラインを引いた箇所をつなげて読んでみると、

おなじ実存哲学者といっても、ヤスパースやサルトルと、ハイデガーとはちがう。そのちがいは、――〝ヤスパースやサルトル〟の〝実存哲学〟は〝人間中心主義〟で、〝ハイデガーの立場は〟〝存在中心主義だ〟。〝しかし存在は……おのれを秘匿し隠蔽する〟。だからハイデガーの存在論には〝現象学（の方法）が……必要となる〟。

というように、要約できる。そうすると、この要約は、

「実存哲学者」｛ヤスパース・サルトル＝実存哲学――→人間中心主義
　　　　　　　　ハイデガー＝存在論――→存在中心主義
　　　　　　　　　　　　　　＝
　　　　　　　　　　現象（おのれを……隠す）――→現象学的方法

といった図式のかたちでまとめておくこともできる。図式化すると、こみいった関係がパノラマ化でき言葉を節約できるから、頭の中に貯蔵しておくのに便利だ。本の欄外にこの

図式を書きこんでおけば、読みすすめてまたここへたちかえったとき、本文の内容がこの図を一望すれば再現できる。読書ノートに書いておけば、読みすすみながらこの図式をさらにくわしく書きくわえていくことができ、思考をすすめるための有効な装置として利用できる。そして、別の本で、「哲学とはハイデガーによると、方法からみれば現象学であり、対象からみると存在論である」（桑木務）という文章に出くわしたら、いまつくった図式の左側を思いだせば、たちどころに納得がいくはずだ。しかも、ハイデガー哲学の全体の骨組が、現象学と存在論ということで、いっそう明瞭に視えてくるようになる。

そうして、ハイデガーの代表的な未完の大著『存在と時間』を読破しようと思いたったときにも、この図式を念頭において目次をみわたしてみる。すると、第一篇の「現存在の予備的な基礎的分析」は、主として現象学的方法を、第二篇の「現存在と時間性」は主として存在論を、それぞれテーマにしているんだな、と大ざっぱな見通しがたつ。

でも、このサイドライン法の効能は要約文をつくったり、要約図式をつくって記憶容量を減らすのに役だつだけではない。サイドラインした言葉たちを目じるしにして本文を観察することにより、本文のより深い理解へとすすむことができるのだ。要約文や要約図式は、まだ形式的な理解にとどまっているけれど、そこでまとめあげた形式上の関連を道標にして、ぼくらは本文の内容の読解トレーニングまでいかなくてはならない。いまサンプルにあげたおなじ文章の、サイドライン箇所を道しるべにして、もうすこしくわしく、読みのプロセスをたどってみよう。

まず、「ハイデガー」と「ヤスパースやサルトル」の語に注目すると、この両者のちがいが問題になっているんだな、ということがわかる。そこで、自分自身にむかって、ハイデガーと、ヤスパース、サルトルとのちがいは何だか説明してごらん、と質問してみる。たぶん、いままでの自分の知識をもってしては、はっきりとは答えられない。それじゃ、これを機会にこの問題を知ろう、というように知的好奇心をはたらかせ、このひとつの問いをもって読みすすめていく。

そうすると、サイドラインを引いた「ヤスパースやサルトル」はもう一箇所のサイドライン「実存哲学」につながるから、この関係も線でつなげておく。「人間を根本課題とする人間中心主義」という箇所からわかるように、「人間中心主義」という言葉の内容は、修飾語句によって説明がされているから、「人間中心主義」という言葉が出てきたら、「人間を根本課題とする」という内容が思いうかぶようにしておく。同じように、「存在中心主義」→「存在者の存在を問題対象とする」、「現象」→おのれを示すどころか……おのれを隠す、というように、長い内容を短い単語にパッケージしている概念的な文章のコツをのみこんでおくわけだ。要約のためのサイドライン法とは、このパッケージ語を見つけてそれらの関連をつかむこと（抽象化）と、パッケージ語を具体的な内容にときほどくこと（具体化）、とのふたつの手法によってなりたつものであることを忘れないようにしよう。

そうしないと、せっかくの要約図式（抽象化）が、具体的な事例への帰り道を失って、役だたずにおわることになりかねない。

すると、図式からもわかるように、「実存」―「人間」―「存在者」というパッケージ語（概念）の系列と、「存在」―「現象」というパッケージ語の系列とが、この文章では厳格に区別されていることがわかる。

これらの区別は、哲学事典でしらべるとか、本文の索引を利用するとか、他の箇所を読みすすめるときの自分の問題意識（質問項目）にするとかして、なるたけ具体化してつかえる状態に馴らして、記憶する。この本文箇所だけからも、「実存が人間の一つの在り方を示す」、「人間をも一つの存在者とみなし」、「存在者とは術語的に区別された存在」、「存在は……存在者とはちがって……おのれを秘匿し隠蔽する」、という表現に注目して推理力をはたらかせれば、「実存」イコール人間、人間をふくめて草木や机や家や空《そら》や鳥やすべて存在するもののことを「存在者」、それら存在者を存在者としてなりたたせている（そして自らは姿を隠している）当のものを「存在」、と呼んで区別している、ということくらいはわかる。ハイデガーの問題関心は、人間（実存）を他の存在者と区別して特別扱いするところにあるのではなく、ハンマーだとか森だとかの存在者と同様にあつかって、むしろその根源にある「存在」という故郷に帰ることをめざしていたのだ。

次に、サイドラインの達人の読解法をお目にかけよう。眼光紙背に徹すという言葉があるけれども、次の例を知れば誰しもここまでの透視力を身につけたいと思うにちがいない。達人とは歌人・斎藤茂吉のことだ。彼は明治三九年の『明星』にのった与謝野晶子の短歌を睨んで、彼女の作歌の秘密を見破ってしまった。

晶子の歌は、次のような順序で全部で一五首並んで発表された。ここではじめの方から七首だけ載せてみる。じっと見つめて、この歌人の方法を看破してみよう。

あたひなき速香《すかう》と云へどひと時の煙は見えつ人のおん目に
ゆく春の雨ののちなり朝露の蛛の巣がきに似たる星の夜
死なむ日によき香かをりてとけぬべき蠟と思ひし肌もしわみぬ
春の鳥今巣がくれてある冬と猛に思ひぬ胸をおさへて
うき十とせ一人の人と山小屋の素子《すご》の妹背のごとく住みにき
なつかしき海の砂場のしらしらと夜あけしここち雨はれし雲
おん屛風女歌しぬ小倉山あらし山など裾がきにして

ぼくらは、この七首の行列から何が発見できるだろうか。正直いってぼくにはなにもみえなかっただろう。茂吉の指摘にただただ驚きあきれるばかりだった。

茂吉の「炬の如き眼力」は、この行列の次の単語に早速、サイドラインを引いたのだ（ここでは太字で）。一首目から順にいくと、**速香**……**巣がき**……**巣がくれ**……**素子**……**砂場**……**裾がき**……、と茂吉のマークした単語をつなげてみると、これはどうしたことだろう。まさに晶子の作歌の秘密が視えてくる。この、現代ではあまり見馴れない、辞典でも引かなければ意味もとれないような、そしてすべて「す」の音ではじまる単語たち——そうだ、「此等は、国語字典の「す」の部の語を拾って、その連想により一首一首をまとめて行って居ることが明瞭である」！　天才歌人・晶子ともあろうものが、と目を疑ぐる前に、ぼくらは茂吉の視力の強度に圧倒されてしまう（岩波『斎藤茂吉全集』一四巻、「與謝野夫妻互讃」。大石修平「換喩の文学」、『感情の歴史』所収）。

写生を尊ぶアララギ派の茂吉が、「一つの語を字書から拾い出して、その語から、からくり式に一首一首を拵《こしら》えあげる」、明星派の晶子のこの連想の作品に虚偽と頽廃を嗅ぎつけていただろうことは察するにかたくない。浪漫派といって批評家が讃美しようが、それはしょせんからくり式の「拵えもの」にすぎないことを、茂吉は見ぬいていたのだから。

8　難点突破のための妙法を紹介してみる

精読術のひとつ、集中読書術の方法はこのように、からだにたよることにあったが、今度は、精読術の「粋」ともいうべき、難点読破術、つまり「カッコにくくる」妙法を紹介しておこう。

読んでいて難解な箇所にでくわしたらどうするか。

なにがなんでもこの難所を征服しなければ先へ進めないというひとと、難所は避けて(読みとばして)先へ進むひとと、ふたつの態度というか、タイプが考えられる。はじめのタイプは理論書につよい精読派、あとのは文学書向きの多読派、という傾向がある。理論書は、理論的であるほど概念(用語)が緻密に組みたてられているから、読みとばしてしまったら先がわからなくなる。文学書にはこういうことはまずない。文学は内容的にもし、むずかしい箇所があるとすれば、それはたぶんその(知的)年齢ではいくら考えてもわからないしろものだ。

だから難所にでくわしたら、その難所の性格を吟味して、これを理解しなければ先へ進めない性格のものかどうか、によって攻め方を変えるとよい。そんなことは先へ読み進んでみなくてはわからないじゃないか、という反論もあるだろうし、難所にこそ宝物が隠されている、と心残りのするひともあるだろう。

どちらをも納得させることのできる方法は「カッコにくくる」という方法だ。これは、理解できない問題をひとまずカッコに入れてひとつの符号をつけ、いちおう解決ずみとみたて、その真の解決はあとまわしにする方法だ。

数学では、複雑な計算をするとき、たとえば x^2+2x+5 をカッコでくくってXで置きかえ、計算がおわってからこれをほどく。Xという符号をつけることで、そのカッコの中味はいったん不問に付すわけだ。そうすれば、計算ミスもなくなるし、思考の見とおしがたつから思考の節約にもなる。本来、数学に記号を導入することのメリットは、この点にあったのだ。

ぼくらが現にここに存在しているこの「自然的世界」は、無限に複雑な内容を呈している。これを知りつくさなければ「自然的世界」(客観)という言葉をつかって論議をすすめてはならない、といわれたら、哲学的考察は一歩も先へ進めなくなる。だから、この世界の全体をカッコにくくって一つの符号(「自然的世界」という言葉)を付し、判断中止(エポケー、と現象学哲学ではいう)ということを行なうわけだ。

読書でもおなじだ。難所はカッコでくくって、理解はできなくとも、「この条件のもとではこの結果がでる」と、あたかも自明な結論であるかのように覚えてしまう。迷宮には入りこむことはせず、入口と出口だけを知っておけばいいのだ。そうすれば、そのカッコの中味は読みすすむうちにわかることもあるし、読みおわったあとにわかることもある。何年か経て、再読したときとか、別の本を読んでいるときにハタと気づくこともある。現在の困難を、現在という瞬間にばかり固執して解決しようとせずに、あとに引き延ばすという柔軟な発想を身につけていることは、大切なことだ。ぼくらは、解決には根性だけでなく、時間という要素が必要なのだという知恵をもちたい。

これは読書にかぎらない。円周率πの値をどうやって知るのかの計算方法を理解しなければ、ぼくらは円の面積を求めることができなかったわけではない。πの値を覚えるだけで円について知ったはずだ。公理や定理を厳密に論証することなく、自明の前提として暗記して、数学的思考をすすめたことがあったはずだ。スキマのない論理でびっしりうめつくそうとしたら、ぼくらの知的成長は、アキレスと亀の話のように、永遠にあらたな発見には追いつけなくなり、身動きのとれない状態におかれてしまうだろう。ぼくらは、テレビでも電気冷蔵庫でも、コンセントにつないでスイッチを入れれば、内部のメカニズムには無知であっても、期待した結果のでることを知っている。複雑なメカニズムをひとつのブラック・ボックスとみたてて、その入口と出口、インプットとアウトプットの因果関係だけはっきりさせておけば、そのシステムの運用には支障はきたさないのだ。**カッコにくるという知恵は、知的飛躍の方法でもある**のだ。

もちろん、難所への「こだわり」の気持ちは大切に自分の知的マップに記憶しておくこと。この「こだわり」は、ぼくらの頭のなかで問題意識の根をはり、やがてもっと明確なテーマ意識に成長していく可能性があるからだ。

微分積分学の祖、ライプニッツの読書法やあたらしい学問分野を独習する方法は、このカッコにくる方法と再読法とを組みあわせたものだった。

幼児のときから独学・独習の習慣をつけていたライプニッツは、ラテン語もリヴィウスのある本からはじめて、マスターしていった。その時のことをこう回想している。

「リヴィウスを読んでいると、まったく迷路に陥ったような気がしたものだ。というのも、この本に出てくるローマ人の世界や言語習慣をまったく知らなかったので、正直に言って、一行すら理解できなかったのである。それは古い木版刷りの本だったが、私は懸命になって穴のあくほどみつめるのだった。よくわからない箇所はあまり気にかけずにあちこち拾い読みし、まったく意味がわからないところはとばして読む。こうして何度もこの読み方をつづけ、とにかく本全体に目を通し、しばらく時間をおいてから同じ作業を最初からくり返すと、以前よりはるかによく理解できるようになった。これがきっかけとなってどんな本でも、どうにか内容が理解でき、しだいに深くその意味が理解できるようになるまで、辞書なしで読みとおしたのだ。私は、この読書法にすっかり満足していた」

幼少時に開発したこの読書・読解法を、ライプニッツは他の分野にも応用し、哲学、数学、物理学、言語学、神学、歴史、法律のすべての分野で傑出した。ライプニッツとニュートンとは、まったく独立に微積分学の基本定理を発見した。発見はニュートンのほうが四年早い（一六六九年）が、理論のその後の発展はライプニッツの路線にそって行なわれた。ぼくらがいまも使っている微分・積分のあの記号法はライプニッツが考案したもので、この記号法がニュートンに勝利したわけだ。普遍的記号法による百科学の建設を夢見たライプニッツの独創性が、あの$\frac{dy}{dx}$だの$\varphi(x)=y_0+\int_{x_0}^{x}f(t,\varphi(t))dt$だのに脈々と生き続けている。

カッコにくることから始まる、知の記号化の問題は、二一世紀の知的生産様式においては、知の戦略の選択にかかわる普遍的な問題として論議の的となることが予想できる。ぼくらも、この点については十分に聞き耳をたて、眸《ひとみ》を凝らしていたい。

Ⓓ再読術……読み終えて一定期間ねかしておいた本をあとでもう一度、通読したりひろい読みしたりすること、これは必ずあらたな再発見につながる。再発見のない本は廃棄処分ができるという点だけでも、再読術の効用はある。本の鑑定力と自分の知力の成長とを、最終的に点検する場面でもこれはあるのだ。

「再読を軽んずる者は、至るところで、同じ物語を読まざるをえない」と、『S／Z』のなかでロラン・バルトはいっている。反復を恐れるというのは、資本主義とともに発生した、現代人の「新しがり《ネオマニー》」という病気なのだ。それは読書行為をも、商品のライフ・サイクルにあわせた消費行為として、資本循環のなかに投げこもうとする、資本の増殖欲望をあらわしている。ぼくらはこの資本のメカニズムに反して、古典をくりかえしくりかえし再読するという読書文化――有限な資源である古典を再読することによって、無限な意味内容をそこからくみ出していくというリサイクルの文化、をもたなくてはならない。再読はたんなる反復ではない。同一のテクストが再読されるたびにあらたなテクストとして複雑化し、内容を無限に豊かにしていくものだ。そこでは、資本の増殖ではなく、ぼくらの魂が豊かになっていくのだ。

Ⓔ**遅読術**……これは再読術の延長として考えられる、わざと読書時間を引きのばす方法で、読書術がめざすべき最高の形態だといえる。

精読のときに行なったサイドライン法や書き込み法も、読書行為を中断するから遅読のきっかけになったが、精読段階では、これは最小限にとどめる必要があった。遅読法は、本をただ深く理解するだけでなく、さらに自分の血肉にするために本を食べてしまう方法だ。そして消化吸収の時間も読書時間にくみこむわけだ。

遅読法の第一は、まず読書しながら、本のなかで著者と質疑応答する。納得いくまで著者に説明を求める。著者の説明が納得できるかどうか、自問自答をくりかえす。そしてついには論争を挑みかける。論争に負けたら、その本にはいさぎよく屈服する。これをやればその本は自然とその精髄《ガイスト》が記憶できてしまうのだが、次には記憶読書術の方法を紹介しておく。

9　記憶読書術にもいろんな方法がある

記憶は忘却という自然淘汰にまかせておけば、ほんとうに必要なもの、ほんとうに理解できたものは無理なく覚えていられる。これは覚えておきたい、という必要性の自覚がまず先なのだ。

だから、記憶術の第一鉄則は、記憶すべきものの範囲をはっきり限定するということにある。

第二鉄則は、忘却曲線を利用して、忘れる時間帯（二〇分以内と九時間以内）をねらって反復（復習）するということだ。これには個人差があるから、自分の忘却曲線を経験で大ざっぱに知っておくとよい。そして、記憶したものを機会あるごとに反復・応用してみること。要するに反復が記憶の母なのだ。

第三に、記憶の場所性・空間性を利用する方法がある。驚くべき記憶力の持ち主、ゲーテや鷗外は、よく「目の人」だと言われ、鷗外は自分のことを、「耳で聞いたことなら忘れてしまうが、一度目で見たものは忘れない」といっている。読書のあと、ぼくらは思いだすときにその本を思いうかべて、本のどのあたりの、右ページの上のほうだったとか、さし絵のある下だったとか、というように視覚的に記憶をたどっている。そのページを再読していると、前に読んだときここで電話が鳴って中断させられた、ということまで覚えていることがあるものだ。この記憶の視覚性を利用すれば、記憶力のトレーニングをすることができる。読んだ本を、頭のなかで開けてみて画面のようにはしから読んでみる、というページの映像化によるトレーニングだ。

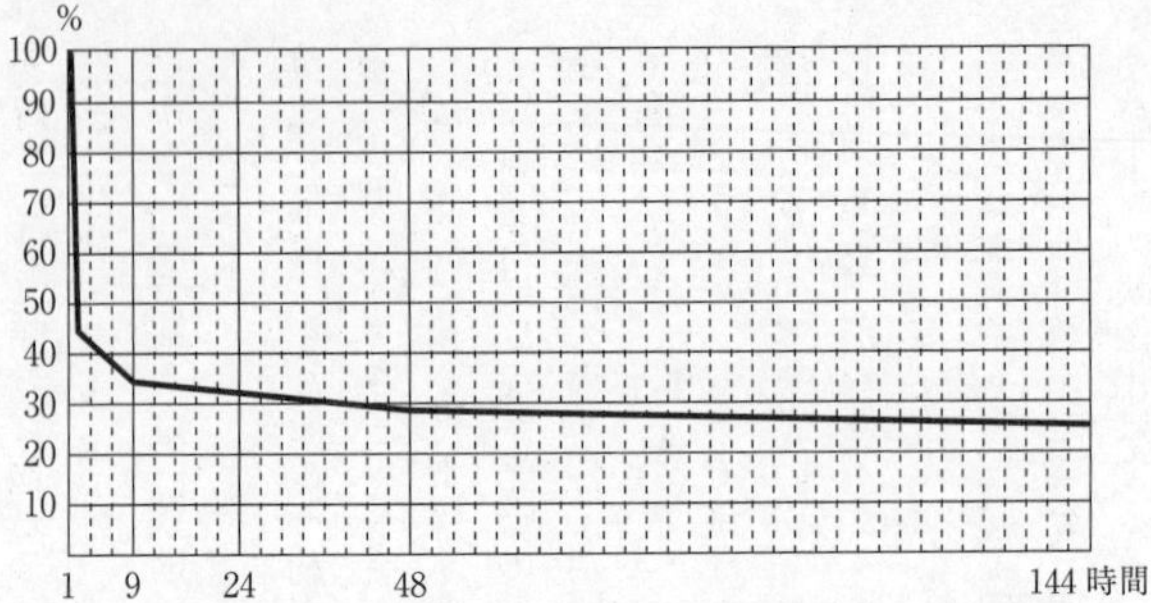

忘却曲線（エビングハウス）——覚えた直後の20分間くらいで半分以上忘れ、九時間くらいでさらに忘れ、そのあとはほぼ安定しているのがわかる。
（相良守次著『記憶とは何か』岩波新書をもとに作成）

第四に、記憶すべきものをひとつのキーワードに要約して、そのキーワードさえ思いだせばそこから枝葉が分かれるように、記憶すべきものの全内容がたどれる、という、記憶容量を一語に縮減する方法がある。これは分析作業につかわれる知的パッケージ術のやり方であり、見出しラベルをつけて書類を整理する、保管術の方法を内面化したものだ。キーワードは、連想を利用して想起しやすいように命名することが秘訣だ。

第五に、自己講義法による記憶読書術がある。これは十分に理解できたものは忘れない、という法則を利用するもので、読んだ本の内容を自分自身（他人でもよい）に講義してみる。記憶がうすれている箇所は、理解があいまいだった箇所だ。このトレーニングで思考力や知的透視力が身につくばかりか、次の読書のときには注意ぶかい読解力が身についている。

小説の場合には、その内容を映画のように思いうかべながら読んでいくトレーニングをする。映像化されたストーリーは忘れることがない。

記憶読書法は記憶すること自体が目的ではなく、血肉化することが目的なのだから、もう一段グレード・アップした方法を紹介しなければならない。これはズバ抜けた記憶力の持ちぬしたち、わが国最大の知性・南方熊楠の方法であり、鷗外を筆頭に明治の知性人たちの活力の源泉になったトレーニング法だ。

これは文字どおり、本を書写して写本をつくる方法だ。

南方熊楠は、明治九年一〇歳のとき『和漢三才図会《わかんさんさいずえ》』(一〇五巻)を本屋で立ち読みして筆写をはじめた。一二歳のとき、学校からの帰り道に、古本屋に積まれてある和本『太平記』(四〇巻)を三枚、五枚と立ち読みし、いそいで家にかけこんで読んできたところを紙に写す、ということをやって、半年たらずで全巻写してしまったという。このほか一二歳までに『本草綱目《ほんぞうこうもく》』『諸国名所図会』『大和本草』等を書写。明治二六年(二七歳)、ロンドンの大英博物館所蔵の稀覯《きこう》書、五三冊、一万八〇〇〇ページを書写。明治四〇年(四一歳)から、和漢書の抄写、いわゆる「田辺抜書」を終生つづけて六〇巻におよんだ。たとえば明治四四年、『大蔵経』(三三〇〇巻)の抄写をはじめて、大正二年に終える、といったぐあいだ。

世界中の古今の書物から自在に引用して〝ミスター・クマグスこそウォーキング・ディ

クショナリー(生き字引き)だ〟とロンドンに集まった学者たちを驚かせた、南方の博引旁証は、この終生つづけた書写術のトレーニングのたまものだったのだ。

さすがの柳田國男も、「我が南方先生ばかりは、どこの隅《すみ》を尋ねて見ても、これだけが世間なみというものが、ちょっと捜し出せそうにもないのである。七十何年の一生の殆《ほとん》ど全部が、普通の人の為し得ないことのみを以て構成せられて居る。私などは是《これ》を日本人の可能性の極限かとも思い、又時としては更にそれよりなお一つ向《むこ》うかと思うことさえある」(「柳田國男集」二三巻)と驚嘆している。

ぼくらも、この「日本人の可能性の極限」といわれる南方熊楠の書写のノウハウにまなんでみようではないか。まるごとの写本でもよいし、抄本でもよいが、手はじめに一冊の古典でも書写したら、こころもからだも見ちがえるように変身していることはまちがいない。

ある文献を正確に書き写せるという能力は、思うほど容易なものではない。正確に本文を観察し、理解しているかどうか、読解力までがこれでためせるのだ。コピーがいくら発達しても、これほど効果のあるトレーニング法を捨ててかえりみないという手はない。とくに、文献をあつかう知的活動を志すひとは、正確な書写は基礎能力のひとつ、とこころ得て熟練してほしい。

書写には、暗誦法をミックスさせるとよい(これを「暗写法」とぼくは呼んでいる)。はじめはワン・センテンスくらい、次にはワン・パラグラフ（一段落）を覚えてから書写するようにする。はじめは書写範囲を左手の人差指で指定してすすめるとよい。写しまちがいは消しつぶさないで、傍線を引いてそのかたわらに訂正していく。実はこの写しミスの部分が、書写術の最大の宝物なのだ。写しミスをした箇所には、たいてい問題点がはらまれている。書写している読者の思考が混入して、テクスト本文をねじまげてしまった箇所だからだ。オレはどうしてこの箇所を写しまちがえたのか、と分析していけば、これは読者のひとりよがりの思考に反省をくわえさせる材料にもなるし（思いがけない自己発見につながる）、——何よりもよいことは、読者の言葉（思考）とテクストの言葉（思考）とのくいちがいが、両者の対話の発火点になってくれることだ。それを追究していけば、著者の思想の息づかいまで読みとれるようになる。これをぼくは芥川龍之介でやって、かれの悲鳴に似たかすかな声が聞こえて、慄然《りつぜん》としたことがある。

写しミスをとおして、ふつうなら素通りしてしまうような何気ない言葉が、格別な意味をになっていることを発見して、狂喜することがきっとある。**暗写法は、文字の羅列にすぎないテクストを真に「意味の織物」として現象させることのできる最良の方法**なのだ。むろんこの方法は、それだけすぐれた文章にたいして行使するのでなければ意味はないが。

10　本居宣長から遅読術の奥義を学んでみる

遅読術にはもうひとつ奥がある。江戸時代の国学者・本居宣長の『初山踏』の方法だ。意訳すれば「専門修得トレーニング法」ともいうべきもので、要するに注釈術なのだ。最も気の長い方法だが、しかし非合理な部分はまったくない。

①まず、専門修得に必要な書物を読むのだが、その場合、「巻数多き大部の書共《ども》は、しばらく後へまはして、短き書どもより先《まず》見んも、宜《よろ》しかるべし」。

②そして、専門書はかならずしも順序をきめて読む必要はなく、「ただ便にまかせて、次第〔細かなこと〕にかかわらず、これをもかれをも見るべし」。片端から意味を理解しようとはしないほうがよい。さらさらと一冊見たら、また別の本に移るというようにして、幾度も読みかえしているうちに、そろそろと学問の大要がつかめてきて、何を読めばよいか、研究の方法など、自分の戦略〔「料簡」〕がわかってくる。

③こうなってきたら、その学問にとっての古典的著作を対象として、注釈をつくっていく。通常の読書だと、「いかほど委《くわし》く見んと思ひて」眸をこらしてガンバっても限度があるものだが、注釈をしようとして読むときには、どんな本にたいしても、「格別に心のとまりて、見やうのくはしくなる」もので、その他の収穫も多い。注釈書は不完全で終わることがあっても、自分の学問にはおおいに益になるものだ。

こうして宣長は、現代の古典研究者にもひとつの規範を提供している文献学的大著『古事記伝』をしあげたのだ。アタマへふかく転写された写本は、ここでは完全にもう一冊の、読者自身の著作として、物質的に独立して存在を開始したわけだ。『初山踏』には一生を学問にささげたものの、もはやキバル必要もなくなった謙虚さと、無限の思いがこめられている。ぼくの友人のひとりは、挫折感にみまわれたとき、きまってこの書にたちかえるのだ。

この注釈の方法は、文学研究（とくに古典研究）では不断にやられている基礎作業だ。しかし、ぼくらが注釈作業をやる場合、注釈にとどまるためにやるのではない。注釈を手がかりとして、ぼくらは読むということのもう一段攻撃的な審級、つまり「批評」を狙っているのだ。

ベンヤミンが行なった、ブレヒトの詩への注釈の方法を思いおこしてほしい。あるいは、レーニンがブハーリン論文にほどこした「評注」をのぞいてみてほしい。注釈とは読み手（注釈者）の思考が著者の思考と肉迫してわたりあう根本的な対話の形式であり、この対話の場所から、単純な一致でもなく、単純反発でもない、あらたな意味、あらたな思想が形成されてくるのだ。**批評とはテクストにたいして示す最も戦闘的な友情のありかた**にほかならない。

テクストには固定した意味が埋蔵されていて、読み手はそれを掘りあてるだけと考えることはまちがっている。それだと、読者はいつでも作者に頭があがらないということになる。テクストは読まれることによってはじめて「意味の織物」になるのだし、しかも、読みかたに応じてそれは無限に意味を変えるのだ。読むことの最高段階に「批評」ということをおかなければならないのはこの理由からだ。

11 〝不《フ》読《ドク》の読《ドク》〟こそ読書術の秘中の秘なのだ

以上、読書の戦略について、まず、読む必要のない書物をはやめにとりのけてしまう「外在的読書」の方法から、通読すべき書物か、ひろい読みですませる書物かの選択判断の問題、そして、目的に応じていずれかの段階を採用する「ためし読み」から「遅読術」までの、五つのノウハウをみてきた。

読書術の最後には、その奥義ともいうべき「不読の読」ということを申しそえねばならないだろう。つまり、なんのために読むのか、というもっともプリミティヴな問題だ。世に出まわるこれだけ多くの書物を前にしてぼくらは途方にくれる。夏休みの終りには読みさしの本がそのまま机に置かれていて、そぞろモノ悲しい気分におそわれることだってあるはずだ。「秋立つや一巻の書の読み残し」という漱石の俳句のようにだ。

ロンドンに留学した漱石は、食うものも節約して本を買いためた。細かな字でぎっしり書きこんだ読書ノートは二メートルの丈にもなった。しかし、自分のテーマの全体に通ずるためには、この読書量ではノミの糞ほどにもならない。こんな寂しいあせりをもって、漱石は『文学論』を書いた。

そしてその序文でこんなことをぼくらにアドヴァイスしてくれている。――「青年の学生につぐ。春秋に富めるうちは自己が専門の学業に於て何者をか貢献せんとする前、先ず全般に通ずるの必要ありとし、古今上下数千年の書籍を読破せんと企つる事あり。かくの如くせば白頭に至るも遂に全般に通ずるの期はあるべからず」

つまり、万巻の書をまえにして、それを全部「読破」してやろうなどという考えは放棄せよ、というのだ。これがまさに、人生の知恵、最高の読書戦略だろう。この断念のもとでのみ、実は、読書量も確実にしかも有意義に増大していくのだ。

「思索者になる。――少なくとも毎日の三分の一は、情熱も持たず交友も避けて書物も読まずに過ごさないならば、どうして思索者などになることができようか」(『人間的な、余りに人間的な』)

多読が思索をさまたげる、というこのニーチェの言葉を、「不読の読」の叡知としてプレゼントしておこう。

そして、さらにニーチェはいわば思索の野外旅行ともいうべき提案を次のように行なっている。

「博学な書物を眼のあたりにして。――われわれは、書物の中にうずくまり書物の刺激を得てはじめて思想に達するような連中には、属さない。――われわれの習慣とするところは、野外で思索することにある。しかも、歩きながら、跳んだり、登ったり、踊ったりしながら、何よりも好んで、孤独な山中やあるいは海辺の近くなどの、そこでは道さえもが熟慮に耽る趣を呈するような場所で、そうするのである」(『楽しい知識』)

「不読の読」、読むことの断念はぼくらを、万巻の書よりも、もうひとまわり大きな世界、つまり「世界という書物」を読む旅、――思索や民族学や人類学のフィールド・ワークへと誘ってもいるのだ。

コラム❷　電子時代の読書術

1995年のWindows 95の発売以降、コンピュータとインターネットが急速に普及し、いまや電子書籍も一般化しつつある。それでも書籍は紙でなければ、という声も根強いし、紙書籍と電子書籍との違いも曖昧なままだ。

「言語が線条的（リニアー）であるからといって、本も線条性の規則にしたがう必要はない」と言って、テクスト間を「リンク」でつなぐ「ハイパーテクスト」、すなわち「テクストを超えるテクスト」を発明したテッド・ネルソンには、順序や分類や階層の秩序を重んじる西洋文明の編成原理に揺さぶりをかける意図があったようだ。これに呼応して、歴史家のロジェ・シャルチエは、このハイパーテクストを読む「ハイパー読書」の技法が開発されねばならないと提案している。電子書籍は、こういった攻撃的な読書、読み手がより主体的に書籍に介入し、本自体を自ら編み直し、作り上げていくような読書法を必要としている。本書で探究した読書法や思考法は、事後的にふりかえるなら、こうした技術の出現を待っていたともいえるのだ。

15世紀のグーテンベルク革命（活版印刷の発明）以前に、中世のヨーロッパの修道院のなかで、聖書の注釈書のかたちで、検索やリンクなどの編集技術が発明されていたことをイリイチが指摘している（『テクストのぶどう畑で』）。本書が紹介した「古風な」知の技術は、今日のデジタル技術とはるかに時を隔てて呼応する写本時代の先端的な技術だったのだ。

書く
執筆術

いよいよ知的生産・知的創造の最終過程だ。ノートとカードを利用して、構想から執筆までの実際のトレーニングをしてみる。

「あつめる」ことからはじまった知的生産あるいは知的創造の過程は、「書く」ことをもって、ひとつのサイクルを閉じる。

足をつかってあつめ歩く蒐集術と手とペンをつかって紙に文字記号を並べていく執筆術とは、知的活動のなかでもとくに肉体作業が大きなウエイトを占める分野だ。それだけに身体のコンディションについて配慮する必要がある。執筆の場合でいえばなんといっても肩凝り、これが原因になって歯痛・頭痛をおこす。肩凝りは首筋をかたくして頭の回転を悪くする。

もうひとつは、執筆による極度の緊張からくる神経性の胃痛。ボロ雑巾をしぼるような、みじめな痛みをおぼえると、もう二度と書くのはイヤだなんて考えたりする。たいていは書き終わったときの爽快な気分がその代償になってくれるのでよいけれど、四六時中、執筆生活をしなければならないひとは、慢性化する危険があるから、とくに胃を守るための工夫が必要になる。そのためにいちばん簡単な方法は、気分転換ということだ。別の仕事にうつるとか、ひと風呂あびるとか、散歩に出かけるとか、何でもいいけれど、とにかく自分の執筆術のなかにこの気分転換を必ず装置化しておくこと。いまは短い文章しか書いていないひとでも、いずれは一週間とか一か月とか、軟禁拘束状態のなかで文章を書かねばならない破目になることがあるので、この気分転換装置はいまからもっていたほうがいい。知的生活を一生つづけていくために、無理をしない方法を身につける、という知恵は、いちばん大事なのだ。

1　メモをとることは執筆への第一歩だ

おなじ「書く」といっても、メモやノートのように、自分用の記録のためのものと、活字化し公表することを目標にした執筆術とでは、だいぶ方法がちがってくる（手紙はこの両者の中間段階だ）。しかし、原稿を書くための執筆術のためには、メモやノートをとるトレーニングをつんでいることがぜひとも必要だ。自分の思考を紙の上に定着させることのできないものが、他人にわからせる文章を書けるはずがない、というのがその理由の第一。もうひとつは、メモやノートは、原稿執筆の段階で、材料（データ）として役だてることになるので、この意味からも、メモ術・ノート術は執筆術のための基本ステップだということになる。

メモをとるためのトレーニングは、道具的な環境をととのえ、書くことが好きになるようにに自分をしむけていくことだ。好きになれば次第にそれが習慣化していく。書くのがニガテというひとには、書く道具をろくに持っていないひとが多い。ふだんから筆記具を携行していれば、書く場面が自然にできてくる。

ただ、メモ術の場合の書く道具は、はじめはあまりこだわらないほうがいい。要するに紙とペンというようにシンプルに考えておいて、だんだん用途別に多岐に分化させていく。メモをとるのに万年筆のキャップをはずしていたんでは不便でしょうがない、という気持ちを幾度か体験しているうちに、ボールペンのメリットがわかってくる。そういう具合に道具は、自分の知的生産力の成長にあわせて、だんだん多様化していくべきものなのだ。

メモは、くだらない、つまらない内容でもとにかく即座に書くようにする。思いつきは、その場で物(文字)のかたちに外化しておかなければ、あとから想い出そうとしても想い出せないことが多い。書いているうちに、それが思考のトレーニングにもなって、あとでつかえる有益なメモがとれるようになる。

江戸時代の井原西鶴は、諸国の怪異奇談をおさめた説話文学『西鶴諸国咄《ばなし》』を書いたり、『万《よろず》の文反古《ふみほうぐ》』など、町人たちの手紙や人情話(三面記事)を小説にしたものを多く書いたりしているが、取材記者だったわけではない。ひとと世間話をしていて興味のわいたものは、メモしてくずかごにほうりこんでおく。くずかごにたまったメモをもとにして小説を書いたのだそうだ。メモ魔は昔からいたのだ。

このように、執筆術の基本は、**メモをとる習慣をつけること**にある。

2 ノート術――知的生産の原点

ノートは「大学ノート」を思いうかべてもらえばよい。かたい表紙の高級ノートはかえって不便だ。まるめることもできるような薄手の表紙のほうが結局、かさばらなくてよくつかうし、保管するときにもヴォリュームをくわない。そして、背中にはラベルが貼ってあるもの。これは背見出しをつけるためだ。スパイラル・ノートは語学の練習や翻訳ノートとしてはとてもつかいやすいのだが、背見出しがつけられないため、書棚に保管してからは検索しづらい。

要するに、**ノートに書くということは、この世にたった一冊しかない自分用の書物をつくるということ**だ。製本してあってバラすことのできない、ペーパーバックの本といった体裁だ。

ということは、ノートにも本と同様、タイトル（「鷗外ノート」とか「ヒルファディング『金融資本論』摘要」など）と目次（最後に作成することが多いので前数ページ分をあけておく）

とノンブル（ページ）が必要ということだ。このノンブルも、ナンバリングで通し番号式につけるのがいいけれど、ぼくは面倒なので年月日（たとえば、8001200l〜80012005……一九八〇年一月二〇日P一〜五の意）で整理している。スクラップ・ブックやルーズリーフのノンブルなどとリンクできるように規格化をはかっているわけだ。

それから、本には見出し・小見出しがあるように、ノートも小見出しをつけるとあとで見返すときに便利。検索がすばやくできるし、小見出しを見れば本文の要旨が一目でわかる。ノートがのちのちまで反復使用できるかどうかは、この小見出しで決まるといっていいくらいだ。

見出しがついていれば小見出しは、あとでノートを読み返したときつけるようにしてもいい。どっちにしても、小見出しには、本の場合と同様、目だたせるためにたっぷり六行分くらいはとりたい。前の話題とのかわり目に三行分ブランクをとって小見出しを書き、さらに二行分あけてから、本文を書きはじめるというぐあいにだ。

見出し・小見出しの問題については、知的パッケージ術・読書術（要約トレーニング）のところでしばしばその重要性を強調したけれど、これの本質は命名（名づける）ということだ。命名はあらゆる知的生産の基礎にある最も本源的な行為なので、この重要性については、強調してしすぎることはない。命名――名づけることによってはじめて対象は、思考の対象として存在することになる。言葉によって思考は確かなものとなることができるのだ。名前のないものは思考にとっては、存在しないか、忘却されやすいものにすぎない。

思考対象の存在《プレザンス》と不在《アブセンス》との境界上にあって、両者を媒介する決定的な役目を果たす言葉、それが見出《タイトル》しだ。だから、見出しが先にあってそのあと本文が書かれる場合もあるし、本文の要約として見出しがつくられる場合もある。前者の極端な例には、谷崎潤一郎の小説『麒麟』がある。これは『麒麟』というタイトル（言葉）が先にあって、その文字から空想が生じて物語の内容ができたという（谷崎潤一郎『文章読本』）。

同じ一冊の本にかぎって言っても、小見出しには少なくとも、三つの異なるレベルが識別できる。まず、作者の構想や構想ノートのなかにある小見出し。これは原稿下書き用の「目次」のかたちをとる。この小見出し・目次は、最終的に本のかたちをとって読者に送りとどけられるときには、まったく姿を消していることも少なくない。それは、作者のナマの言葉で、作者の観念を保持するためのキーワードとしてつかわれているにすぎないからだ。

つぎに、原稿を活字にする段階で、読者の便をはかって編集者がつけた小見出し。一般むけの新書版では、読みやすさを狙ってやたらと小見出しをつけているのが多い。その小見出しで編集者の要約能力やセンスをためすこともできるし、編集者の意図を見ぬくことさえできる。新聞を読む場合には、とくにこの「見出し読み」の練習をするといい。新聞が訴えたがっている世界像を見ぬくために、またぼくら自身の要約トレーニングのためにだ。

最後に、読者がつける小見出しがある。ぼくらは本を読みすすめながら、頭のなかでは自覚はしていないが、その内容を段落に分けて要約し、小見出しをつけている。その本を理解するということは、本文をできるだけ少ない言葉に要約して、読者の頭のなかに保管していくということなのだ。つまり読書行為にも思考の経済（節約）原則がはたらいている。これを自覚的にやると、本の欄外に読者自身の小見出しを書きくわえることになり、それが発展して、一冊の本の縮約写本としての読書ノートになる。

このように、小見出し化することは、作者・編集者・読者のいずれの知的活動にとっても、創造（思考）と保存（記憶）とをかねそなえた基礎作業なのだ。現在この三つの、本来は相異なる見出し化作業が、編集上の見出しのレベルのほうへだんだん統合されて一本化していく傾向があるようだ。両極にあった作者の小見出しと読者の小見出しとが、どんどんこのレベルへ接近しているのだ。というのは、編集機能が出版界のなかで主導的な役割を占めるようになり（知のジャーナリズム化、編集者のプロデューサー化）、著者は編集者と共同で「企画」をたて、目次をつくり、小見出しまで決めてしまうというケースがふえてきたからだ。著書が存在するまえに、企画書というかたちでその内容（商品のコンセプト）ができ、その要約（小見出し）ができているわけだ。こうなると、本を書くという著者の行為はなんらハプニング（偶然・インスピレーション）に左右されない機械的な労働に近づき（執筆者の労働者化）、読者の読むという行為も、すでに用意されてある小見出しを受けいれていくだけという受動的なものに変わり（読者の消費者化）、そして知的生産全体が工場制大工業に近似していく（本の商品化）、ということになる。はじめに目次をつくって、そのあとで多数のライターが分担執筆するという週刊誌のつくられかたが、その典型例だ。

いままでも、くりかえし知的生産の本質はハンド・クラフトにあることを強調してきた。その観点からいけば、人間の思考までが商品生産のプロセスに似てくるということはやはりまずい。オートメーションの工場のような思考法では、画一的な思想しかつくることができないからだ。小見出し、という一事をとってみても、著者と読者の主体性をどうやってまもるか、が問われる大事な問題なのだ。

ぼくらは、三つのレベルの小見出しの独自性を十分にみとめながら、知の商品化という事態には批判的な態度をとりつづけたい。知の消費者とは、レディメイドの知識や教養への条件反射をたえず訓練されている、この管理社会という教育装置のなかの「受験生」ということと同じことなのだから。

著者、編集者、読者、それぞれの主体性と独自性をみとめた場合、この三つのレベルの小見出しとも、ぼくらのノート術には大いに役だてることができる。というのは、ノートづくりは、知的生産過程のどのステップにも必要とされる作業だからだ。発問・発想のためのアイデア・ノート、データ蒐集のための取材ノート、写本・抄本・注釈・批評のための読書ノート、分析（実験）のための研究ノート、執筆構想のための構想ノート、原稿下書きのための草稿ノート、このどれにも小見出しは必要だ。もちろん、各ステップのノートは個々別々である必要はない。小規模な研究なら一冊の大学ノートですべてまにあうだろう。

ノートはケチらずぜいたくにつかう。大きな話題の変わり目なら、ページを変え、見出しも変える。ノートが本とちがうところは、反復使用して書きこめるように、余白をぜいたくにとれるという点にある。読書術のトレーニングでやった、本の欄外に書きこみをする方法が、ノートではより徹底したかたちで採用される。左ページだけつかって、右ページは空白にしておくのがいいだろう。

講演や会議では、レコーダーをつかっていてもノートはきちんととっておくこと。レコーダーの聞きなおしには同じ時間がかかるが、ノートなら数分だ（まして文字おこしの時間を考えてもみよ）。だから、速記も、ふつうの文字におこす時間を考えると過信できない。

3　レーニンのノートは、何度でも使用可能だ

ノートのとりかたでは、ソヴィエト・ロシアの秀才型革命家、レーニンにまなぶといい。読書記録(抜き書き・要約)とそれへの自分のコメント、さらにノートを読みかえしての感想、というように反復使用に耐えうるノートのとりかたの見本だ。重要箇所や検討箇所には各種の線や符号を付して目だたせる工夫をしている。この大学ノートで読書し、考え、『国家と革命』の草稿プランを練り、その直後には権力をにぎっているのを思うと、律義なノート・ブックと強大な権力とのとりあわせが無類におもしろい。

このレーニンの読書ノートや構想・草稿ノートは、日本語版でも見ることができる(『哲学ノート』『国家と革命ノート』『帝国主義論ノート』――岩波文庫、国民文庫・大月書店版全集)。参考まで、二一〇・二一一ページに大月書店版『哲学ノート』を紹介しておく。

レーニンの綿密なノート術からはいろんなヒントが得られるが、とくに学んでおきたい手法はふたつある。ひとつは、読書ノートでの要約の手法だ。なるべく原文に忠実な要約をつくるために、彼のノートは読んだ本の本文からの引用が多い。レーニン自身の書いた地の文から、引用文が区別され浮き出されるようになっていて、なるたけ引用文自身に語らせるよう工夫していることがわかる。著者の思想を十分に正確に把握したうえで、自分の考えをつきあわせていくという対話的進行の形式をこのノートはもっている。たとえば、ヘーゲルの『論理学』の読書ノートでは、ヘーゲル本文を、

「《本質が……本質であるのは、……それに固有な、有の**無限の運動**を通じてである。(P

観の側に立つ手段の地位にあり，これを通じて方法は客観に関係するのである……これに反して真の認識においては，方法は，たんに或るいくつかの規定の集合であるだけにとどまらないで，むしろ概念の即自かつ対自的な規定有である，そしてこの概念は，それが同時に客観的なものという意義をもっているからこそ，媒概念》（論理学で言う推理の諸格における中間項）《なのである》……（331）

……《絶対的方法》（すなわち客観的真理を認識する方法）《は，これに反して，外的反省の態度をとるのではなく，規定されたものを自己の対象そのものから取りだす，なぜなら，この方法それ自身がその対象に内在する原理であり魂であるから．――それこそはプラトンが認識に要求したことであり，それは，事物を即自かつ対自的に考察すること，つまり，一方では事物をその普遍性において考察するが，他方では，事物からそれず，付随的事情，実例および比較をつかむことなく，ただ事物だけを眼前において，事物に内在的にあるものを意識にもたらすこと，である》……（335―336）

,,絶対的認識‘‘のこの方法は分析的である，……,,しかし同時にまた綜合的である‘‘……（336） (213)

,,この分析的であるとともに綜合的でもある判断の契機――これによって最初の普遍的なものは自分自身のうちから自分を自分の他のものとして規定する――は，弁証法的契機と呼ばれるべきである‘‘……（336）（＋つぎのページを見よ*）．

弁証法の諸規定の一つ

,,この分析的であるとともに綜合的でもある判断の契機――これ(契機)によって最初の普遍性［普遍的概念］は自分自身のうちから自分を自分の他のものとして規定する――は，弁証法的契機と呼ばれるべきで

されている》.（326）

行動の成果は主観的認識の検証であり，真に存在する客観性の基準である.

……《こうしてこの成果のうちで認識は回復され，そして実践的理念と結合されている，見いだされた現実性は同時に達成された絶対的目的として規定されている，しかしこの現実性は，探索的認識のうちにあるときのように，たんに概念の主観性を欠く客観的世界としてではなく，その内的根拠および真の存立が概念であるところの客観的世界として規定されている．これが絶対的理念である》.（327）《第2章の終り．第3章：《絶対的理念》への移行.》

第3章：,,絶対的理念“．（327ページ）

……《絶対的理念は，すでに明らかになったように，

(212) 理論的理念と実践的理念との同一性である，これらの理念はどちらもそれだけではなお一面的である》……(327)

理論的理念(認識）と実践との統一 ——この点を注意せよ——そしてこの統一はまさに認識論におけるそれである，というのは，その総和としてえられるのは,,絶対的理念“（ところで理念=,, das objektive Wahre “[1]）だからである［第5巻，236ページ］

〔ヘーゲルによれば〕いま考察さるべきものは，もはやInhalt[2] ではなくて，……《内容の形式の普遍性——すなわち方法である》.（329）

《探索的認識においても方法は同じく道具の地位，主

1）〈客観的な真なるもの〉.（編集者）
2）内容.（編集者）

4）》絶対的な本質は……なんらの定有をもたない。しかしそれは定有に移行しなければならない。（P5）」

というように、二ページにわたる内容を、ふたつのキーセンテンスをつなぐだけで要約する。しかもそのキーセンテンスも、骨組だけを残した極度に圧縮されたものだ。だからかえって一目でヘーゲルの論理の脈絡が見えるものとなる。そしてこの要約引用の直後に、今度は引用符号のない地の文（レーニン自身の文章）で、

「本質は、概念（＝絶対的なもの）への移行として、有と概念とのまん中にある」というように、コメントをくわえる。これは前の引用をさらに要約したものになっていて、ぼくらはヘーゲル本文がレーニン自身の頭脳にここで縮約転写されたな、と知ることができる。もちろん、引用はこのような短文ばかりとはかぎらず、キーワードだけだったり、キーパラグラフ全体だったりするわけだけれども、それにしても文庫本で一五〇ページ弱のこのノートを独立に読むだけでも、日本語単行本全四冊分の大部なヘーゲル『論理学』の概要を知ることができるのだから、すばらしい要約・転写能力だ。ヘーゲル研究者にはこのノートを導きの糸にして、ヘーゲル本文の読解にはいっていくひともいるくらいだから、レーニンの読書ノートは、本人だけでなく、のちの世代の者たちにも反復使用できるノートだということになる。革命家の常として、亡命や獄中生活を余儀なくされ、原書に接する機会を失ったときでも、この読書ノートをもっていれば、かなりの思索の持続が保証さ

れたにちがいない。

彼の読書ノートでもうひとつぜひ学んでおきたいのは、読解の手法だ。これは難解な文章をノートによって理解しようとするときに非常に効果のある方法だ。たとえばおなじ『論理学』読書ノートで、ヘーゲル本文に、

「絶対的方法は、これに反して、外的反省の態度をとるのではなく、規定されたものを自己の対象そのものから取りだす」とあった場合、レーニンのノートは、「《絶対的方法》(すなわち客観的真理を認識する方法)《は、これに反して、外的反省の態度をとるのではなく、規定されたものを自己の対象そのものから取りだす》」

というように書かれる。つまり、引用本文中にレーニンにとって難解なあるいは問題となる用語(ここでは「絶対的方法」)があると、そこで引用文を中断してその用語の説明をし、またそのあとで引用をつづけていく、という方法だ。ぼくらにとっては、このほかにも難解な用語があって、このヘーゲル本文をよくは理解できないかもしれないけれど、レーニンの読解の手法はわかってくれたことと思う。難解なヘーゲルの文章を、レーニンはこうやって、用語の注釈をつけつつ読みほどき、自分に理解しやすいかたちに近づけていっているのだ。

みたようにレーニンのノートでは、引用文(読んだ本の思想)と地の文(レーニン自身の思考)との二つの過程が、対話的に進行していた。ところで、ノート術にはこの両過程の

さらに一段上のレベルで、実はもうひとつの過程が進行している。ノートをつけている自分の作業について、〝この要約はまちがっているかもしれないぞ〟とか、〝自分のこの考え方でいくと矛盾におちいりそうだ〟とか、もうひとつの声がたえずささやきかけているはずだ。つまり、自分の思考過程をチェックしたり、反省したりする「もうひとつの思考」がはたらいているわけだ。思考についての思考――これは、**メタ思考**と呼ばれる。ノート術も、このメタ思考という反省装置が正常にはたらくことによって、正しい軌道を走ることができる。いいかえれば、一冊のノートをつくるときには、そのノートについてのノート（メタ・ノートと外山滋比古さんは名づけるのだが）が必要だ。たとえば研究ノートの場合であれば、自分の研究方法に反省をくわえ、たえず方法論上の革新をはかっていくための方法論ノートをつくっておくと、困難に逢着したとき、それを切りぬけるルートを見つけやすい。

ぼくの場合、一冊の研究ノートをつくったとき、方法論上の疑問が生じると、ノートをさかさにして、うしろからその問題点を記録し、そのときの自分の見解を書きとめておくようにしている。たとえば、ぼくの「鷗外研究ノート」の例でいくと、うしろのメタ・ノート部分には、「固有名詞（地名）――アウラ?」という見出しのもとに、「小説に出てくる地名や地誌的記述は、記号のシステムとして考えられた作品の内部ではどんな機能を果たすのか? とくにバルトのいう《教養のコード》との関連で」、といった内容の疑問文が書かれ、そのあとにそのときのぼくの見解が述べられている。これは鷗外の一連の現代小説を読んだとき、明治時代の東京の地誌（地理）的記述が目について、うかんだ疑問を書きとめておいたものだ。そしてこの初発の疑問は、ぼくのメタ・ノートのなかではその後もくりかえし、問題設定しなおされながら、継続している。

しかし、メタ・ノートはぼくの場合、多分に「備考」欄的な性格がつよく、文献リストや構想メモなど、雑多なものがふくまれている。つまり、このノートはぼくにとって、研究を自覚的に進めていくための「作戦ノート」なのだといっていい。研究上の方法論だけでなく、研究全体をプロモートする編集ノートも兼ねているわけだ。

4　カード派？　ノート派？

記録術の最後はカード術。

カードはB6カードをつかう（B6サイズなら用紙は何でも可）。持ち運びに便利だし、サイズがそれほど大きくないので気楽に書きこみができる。大学ノート（B5サイズ）の場合のように、さあ書くぞ、とかまえる必要がない。カードのもっている断片的な性格からくるこの手軽さは、ついカードに手を伸ばして、利用量をふやしてしまいがちだ。

でも現在ぼくは、なるべくカードへの誘惑をセーブするようにしている。一時期、梅棹忠夫さんの『知的生産の技術』を読んで、ノートからカードへ転換したことがあり、これを三年間くらいつづけて、いくつかの反省と、いまでもはっきりとはいえない疑惑みたいなものがうかんできたからだ。ひとつには、大部の書物の読書ノートをカードにとったときの不便さの体験から、それとカードが膨大になったときに有効な整理法が見いだせなかったこと――カードは大学ノートのように書物形態で整理するのには不向きだ――、こういう外面的な事情は、カードのもっている断片的な性格にたいして、ぼくの思考の内面になんとなく不安や疑問をおこさせた。たぶんそれは、ひとつの思想、という有機的な全体が、無機的で機械的なカード断片にバラされて分類されると、その思想の生命が死んでしまうのではないか、といった疑問の感覚だったと思う。

そんなことはない、それはやり方がわるいのだ、とカード派のひとからは反論されるかもしれない。たしかに工夫次第でカード術の味気なさをある程度克服することはできるだろう。でも、一冊に綴じられた本の形態を一枚一項目のページ断片にバラすことによって、カード方式がそれに独自の自由さと機能性とを獲得したのだとすれば、やっぱりカードは、本質的に書物の解体形式なのだし、書物形態とある種の対立関係にあるからこそ、その存在理由もあるのだと思う。本のページをめくる行為とカードをめくる行為とのあいだには、その感触において決定的に異なるなにか、があるのだ。感覚が古いといわれるかもしれないけれど、やはりぼくには綴じられた一冊の書物の感触が、知の原型として思いえがかれてしまう。

ノートかカードか、という問題は、考えていくと、いろいろ面白い問題を派生させるのだけれど、とりあえずノウハウの問題としては、ぼくは結局、併用にしている。通読するときの読書メモはノートがよく、ひろい読みのときにはカード(またはルーズリーフ)がよい。しかし、これは絶対的な区別ではなく、通読した読書ノートも、分析のときには必要箇所をコピーして、ぼくはそれをカード化してつかっている。要するに、有機的、体系的、序列的な内容にたいしてはノートがよいということなのだ。一枚一項目のカードは、情報(思想)とのあいだに一対一の部分的な対応関係をとりむすぶのにたいして、一冊の書物やひとつの思想をおさめたノートは、全体と全体との対応(ホモロジー)関係をとりむすぶ、という基本的なちがいをおさえたうえで、ぼくらはこれをつかい分けていこう。

とくにカード方式が最適な例をあげておくと、辞書・事典・カタログをつくる場合がそれだ。自分自身のための用語索引だとか人名録・文献目録等の検索装置は、もちろんカード方式でいく。それから、長大な原稿を書かねばならないときに、カード方式が抜群の威力を発揮することについては後にふれる。

5　読者としてメディアを計算して書く

原稿ができるまでのプロセスをみると、ふつう、①テーマ設定→②データあつめ→③構想→④下書き（草稿）→⑤推敲→⑥清書（完成原稿）という手順だ。

まず①のテーマ設定については、本書のとくに「発問・発想トレーニング法」と、テーマの内容に応じて思考術・思想術の諸章を参考にしてもらえばよい。ただ、文章にして発表することを目的とする場合には、ひとつ頭に入れておいたほうがよいことがある。それは読者とメディアの問題だ。どんな人びとに読んでもらうのか、発表する媒体は、手書きの文書になるのか、同人誌なのか商業誌なのか——読者とメディアの性格によって、テーマをしぼりこむときの力点のおきかたがちがってくる。これはポリシーの問題だといいかえてもよい。ポリシーのたてかた如何で、どんなに力をこめた文章でもぶざまな受けとられかたをすることがある。たのまれたテーマをまともに受けとめて、門外漢の筆者が専門家の読む雑誌に付け焼刃の知識を披瀝したらどんなことになるだろう。鼻もちならない印象をあたえるはずだ。その発表誌のなかで自分の文章がどんな位置を占めることになるのか、そのメディアの性格を見ぬいて自分の戦略位置を判断することが大事なのだ。

依頼されたテーマと自分の問題関心とをにらみあわせて、そのテーマにどんな切りこみをしたら効果があるか、企画をねりポリシーをきめることだ。自分ひとりの知的探究の場合とちがって、発表を目的としたテーマ設定には、このように新しい要素がつけくわわることを知っておきたい。

タイトルをつけるときにも同じような配慮がいる。タイトルのつけかたについては、「知的パッケージ術」のネーミングのところを応用してもらえばよい。テーマ設定のときにつくったタイトルは、原稿を書きおわった段階でもう一度考えなおしてみること。

6 書くためのデータ収集法

データあつめについては「蒐集術」「探索術」のところでやっているので、ここでは文章作法からみたデータ収集についてふれておこう。

これは「取材」と呼ばれ、ペンだけでなく、カメラやレコーダーも補助用具としてつかわれる。取材については、アポイント（予約）をとるということが大切だ。突然押しかけては取材相手に迷惑である。簡単な内容なら電話取材だけですむこともあるけれど、取材した話をどんな形で何に発表するのかは、明確に伝えなければならない。アポイントをとるにも、最初は電話でなく手紙で取材意図を伝える必要のある相手もいる。取材前に相手の経歴、著書などを可能なかぎり調べていくことはエチケットでもあり、取材の内容を濃くするためにも必要なことだ。取材でのテクニックの要点は相手を安心させ、胸襟をひらいてもらうこと、という一事につきる。そのためには写真はあとにまわす。レコーダーをつかわないほうがよいとか、メモもとらないほうがよい場合さえあるので、そんなときには相手の話のなかでも、とくに固有名詞と数字は正確に記憶しておくようにする。インタビューがすんだらすぐ、その固有名詞と数字だけでもメモにする。文章が発表されたら、必ず取材相手に送ることを忘れないようにしたい。だいぶ前の話だが、ある女性雑誌の仕事で伊賀上野に取材旅行に行ったことがある。傘づくりの職人にインタビューしたのだけれど、開口一番「前に××社から取材にきたができた雑誌も送ってよこさない」と、ぼくが××社の記者に代わって叱られてしまった。

おなじ取材とはいっても文学的な文章を書こうとする場合には、感覚的なデータをあつめることが必要になる。土地の風景や人々の会話、表情を生き生きと再現するリアリズムの文章では、感覚と観察の力がものをいう。観察力をきたえるトレーニングでは、文章によるスケッチということをする。街の風景や今日あった出来事を、可能なかぎり細部にわたって思いだし描写してみる。もちろん一場面、一断片を再現する練習でよい。今日喫茶店で会った友人は、どんな顔をしてどんな服装をして、セリフはどんな調子でしゃべったか。カバンは持っていたか、いなかったか。オーダーしたものは何でテーブルはどんな形状、ソファーは？　床は？　壁は？　まわりにいた人は？……というように、短い一場面ではあっても細部を再現し、その背景までも思い浮かべようとすれば書くべきことは無限に出てくる。このトレーニングをすると、ほかの生活場面でもしぜんと観察が行きとどくようになり、記憶力も身につくし、臨場感のある文章が書けるようになる。

文章によるスケッチ・トレーニングは、島崎藤村や田山花袋など自然主義文学の作家たちがはじめたものだ。藤村は信州での教員生活のかたわら、土地の風景や人々の生活・会話（方言）などの断片をスケッチすることを文章修業にして、のちにその一部を『千曲川のスケッチ』という一書にして発表した。芥川龍之介から「感傷的風景画家《センチメンタル・ランズケイプペインター》」とあだ名をつけられた田山花袋は、旅行をして自然を観察し、地誌・地理の本の編集にもくわわっている。また、正岡子規にはじまる独特の「写生文」という文章の系列があるけれども、かれらのグループは東京郊外を散策してやはり文章修業をしている。俳句はメモ用紙とペンさえあればどこにいてもつくれるものだから、彼らはこれを散文にも応用して風景のスナップショットを撮って歩いたわけだ。これらの人たちがスケッチによって開発した文章が、のちのノンフィクション・ルポルタージュの文章のもとになったのだ。

島崎藤村

三島由紀夫も、自分が見たことのないところは文章に書けないという主義で、よく取材旅行や写生に出かけた。戯曲『椿説弓張月』などという時代物を書くときにも、わざわざ現在の沖縄まで出かけたそうだ。でも、取材における現地主義や現物主義には限界がある。自分の知らない場所や物を描写しなければならないときには、ほかの小説を参考にしたり、カタログでがまんしたり、間接的な方法にたよることになる。そのとき文章の臨場感をおぎなうのは想像力しかないのだが、その想像力も、ふだんの観察力トレーニングできたえられるといってよい。

7　構成力トレーニング法

あつめたデータから構想をつくる。テーマをいくつかの小テーマに分け、それら小テーマを関係づけて組みたてた骨組みが構想だ。これはテーマ分析ともいい、すでに「発問・発想トレーニング法」や「分析術」のところでやってきたのだが、ぼくらはさらに、構想を構成のかたちに具体化するトレーニングをすることにしよう。

そのポイントは、**文章は線である**、ということを肝に銘じておくことだ。構想は、頭のなかで立体模型のかたちをなしていてもよいし、紙の上に図示されていてもよい。けれども文章は、線型《リニアー》にしかすすまないものだ。これを「言語の線条性」という。同時刻におきた事件を書く場合でも、文章ではどちらかを先に並べるしかない。つまり、順序に並べる――「目次」のかたちに変えるということが構成力トレーニングの眼目となる。この言語の線条性ということは、文章表現に独特の困難をもたらし、これからもぼくらを悩ますもとになる。論理的で明晰な思考力をもったひとが、文章になるとどうも論理的に書けないということがあるのは、文章表現の線条性を克服するテクニックを身につけていないことによる。

内容構成のテクニックでは**柱をたてる**という方法がある。単純な例でいけば、手紙を書くときに、ふたつの用件を書こうと思いたつ。これは二本の柱をたてたわけだ。また「校内暴力」というテーマで小レポートを書くように依頼されたとする。これにたいして、最近の新聞記事についての感想、生徒の側の問題点（家庭教育との関係など）、教師の側の問題点、今の学校教育のありかた、という四本の柱がたてられたとすれば、その四本がこの順序でいいかどうかも検討する。それぞれの柱でだいたいどんなことを書くかもわかっていると、各柱の分量に見当をつけられる。

たとえば小栗康平監督の『泥の河』を見て映画評を書くとする。まず頭のなかで、一、全体の印象、二、作品評、三、状況、と三つの柱をたて、どんな内容で書けるか、ちょっとメモをしてみる。第一の柱では、宮本輝の原作を読んだときの印象とこれとの比較、第二の柱では、父親の戦争体験のこと、廓船のこととその後の高度成長で失われた風景について、主人公の少年について、成長にともなう悲しみ・残酷さ（?）、それから疑問をもった場面、京の街角で突然ピエロ（次のカットでチンドン屋とわかる）が出てくる異様なカットがあったがあれはどんな意味をもつのか——のちに廓船のなかでお白粉を塗った加賀まり子の顔がクローズ・アップするのと関連がありそうだ、といった作品評、そして最後の第三の柱で、タイヤもスポークもはずした自転車の車輪をまわして、小学校に通った評者自身の体験も織りまぜて、最近感じているノスタルジー（郷愁）文化のきざしについて。この三つの柱で書いてみようと考えるわけだ。そうすると三つの柱のうちでは第二の柱に枚数がとられるだろう、と予測できる。

また枚数制限のある原稿なら、何本かの柱をたてたあとでそれぞれの柱におよその枚数を割りあてておく。実際に書きはじめてみるとこれは変更せざるをえなくなることが多いけれども、枚数という目安があると見とおしがたてやすい。六〇〇枚の単行本を書けといわれたら途方にくれるけれども、これを第一部、第二部と二つの柱に分けると、負担が半分になった気がするものだ。半分の三〇〇枚にそれぞれ一〇章の柱をたてれば、各章は約三〇枚で手がとどく分量に近づく。短い文章を書くときにも、いくつか柱をたてて分量配分することに馴れておくと、どんな長い文章でも（内容さえあれば）こわくなくなる。

柱をたてることと同時に、構成力をきたえるために、次のようなトレーニングをするとよい。論理的な構成力をきたえるためには、評論や論文をできるだけ短く要約する練習をすると、自身の文章も筋道だてて書くことができるようになる。うんと要約して「目次」にまで煮つめてみるのもよい。そうすると作者の構想・構成もみえるようになる。これは、面（構想）を線（文章）に変えるトレーニングを逆にたどるわけで、思考がいかにして文章になるか、そのプロセスがのみこめるようになるのだ。

もうひとつは、小説のプロットをくみたてる構成力のトレーニング法だが、これは新聞や雑誌の連載小説を読んで、次回のストーリーを予想する練習をする。そのうち、自分の予想したストーリーのほうが面白いということになれば自信がわいてくる。推理小説作家の修業法ではこれがおこなわれているようだ。

以上構成力トレーニング法を、「柱をたてる」ことを中心に紹介したわけだが、実はもうひとつ大事なことがある。それは**段落（パラグラフ）を掌握せよ**、ということだ。パラグラフとはここでは、改行一字下げではじまる文章のひとかたまり、つまり「形式段落」のことをいっている。「柱」が内容段落に相当するとすれば、この形式段落《パラグラフ》は柱を構成する単位だ。文章を書くときの意識としては、形式段落を最小単位と考えておいたほうがよい。もちろん形式段落は文というさらに小さな単位から成りたつものだが、文をつくっているという意識だと文章はできない。思考（または話題）のまとまりは段落のかたちで保証されるからだ。文章を書くというのは、一個一個の文を積みかさねていってやがて全体（完成）にいたるというよりは、全体の構成（完成したすがた）をいつも念頭にうかべながら段落を配置していく作業だ。したがって長い文章を書くようになればなるほど、段落をユニットとして操作しているという意識が必要になる。

8　語彙肥大症と文法肥大症について

書いていて途中で行きづまってしまうことはよくある。構成がしっかりできていない場合は当然だが、「目次」やアウトラインができていても行きづまることはある。いざ実際に書きはじめると、予想もしていなかったいろんな思考上のハプニングが生じるものだ。そんなとき学術論文なら、もう一度構想を練りなおす必要があるが、そうでなければ、目次など意識せず、書きたいものを先にバラバラに書いてしまって、あとでその断片を組みたてるほうが、時間的にも早くすむ。

草稿を書いてから清書するという方法は堅実だけれども、長い文章を書くのには時間がかかりすぎて適さない。草稿をつくる習慣から早目に脱して、じかに完成稿を書くことに馴れていくようにしたい。その場で手直ししながら書いていくわけだ。もちろんこの場合でも、データと構成（目次）とは不可欠なものだ。データと目次（構成）とは、文章にとっての単語と文法みたいなもので、はぶくことはできない。長大な原稿になるほど、このふたつがしっかりできていないと途中で筆の運びに支障をきたすことになる。この点については もう少しつっこんで検討しておいたほうがよいだろう。

下書きでも、じかの清書でも、途中で筆の運びが遅滞する理由は、文章作法上の原因をのぞけば、ひとつには下調べ（データ）が不完全だったため、再度、ネタさがしや資料の正確さの確認をしなければならなくなった場合か、そうでなければ、論旨の運びがいつのまにか矛盾をきたしたという論理構成の不備による場合か、そのどちらかだ。執筆中は、当面書きすすめている事がらに意識が極度に集中しているから、一種の心理的な視野狭窄状態にあるといえる。その場合、そのひとのタイプによって、ふたつの傾向があらわれる。

ひとつはエピソードにつぐエピソード、で脱線をつみ重ねていって、いつのまにか全体の論旨がわからなくなってしまうというケース——これは、いわば論理構成のほうが後退する病癖だ。

もうひとつは、エピソードも具体例もなしにひたすら論理だけがストレートに展開していくケース——これは書いているうちにデータの記憶がうすれてしまって、骨組だけの味気ない文章になる、いわば記憶が後退する病癖だ。

語彙肥大症と文法肥大症とでも名づけられそうなこのふたつのタイプは、ちょっとズレるけれども執筆の手順にもみとめられる。ひとつは、文章をはじめから順を追って将棋倒し式に書いていくタイプ。これはフロベール型といわれる。将棋倒し式だから、次の単語を何にするか迷いはじめると、そこで運筆はいきどまる。形容詞一個の選択にフロベールが一週間も苦しんだというエピソードは有名だ。もうひとつは断片（エピソード）を先に書いて、あとで組みあわせるというタイプで、バルザック型といわれている。フロベール型は長篇むきだともいわれるけれど、そんなにはっきりした区別ではない。でも、日本ではフロベール型には谷崎潤一郎、バルザック型には芥川龍之介があるのを考えると、この区別も無意味ではなさそうだ。谷崎は遅筆で、骨太の長篇を書いているし、芥川は繊細な「方解石のような」短篇（その小説をどの部分に砕いてみても完成された姿をもっているような）を書いた。

晩年の芥川が「筋のない小説」――絵のような、詩のような小説――を書きたいといい、それにたいして谷崎が、日本の小説は『源氏物語』などをのぞくと構成力のある長篇に乏しい、もっと筋の面白い、「構造的美観」をそなえた作品が書かれるべきだ、と応酬した、「小説の筋《プロット》」論争は有名だが、ふたりの執筆タイプのちがいが、文学論のうえでの対立をもかたちづくっているのは興味ぶかい。

データ（単語・エピソード）と構成（文法・目次・筋）という執筆に不可欠なふたつの軸を、ぼくらは車の両輪のようにつかいこなせるとよいのだけれど、やはりひとによって偏りができ、それが逆に文体上の魅力になったりもする。

ここでは、長大な文章を書くときにもこの両輪をうまく回転させていくことのできる方法を提案しておこう。

長大になればなるほど、「目次」偏向のフロベール型は、途中で構成に変更がくわわると難航することになる。その手直しは、出発点からやり直さねばならない場合もあり、膨大な時間がくわれることになりかねない。道のりが長いから、中途にいくらでも落とし穴や思考のハプニングが予想されるのだ。同じく、断片を先に書くバルザック型でいっても、長大な文章の場合、多量の草稿断片を前にして、その整理に途方にくれることになる。この整理がうまくできていないと、断片と断片とは意味上のつながりをもてないから、書きはじめても始終いきどまりに出くわす。

9 カード式文章執筆法

フロベール型とバルザック型のどちらの困難をも克服した執筆術は、カードをつかう方法だ。

同時に、原稿執筆用に用意したデータ（本・メモ・ノート・コピー・下書き断片、等）を全部一か所に集中して（この作業環境づくりは大事だ）、すべてに目をとおし、構想メモをつくる。構想メモは何度もデータとのあいだを往復しながら、だんだんに「目次」の形にしあげていく。

目次が一応できたら、その目次をみながらそれぞれの章や節で書くべきことがらを、カードにメモしていく。もちろん一枚一項目だ。単語でもいいし、その場で名文がうかべば文章になっていてもいい。引用する文章は、内容見出し（内容を思いうかべるきっかけになる言葉）と文献名とページとをメモしておくだけ。つまり、原稿の下書き（の下書き？）をカードに書いてしまうということだ。原稿テーマに関係ある情報は全部このカードに走り書きしておく。そうすると、いざ原稿用紙にむかって極度に緊張したときでも、書くべきことがらを忘れるということがなくなる。忘れないようにと神経をつかわなくていいだけでも、この方法は効能が大きいのだ。期間のある場合には、街を歩いていてもそのテーマが心のどこかで持続していて、アイデアがうかぶものだから、このカードを持ち歩く。

そしてたえず、前に書いたカードを読みかえす。そこからまたあらたなカードが派生するということがよくある。カード間の関連がみえてきたり、カードの組みあわせからまたアイデアがうかぶ。これは「カード思考」とでも呼ぶべき、楽しい時間だ。

カードづくりのあいだ、目次も眺めなおし、すこしずつ変更をくわえて確かなものにしていく。カードと目次との往復作業によって、それぞれを相互に補強するわけだ。

カードに全部書きつくしたという段階に達したら、目次を最終的に完成させ、章や節に番号をうつ。目次はやや大きめの紙に（一覧できるように）書くといい。

次に、その最終目次を見ながらカード全部に目次の章節の番号をふっていく。番号をふれないカードは（テーマと無関係なら）排除し、反対に、それが目次の不備の発見につながるようだったら、目次のほうを補完していく。

番号をふられたカードを、章・節ごとに整理し、今度は、章・節のなかでのカードの順番を考え、そろえておく（その番号はふる必要なし）。

これでもう、下書きなしに、じかに完成原稿を書くことができる。長大な文章の場合、下書きをつくっていたら、清書にだけでも恐ろしい時間がかかるから、清書の前段階までの作業（データづくり・目次づくり）のあいだに、あらゆる思考のハプニングを実験的にひきおこすことによって、完璧な目次を準備する必要があったのだ。こうして、一枚の目次と、順番にそろえられたカードの束とが用意された。カードには必要な事項が全部（見出し程度のものもふくめて）書きこまれている。つまりこのカードの束はすでに完成稿（本）の原型なのだ。

あとは、目次をかたわらにおいて全体の進行を眺めつつ、カードをめくっていけば——カードを文章化していけばいいだけだ。それでも途中で変更がないともかぎらないけれど、カードだから順序は簡単にくみかえることができる。

この執筆術の原理は、しかし意外にシンプルなのだ。けだし、語彙（カード）と文法（目次）とから文章をつくる、ということを方法化したものにほかならないからだ。本書『知的トレーニングの技術』も、この方法で書かれている。

10　推敲トレーニング

さていよいよ実際の執筆過程の検討にはいろう。

清書をすることはむだだと先にいったけれども、原稿を書きおえたからといって、それが完成原稿になるわけではない。推敲をくわえないうちは、その原稿はやはり、「草稿」にすぎない。この草稿を読みかえして、削ったりくわえたり言いかえたりしながら文章を訂正していくこと、これが推敲だ。

推敲の最も初歩的段階は、他人にたよる方法だろう。添削指導をうけるわけだ。自分でわかっているつもりで書いても、他人の目で読むと理解できない箇所が客観的にあらわになる。よい添削者につくと、添削してもらっているうちに推敲のやりかたものみこめるようになる。そして、文法や語彙の選択の点でミスがなくなり、他人の添削がわずらわしく感じられるようになってくれば、自分なりの文章法が身についたといえる。それから先は好み、あるいは文体の問題で、各自が自力で追究するしかないレベルに達したわけだ。

次には、自己添削、つまり独力での推敲の段階にはいる。

草稿を書き終わったらじっくり読みかえしてみること。それも他人のような目で、イジワルク読んでみる。これが文章上達のいちばんの近道だ。自分のアラがいろいろと見えてくる。文章のマズサだけでなく、自分の思考法の弱点までがイヤというほどみつけ出されて、始めのうちはまざまざと自分の貧弱な裸体を見せつけられる気がして、オレは書くにあたいするものなどナニももっていない、書くことはミナ陳腐で迫力がない、と絶望感にとらわれることがあるものだ。この絶望感の体験を幾度かくぐりぬけなければ文章はうまくならない。これをくりかえすうちに自分なりのスタイル（思考法・文体）が見つけだされ、文章にも一定のスピード感と迫力（重さまたは軽さ）がつくようになる。

この、読み返して文章を訂正していく方法——試行錯誤の実践は、古来から〈推敲〉と呼ばれて、とくに詩人たちがやってきた方法なのだ。

この推敲法のメリットは、何度でも書き直せばいいさ、という気楽な気持ちにあるから、アタマも自由に動く。最初から完成稿をと思っていると、カタくなって何もアタマに浮かばなくなる。

ところで推敲は、なにも原稿を書きおえた段階だけでなく、実は執筆中、たえまなくやっていることだ。書くという行為をよく観察すると、前に書いた部分を読みかえしながら、次を書きすすめていることがわかる。この読みかえしのときに推敲がおこなわれているわけだ。述語部分を書きおえて前の部分を読みかえすと、主述関係がどうもしっくりしない、前のほうを変えてみよう、というように意識ははたらいているはずだ。

読みかえしつつ書きすすめる、ということをいいかえれば、書いている人間（筆者）がたえず読者にもなっているということだ。つまり、自己が二重化されるわけだ。筆者はたえずもうひとりの自分＝読者の目にさらされ、批評をうけながら書きすすめていくことになる。このように、文章の執筆過程のなかで、たえず「自己の読者化」がおこなわれ、自分の文章をあたかも他人のような目をもって眺めることができるということ――ここに推敲ということの本当の意義がある。自己の読者化ということをもっと意識的にやれば、「自己の他者化」がそこではおこなわれるのだといってよい。執筆過程に他者の目が介入して、書かれた文章を客観視し添削をほどこす。こうなるとその文章はより多くの読者に理解されやすい、いわば〝社会化〟された文章になる。だから、ひとりよがりの日記をいくら書いても、他人に読んでもらえる文章が書けるようになるとはかぎらない。公表を前提にした文章はなんらかの社会的文脈を獲得せねばならず、そのために他者の視点からの推敲、フロイト流にいえば一種の「検閲」をうけねばならないのだ。したがって、**よい文章が書けるようになりたいと思ったら、自分の文章の最良の読者になること**。これが推敲トレーニングの真骨頂なのである。

11　レヴィ＝ストロースの推敲術

最初の読者とは作者のことである。したがって書くことのトレーニングは読むトレーニングでもあるということを、推敲術の本義として紹介したので、ここではこの推敲術の鬼ともいうべき、すさまじい迫力をもった執筆法を実行したレヴィ＝ストロースの場合を紹介しておこう。推敲の過程で、作者と読者、自己と他者という二重化が、極端なまでに――自己分裂にちかいまでに――おこなわれているありさまがよくわかるはずだ。もちろん、学術論文のように厳密な文章を書く場合は、じかに完成稿にとりかかるわけにはいかないので、レヴィ＝ストロースは草稿を書き、推敲をしたあとで清書するという方法をとっている。

「私のなかには画家と細工師がおり、たがいに仕事を引き継ぐのです。カンバスに向かうまえにデッサンする画家のように最初の段階では、まず書物全体の草稿をざっと書くことからはじめます。そのさい自分に課する唯一の規律は決して中断しないことです。同じことを繰り返したり、中途半端な文章があったり、なんの意味もない文章が混っていたりしてもかまいません。大事なのはただひとつ、とにかくひとつの原稿を産み出すこと。もしかしたらそれは化物のようなものかもしれませんが、とにかく終わりまで書かれていることが大切なのです。そうしておいてはじめて私は執筆にとりかかることができます。そしてそれは一種の細工に近い作業なのです。事実、問題は不出来な文章をきちんと書き直すことではなく、あらゆる種類の抑制が事物の流れを遮らなかったら、最初から自分が言っていたはずのことを見つけることなのです（心中ひそかに私が参照するのはシャトーブリアンとジャン＝ジャック・ルソーです）。山のような著作や辞書に囲まれて（辞書を手元においておくのは、未知の単語を発見する楽しみのためだけということもありますが）、私はまず手はじめに初稿のあちこちを抹殺し、あるいはさまざまなサインペンや色鉛筆を使って行間に加筆したりします（そのために初稿は行間を広くあけてタイプで打つことにしています）。あらかじめ色を選ぶようなことは決してしません。それはなにか取消しのきかないことをすることになるはずですから。原稿が解読不能な状態になると、不要な部分を白く塗りたくり、さらに加筆訂正できるようにします。この操作も不可能になると、切り取って原稿に貼りつける小さな紙切れを使って、書き直すべき部分を書き直せるようにします。ようするに仕事が仕上った時には、紙切れが三枚も四枚も重ね貼りされていて、ほとんどある種の画家たちのコラージュに似たものになっているのです」（『海』一九七八年一一月号）

12　思考の言葉と文章の言葉とのあいだには断絶がある

推敲ということを考えていくと、書くことと読むこととのあいだに微妙なかかわりがあることに気づいたことと思う。今度は、考えることと書くこととの関係についていっておく。この点については非常に誤解があって、それが文章作法の妨げになっていることも多いからだ。

考えるときにも言葉をつかって考えている。しかし考えるときの言葉は、文法的に正確な文章ではなく、切れぎれの単語や文や文章が、どろどろと星雲状のかたまりをなして浮遊している状態にあるといってよい。これがいざ文章を書く段になってハタと行きづまり、それまで考えていた内容が文章になってくれないという、苦痛な体験の原因をなしている。**思考の言葉と文章の言葉とのあいだには断絶がある**、ということをよく心得ておくことが大切なのだ。星雲状に浮遊している思考の言葉に、文章の言葉は秩序をあたえ、それを線型に配列するのである。このことは何でもないことのようだけれど、言葉についての考えを決定的に変えるきっかけになる重要な問題をふくんでいる。

アリストテレス以来、二千年間このかた、言葉というものは意識（考えた内容）が外界に表出（表現）されたものだという考えが信じられてきた。ところが現代言語学では、言葉は意識とは異なる秩序（体系）をもっていて、その言葉の体系が逆に意識を切りとって秩序あらしめるのだという考えかたに変わっている。だから各国で異なる言語体系をもっていれば、その言葉のちがいに応じて世界の切りとりかた（世界観や文化）もちがってくる。たとえば日本人が「牛」と一語で呼ぶものを、イギリス人なら「ox（雄牛）」と「cow（雌牛）」という別の言葉で識別する。日本語では虹（太陽光線のスペクトル）を、紫、藍、青、緑、黄、橙、赤の七色に区切るけれども、英語ではこれを purple, blue, green, yellow, orange, red の六色で区切るし、中央アフリカで用いられているサンゴ語では vuko と bengwbwa の二色にしか区切らない。言語体系のちがいによって世界の見えかたもちがってくるのだ。ソシュールの言をかりれば、「言葉は認識のあとにくるのではなく、言葉があってはじめて事象が認識される」というわけである。

言葉が認識に先だつということになると、「見たまま、感じたまま」を書けという従来の作文教育の金科玉条も、再検討する必要がある。

言葉についてのこの新しい考えかたを、言語学のほうで厳密に展開するとなると少しむずかしいことになってしまうのだが、文章を書くことに悩んだことのあるひとならこのことは体験から理解できるはずだ。それでぼくらの文章トレーニングも、この現代言語学の成果をふまえておこなうことにする。そのほうが無理な修業や無駄な苦吟が少なくてすむのだ。

考えたことを書くというより、書くことによって考えをはっきりさせる、という立場でいくことだ。そうすると、文章の訓練が思考の訓練になるということがはっきり理解できる。自分の文体をもてるようにすると、思考がそれにあわせて明確化され、整序されるようになる。**思想をもつとは文体をもつということ**なのだ。

大正時代まで、「話すように書く」ということが盛んにいわれ、それが今の作文教育にまでひきつがれているわけだけれども、昭和初年、新感覚派の横光利一たちはこれに反旗をひるがえして、「書くように書く」ということを主張した。彼らは、書き言葉（文章）と話し言葉とは本質的にちがうものだ、ということに気づいていたわけだ。句読点や文法規則によって文の連続として配列されなければならない文章は、抑揚や間《ま》（沈黙）や表情や身ぶりをともなって、文の区切りもあまりはっきりせずに連続する話し言葉の転写ではありえない。レコーダーに録音した会話を文字にうつしたことのあるひとなら、この点はよくわかるはずだ。芥川龍之介はこのことについてさらに、「書くように話す」ということをいっている。これは、文章によって話し言葉に秩序をあたえていくことだ。

ぼくらの文章トレーニングは、横光や芥川のひそみにならえば、「書くように考える」ということだ。**書くことによって思考にかたちをあたえていく**ということだ。ぼくが先駆的なフォルマリストと考える谷崎潤一郎の言語観や文学観は、古くさい言語学にしがみついていないので、意外に思えるほど新鮮な文章論を展開している。谷崎の『文章読本』から、その例をひいておこう。

「……最初に思想があってしかる後に言葉が見出だされるという順序であれば好都合でありますけれども、実際はそうと限りません。その反対に、先ず言葉があって、しかる後にその言葉にあてはまるように思想をまとめる、言葉の力で思想が引き出される、ということもあるのであります」

「……もっと本当のことを申しますなら、多くの作家は、初めからそうはっきりしたプランを持っているのではなく、書いているうちに、その使用した言葉や文字や語調を機縁として、作中の性格や、事象や、景物が、自然と形態をととのえてき、やがて渾然たる物語の世界が成り立つようになるのであります」

言葉が思想をつくる、自在な文体が自由な思考を可能にする。たかが「作文」などと思ってはいけない。文章トレーニングは、ぼくらの思想をとおくまで展開させることを可能にしてくれる装置づくりなのだ。

13　いい文章を書くには技法が必要だ

執筆術の最後に、文章上達のトレーニング法を述べておこう。そのために文章上の技法に馴れていくことにする。

草稿の文章は、思ったままを平易に書くということ。この「思ったまま」とは思考の言葉ということだ。思考は複雑な運動をしているが、言語化するときには単純化を要求される。単純な文章でよいし、センテンスは短くてよい。色をつけたければ、あとの推敲の段階でできるし、その段階で、もっと力点をおきたいとか、ここはキカセタイ箇所だから、いいまわしに工夫をしようとか、余裕をもって凝ることができる。はじめから文章のディテールに凝ると、思考の果てしない迷宮にはいりこんでしまって、永遠に出口に行きつかないということにもなる。だから、自分の思考の大ざっぱな全体をできるだけ早めにモノ（文章）の形に外化しておき、それをあとで対象としてゆっくり眺めるというほうが、戦略的にすぐれているのだ。

平易な文章は、生命力も長い。芥川龍之介は終生、志賀直哉にアタマがあがらなかったが、この点のコンプレックスがあったためだ。文章に凝る芥川には、平易で簡潔な文章を書く志賀直哉にどうしても及ばないという思いがあった。それで時に、エッセーなどに、結局、平易な文章の方が、装飾的な文章より後世に長く残る——一種の文章上の自然淘汰のようなもの——ということを調べて書いたりしている。

それから、書き出しの一行に困るケースが多い。書くことには、気分とか霊感（インスピレーション）といったロマン主義的な観念がいまだにつきまとっているから、「はじめの一行は神が書く」なんぞといって、よけいに書き出しには神経をつかってしまう。そして、実際、良い文章では書き出し（冒頭）のなかに、その後の展開の萌芽（キーワード）が全部出そろっているということがよくある。書き出しがその後の文章の全体を規定してしまうのだ。でも、書き馴れないうちは、下書きをつくることにして、気楽に書いてみる。書き出しに困ったら、途中からはじめて、あとで書き出しをつけたすことにするといい。前置きなしで、のっけから（冒頭文から）事件の核心や論理の中心にはいりこむような文章も、小気味よいものだ。——これはプーシキンやトルストイや島崎藤村の方法だった。

書きだしは筆者にとってばかりでなく、読者にとっても特別の意味をもつ。その文章を読むか読まないかを決める材料になるからだ。だから筆者は、読者に動機づけをあたえる役割も、この書き出しにもたせることになる。動機づけの手法としては、大きくいって読者に未知のものからはいらせるか、既知のものからはじめるか二種類ある。強烈な問題提起や謎の提示、奇妙な事実などをあげてそれの解明にすすむか、単純なもの周知のもの、身近な話題からはじめてだんだんに、難解なもの、新しい事実、筆者の独自の主張にうつっていくか、のふたとおりだ。文章の性格、読者層のちがいに応じてどちらを採用してもよい。要は読者の問題関心を持続させるような書き出しであることだ。

文章の末尾を書くところにさしかかったら、書き出しを読みかえしてから書くことにするとよい。文章のはじめとおわりにしっかりした「首尾照応」をつけるためだ。名文と呼ばれる文章を読むと、この書き出しと末尾との照応がみごとなものが多い。首尾照応は名文を見分ける大事な基準になるばかりでなく、文章全体のテーマを知るうえで有効な手がかりになる。だから読みのトレーニングのときにも、書き出しと末尾に特別の関心をはらう習慣をつけてほしい。

改行というとっておきの手

書いていって思考が行きづまって筆がすすまなくなったら、改行という手がある。あたらしい段落にしてしまうわけだ。自然の〈間《ま》〉がそこにできて、多少の論理の飛躍は気にならなくなる。気になるようなら、やはり推敲段階で接続詞を入れるとか、あらたに〈ツナギ〉の段落を入れればよい。もちろん、このツナギ段落の検討のときに自分の思考や論理の誤りに気がついたら、下書き全体をもう一度検討し、時にはふり出しにもどって下書きを全面的につくりなおすことも必要だ。誤りを知りつつ書きすすめることほど、精神の退廃的な消耗につながるものはない。

改行は苦肉の策のようだが、段落が短くなって読者が読みやすくなる、という思わぬ副産物をうむ。長い段落は、読者に緊張の持続を強いるから、自然きらわれるということになる。エンタテイメントの性格がつよい作家の文章などは、改行だらけなことは、ちょっと雑誌を手にとって見ればわかるはずだ。新聞の文章もそうだ。また作家にとって、改行は枚数をかせぐ、とっておきの方法でもある。

文章のとっつきやすさの手法

文章のとっつきやすさ、見やすさということも、読者の立場からみると大切なことだ。文章は文字という視覚的な映像がつらねられたものだから、視覚的な効果を狙って書く。たとえば、漢字・漢語をなるたけ減らした文章はとっつきやすい印象をあたえる。逆に漢字の多い文章はとっつきにくさを感じさせる。漢語は外来語なので、日本人にはいまだに一種の翻訳作業を強いるのだ。それに漢語は概念的であって、読者によけいな思考作業をうながす。「ページの光景」とぼくは呼びたいのだが、原稿がどんな編集とレイアウトをほどこされ、刷りあがりはどうなるか、まで書き手がイメージしつつ書くことは、何回か経験をつめばできるようになるのだ。

テクニカル・タームの使用法

明快な文章を書く技法に、テクニカル・ターム（専門用語）の使用ということがある。学術用語は厳密に定義されているから、ツボをこころえてつかうと明晰な文章になる。へたに用語の説明などすると文章がダラけて、かえってあいまいになる。テクニカル・タームのところで読者は一定の緊張（思考）を強いられるから、文章に動き（リズム）がでてくるのだ。政治学者の丸山眞男氏や文化人類学者の山口昌男氏、フランスの記号学者ロラン・バルトなどの文章がそのよい例だろう。

具体化の手法も身につける

それから、文章における具体化の手法ということにもふれておこう。抽象的な文章では具体例をひとつあげるだけでも、読者の理解には効果が大きい。わかりやすい具体例があげられないときには比喩でもよい。ルポルタージュでもちょっとした風景描写が、文章全体を生ま生ましくさせる。俳句のように十七音という短い詩型でも「季語」を入れる。句によまれた寸景がその季語のおかげで、季節感をもつ大きな表象のなかにおさまることになるわけだ。地名など固有名詞を入れると、文章全体が実在感をもってくる。

具体化の手法とは、部分によって全体を推測させる「提喩」というレトリックにちかいものではないかとぼくは考えている。これは風景を描写するのに、細部（木だとかさらに枝とか、その枝についている葉、葉のうえについている水滴）をいくつかあげて全体の情景や情感を肉感的に読みとらせる、リアリズムの文章技法でもある。世界一描写が細かいといわれるトルストイの小説では、たとえばアンナ・カレーニナの自殺の場面（全体）を、彼女のハンドバッグ（部分）をとおして描いているし（『アンナ・カレーニナ』）、『戦争と平和』では、「上唇の上の毛」とか「あらわな肩」を人物（女性）の代わりにつかっている。

言葉をいくらべたべたと書きつらねてくわしくしていっても、どんなちいさな対象もその特性の全体を描きつくすことはできない。だから部分を切りとることによって全体を提示する「提喩」のレトリックが必要とされるわけだ。提喩による具体化の手法は、言葉の経済学《エコノミー》（節約原則）にしたがっているのである。

14　ユニット操作の技法をマスターする

文章技法のしめくくりとして、叙述の単位ということをいっておこう。構成力トレーニングのところで、文章は文で書くのではない、段落《パラグラフ》で書くのだといったが、それを具体的に演習しておこう。

段落というユニットを自由に操作できるようになると、どんな長い文章もこわくなくなるし、科学論文から文学的エッセーまで多様な文体をこなしていけるようになる。ユニットの操作に習熟するということ、これが文章執筆術の最高段階なのだ。

まず、そのためには段落というユニットの特徴を正確につかんでおく必要がある。典型的な例を森鷗外の文章から引用してみる。

一年余り立って、私が東京へ帰ってからの二度目の夏になった。ある日安国寺《あんこくじ》さんが来て、暑中に帰省して来ると云った。安国寺さんは小倉の寺を人に譲ったが、九州鉄道の豊州線のある小さい駅に俗縁の家がある。それを見舞いに往くと云うことであった。安国寺さんの立った跡で、私のうちのものが近所の噂を聞いて来た。それは坊さんはF君の使いに四国へ往ったので、九州へはその序《つい》でに帰るのだと云うことであった。使いに往った先は、向いに下宿している女学生の親元である。F君は女学生と秘密に好い仲になっていたが、とうとう人に隠されぬ状況になったので、正式に結婚しようとした。それを四国の親元で承引しない。そこで親達を説《と》き勧《すす》めに、F君が安国寺さんを遣ったと云うのである。

私はそれを聞いて、「安国寺さんを縁談の使者に立てたとすると、F君はお大名だな」

と云った。無遠慮なEgoistたるF君と、学徳があって世情に疎く、赤子の心を持っている安国寺さんとの間でなくては、そういうことは成り立たぬと思ったのである（『二人の友』、表記は新表記に改めた、以下同）

ここには三つの形式段落があるが、よく観察してほしい。三つの段落とも、それぞれの段落の始めのほうは「……した」という文ではじまり、段落の終りは「……である」「……のである」という文でむすばれている。要するに、「……した」という文と「……（の）である」という文とがワンセットになって段落というユニットをつくっているわけだ。これは鷗外の、雅文や史伝物のような古めかしい文章もふくめて、ほとんどの文章に顕著にみられる現象だ。しかしここで問題なのは、これが鷗外にみられるというところにあるのでなく、このユニットが叙述の単位としての段落という、普遍的な文章技法を典型的なかたちでさし示してくれている点にあるのだ。

引用した鷗外の文章の各段落を今度は内容的にみると、段落前半の「……した」では大ざっ

森鷗外

ぱな事実をあげ、後半の「……（の）である」は、その事実についてのもっとくわしい補足説明《コメント》や筆者の考えを述べているということがわかる。つまり、全体と部分（細部《ディテール》）、事実と判断、描写と説明、客観と主観、結果と原因、といった内容的な対がワンセットになって段落をつくっている。だから鷗外の文章はこの例文からもわかるとおり、段落の前半部だけを飛ばし読みしていってもストーリーはわかる。これはたとえば現代作家の村上龍氏の『限りなく透明に近いブルー』でもおなじことだ。文章を書くときおそらく鷗外は、ひとつひとつの文（センテンス）を書いているという意識ではなく、全体と部分、客観と主観とが対になった段落（ユニット）をつくっているという意識をもっていたことだろう。ひとつの段落を一個の大型の文（センテンス）とみなすという意識が文章上達のポイントなのだ。

　そしてこの段落という大型の文は、主語（主部）―述語（述部）という文法的な要素によって文がなりたつのと似て、より高次の段階でやはり、全体―部分、客観―主観、といった構成要素をもっている。もちろん文をあつかう文法とちがって、それら構成要素の組みあわせ規則はずっとゆるやかで自由なものだ。鷗外の文章に典型的にみとめられるこの現象は、「言語過程説」をとなえた時枝誠記《もとき》が、言語を語論、文論、文章論の各レベルに分けて、そのどのレベルでも、詞（客観的表現）と辞（主観的表現）という対が言語の単位《ユニット》をなしている、と指摘したことと照応していて興味ぶかい。

段落というユニットの操作によって、鷗外がメカニカルな文体を創出した理由は、たぶん鷗外が学者であり同時に作家でもあったところからきていると思う。全人ゲーテを崇拝した鷗外は、自分の書く文章においても、科学者と芸術家とを統合しようとしたのだ。ということは、それだけこれは応用のきく普遍的な文章技法だということである。そしてこの鷗外の文体は、芥川龍之介にも強い影響をあたえ、芥川の文章の秘密を解く鍵を提供している。芥川の書く小説がどこを切りとっても同一のメカニカルな構造をみせる「方解石のような」文章になっている理由は、鷗外と同様、このユニット操作というところにあるのだ。芥川の文章にも「……した」と「……(の)である」の組みあわせがもっと細かいかたちで段落内に頻出するし、そういう形式的な特徴をもたない場合でも、ユニット操作のあとは明確にうかがうことができる。

僕の部屋には鞄《かばん》はもちろん、帽子や外套も持って来てあった。僕は壁にかけた外套に僕自身の立ち姿を感じ、急いでそれを部屋の隅の衣装戸棚の中へ抛《ほう》りこんだ。それから鏡台の前へ行き、じっと鏡に僕の顔を映した。鏡に映った僕の顔は皮膚の下の骨組みを露《あら》わしていた。蛆《うじ》はこう云う僕の記憶にたちまちはっきり浮び出した。(『歯車』)

なんでもない一段落のようだが、情景や行動の客観的な描写と、それから引きおこされた自分の感想・感情・幻覚の記述とを交互にくりかえしながら、この小説は歯車の幻覚が次第にふくれあがっていく恐怖を描いている。客観―主観という対のユニットは、形式段落のなかの文の集合にも、また作品全体にも、同一の構造をもって仕掛けられているわけだ。鷗外の客観―主観の安定的なユニットが、芥川の現実―幻覚という病的なユニットにまでゆがめられあるいは繊細なものになっていくありさまは、日本の文学的エクリチュール（文章）の歴史にとって劇的なひとコマなので、もっと例を引いて、ふたりの文章の記号分析と精神分析とをしてみたいところだが、ここではさしひかえよう。

ともあれ、文法的にいくら正しい文を書き並べても「文章」にはならない、**文章はユニットで書くものだ**、ということはわかってくれたと思う。そして鷗外が明確なかたちで創出したこのユニットは、文学的な文章だけでなく科学的な文章の基本にもなっているのだということをあらためて強調しておこう。個々のユニットの構成は全体―部分という鷗外や芥川のような演繹的な順序である必要はない。具体例―結論、細部―全体、という帰納的な順序（夏目漱石には推理小説めいたこの手法がよくみられる）でもかまわないのだ。

考える

思考の空間術

考えることは、身体的な行為であり自己との対話だ。拡大し続ける世界のなかで、ぼくらはどこに思考するための場所を確保できるだろうか。

1　思考術には、三つの段階がある

データがととのったら今度は考える段階だ。でも考えるということは人間はいつでもしている。だから、資料を収集したり、分類したりしている途中で、もうすでに個々の資料の関連がつかめて、問題に九分どおり答えられる、という場合だってある。そうしたらもちろん、思考は終着点に達したのだから、次には、必要ならばその結論を文章化するための構想メモを書く段階に移ることができる。つまり、思考の新たな段階が開始されるわけだ。

ここでは、書くということもふくめながら、考えること一般のトレーニングを検討する。ただ注意してほしいのは、この章が「考える」という項目をたてている以上、読者もアタマを研ぎすませて、読みつつ考える、という方法をとってもらいたいことだ。「考える」

とはどういうことかについて考える——つまり二段がまえの思考が要求されるのは、この章の主旨からしても避けられないことなのだ。

まず、考えるという行為を外面からみてみる。つまり、考えるとは、ふつうには非常に内面的な行為とされているけれど、ここでは、わざとはじめは、何を考えるかということと関係なく、からだの身ぶりという面から検討してみるわけだ。

考えるときにもからだ全体をつかっている。頭だけつかっているわけではない。「ヒタイに手をあててよーく考えてごらん」といったり、「眉根にシワをよせて考えるひとは痔になりやすい」といったりする。ヒタイに手をあてるとどうしていい考えがうかぶのか——これは、われわれの祖先の原始人が、火をとりかこんで坐っているとき、ヒタイで火の霊感をうけとめた名残りのポーズだなんて、G・バシュラールというフランスの哲学者が、『火の精神分析』で書いていたっけ。頬杖をついて考えるポーズもそれなんだそうだ。

考えるしぐさというのは、なぜだか理由はわからないけれどいろいろあって、たとえば、ロダンの「考える人」のポーズとか、片肘で頬杖ついている夏目漱石の写真とか、煙草を吸わないと考えられなくなっている自分にある時気づいて、「煙草は西洋インテリの思想の内面を深く規定している」と反省して苦労してやめた文化人類学者のレヴィ＝ストロースの話とか、髪の毛をかきむしりながら考えるひと、鼻糞をほじりながら哲学を考えるひと、とにかく、人それぞれいろいろある。自分にあった思考のポーズは、自然にできてしまっているから、まずはそれを発見し自覚すること。正しい思考や独創的な思想が礼儀正しい姿勢からうまれる、なんてことは絶対ありっこないのだ。

ただ、考えが堂々めぐりしたり、いつも暗いほうに落ちこんでいくようだったら、自分の思考のポーズが悪いのではないか——前かがみで考えがちではないか——と反省して、意識的に変えてみる。そして、自分の身体に新しいポーズの習慣をつくってやる。

思考術のトレーニングの第一ステップは、かくして、**考えるということが身体的行為なのだ**、と自覚するところからはじまる。

対話的思考術

トレーニングの第二ステップは、他人と対話または討論しながら自分の考えをまとめることを積極的にやること。こちらからテーマ(話題)をもちかけて、相手にインタヴューするようなかたちでやってもいい。他人の思考をとりこめるので、自分と対比できて、自分の思考も明確にできるし、相手からの刺戟でこちらの思考のテンポも可変的になって堂々めぐり(自己閉塞)の予防になる。

もうすこしつっこんでこのトレーニングの効用をいうと、思考が弁証法的になるということだ。ギリシャのソクラテス以来、対話(ダイアローグ)は弁証法(ダイアレクティック)の思考論理を鍛えてきた。我と汝(他者)というのが人間関係の根本なのだし、思考も、対立物（反対意見）がなければ、硬直して常識化し、多面的な発展を期待できない。

トレーニングの第一ステップでは、考えるということは身体行為だといったが、第二ステップでは、思考が言語行為であることを自覚する必要がある。だが、考えているときの言語は、書かれた文章ほど整然と秩序だってはいない。フレーズの断片が浮遊しているような状態だ。紙の上に書かれた言葉とちがって、思考の言語は時間を生きている言語だから、瞬間瞬間でかき消えていってしまう。

このかき消えていくフレーズの断片を組織するのが考えるということなのだが、これを組織するには、対話や討論が一番いい。言語というものの本性が、そもそも、自己と他者との「対話的交流」（M・バフチン）によって成りたっているものだからだ。他人の言葉（思考）を自分のうちにとりこんだり、逆に相手にとりこまれてしまったり、会話のなかでは実は非常にダイナミックな争奪——引用の戦争《ゲーム》がおきているのだ。弁証法というものこれがなまなましい光景なのだ。

ところで、会話では、もう一つ、書かれた文章とちがって、複数のものが同時に別の言葉を発声する場面がしばしばある。いやそれがふつうなのだといってもいい。同時に複数の声を聞きながら、それでも人間の思考は不思議にはたらいている。この複数の声の同時発生ということは、ひとりの人間の思考においてもみられることではないだろうか。同時にいくつかのことを考えている、という経験をもったことが誰にもあるはずだ。

思考のこうした同時性、多様性、といった不思議な現象もふくめて、人間の思考メカニズムはまだまだ解明されつくされてはいない。思考と会話との類似に目をむけること、それから、思考と会話の豊かさにくらべて、書かれた文章はそれを定着しきれないこと。だから一般に、考えることは楽しい、書くことは苦しい！

対話または多数者での会話（討論）による思考トレーニングを、ダイアローグ型思考、またはポリローグ型思考と呼ぶとすれば、モノローグ型思考というものがあるのだろうか。

たしかに、ひとりで考えるとき、しかも相手を想定しないで考えているとき、思考は会話をやめているようにみえる。しかし、この場合でも、自問自答したり、自分を対象化（他者化）したり――オレはなんてまぬけなんだ――して言語活動しているのだから、**本質的には思考は対話的原理によって成りたっている**とみていいだろう。

2 ノートによる思考術

そこで、思考術の第二ステップは、ひとりでやる思考のトレーニングだ。第二ステップの会話トレーニング法でいって、他人がいないと思考がはたらかない、というのでは困るから。

ひとりで思考するときは、よほど深刻な問題か、あるいは卑近な日常の問題でないと、思考は集中せず散漫になりやすい。

あるテーマを決めて思考のトレーニングをする場合、書きながら考える、という方法がいちばんいい。文章に書いてもいいし図にしてもいいだろう。それはテーマ次第だ。これをやると頭の中に浮かんでは消えるフレーズを、全部ではないにしても紙の上に定着できるし、その場で読みかえす（想いだす）ことができるから、思考に持続の保証をあたえ、系統性ができてくる。思考はあいまいだが、文章や図にする場合、一定の明確さを要求される。だから、自分の思考に明確さや厳密さの制約を課す必要のあるときは、思考ノートをつけるトレーニングをすることだ。

自分の考えている内容が即時に（多少のズレはあって、もどかしいものだが）眼前で物質化され、客観的な存在に変わっていく。こうして、絶えず眼前に物質化されたあいまいな自己を厳しく点検し、それと対話しつつ思考を先へ進めていくわけだ。はじめのうちは、自分の思考のあいまいさや貧弱さにあきれて悄然とするのがあたりまえ。しばらく試みるうちに、内省力と論理的明確さが身についてくる。ノートに書かないふだんのときでも思考が集中できるようになる。

この思考ノートは、自分の研究の方法論をチェックする作戦ノートでもあるし、論文を書くという場合の構想ノートとしても利用できる。

ノートをとりながら考えた思想家は数多い。とくに、『厳密な学としての哲学』なんていうタイトルの本もある現象学者フッサールのノートは有名だ。科学的真理ということの根拠を執拗に問いつめていったこの哲学者のノートは、現在、『フッサリアーナ』と呼ばれる膨大な出版物となって刊行されている。

フッサールのノート思考法は、彼の思想に独特の粘りづよさをあたえた。一度確立した立場を掘り下げ掘りかえし、終生、彼の思想は転回（深化）しつづけて止まることがなかった。大学での彼の講義も、このノート思考法そのままだったようだ。「それが諄々として説いて倦《う》まざるの程度を遥かに通り越して、恰かも空転する車輪の如くに、この時間も、次の時間も、またその次の時間も、幾回となく同じ様な事を倦まず撓《たゆ》まず反覆し、一週四時間の講義が一学期もかかって、ほんの「現象学的還元」を漸くにして終るだろうということは、誰が想像し得ようか」と、だんだん空席がふえていく講義の模様を、当時フライブルクにフッサールを訪ねた日本の哲学徒・高橋里美が書き伝えている。

現代文明の危機を救うのはフッサールの現象学以外にない、といわれるほどの偉大な思想家の思考術は、こういうすさまじい執拗さにあった。根底をくりかえし掘りかえす思考、という意味で、これは真にラディカリズムと呼んでいいものだ。彼の思考は、いわば、一冊のノートをひろげて、うまずたゆまず推敲に推敲をかさねていくノート推敲の過程だったのだ。

ヴァレリーが毎日早朝、「朝のみそぎ」と呼んでつけたノートも、自分の思考を鍛えるトレーニングのためのものだった。ヴァレリーは、フッサールとちがって、断片的なアフォリズムが多いけれども。

ヴァレリーとちがってマルクスは夜間に、自分の経済学的思考をノートに書きつけた。『経済学批判要綱』刊行に先立つ一〇年前の一八五七〜五八年に書かれたノート七冊は、『経済学批判要綱』（略してグリュントリッセ）と呼ばれ、一〇印刷ボーゲン、日本語版（大月書店刊）で五分冊になるという膨大なものだ。

このノートは、『資本論』へのマルクスの思考の歩みがたどれる貴重な資料として専門家のあいだでは早くから目をつけられていたけれど、なにせマルクスの字は悪筆で有名なうえに、思考ノートだから書きなぐりで、センテンスをなさなかったり、途中で考察が途切れてしまったり、いろんな記号がつかわれていたりで、判読作業がたいへんだったのだ。そのため、モスクワのマルクス＝レーニン主義研究所には、マルクスのノートを判読する専門家たちがいて、拡大鏡をつかって「erlösht とたしかに読めるが、erlischt（消え去る）の誤りであろう」、とか「quia か quae か」などと、判読の努力をつづけている。

フッサールにしろ、ヴァレリーにしろ、マルクスにしろ、自分の思考のスピードにペンが追いついていかないもどかしさを、つねに味わっていたにちがいない。

以上、思考術の第三ステップでは、ひとりで思考するためのトレーニングとしてノート法を勧めた。これは結局、対話を個人の内面にもちこんで、それにノートという物質的保証をあたえることだった。自分に納得ゆくまで徹底して物事を考えぬこうとする場合、外的な対話（会話）よりも内面化された対話のほうが、テーマに対して純粋さが保て、いつでもどこでも考えられるという自由さがある。外的な対話のように相手によって話の成りゆきが変わってくる、という不確定要因もない。いわば、攪乱条件の少ない純粋な実験室により近いのだ。

いいかえれば、**思考のトレーニングのための理想的な実験室は、孤独ということだ。**そしてこの孤独を、一冊のノートが保証しているというわけだ。

幼児が言語を習得する過程を観察すると、人まねからはじめてある段階で、ひとりごと（自己中心的発話）をいうようになる時期（三〜七歳）があるのだそうだ。この孤独状態のなかで子どもは言語をはじめてわがものとし、自我（自分の思考＝内話）を形成するのだ、とヴィゴツキーは『思考と言語』のなかで述べている。思考をうみだした瞬間にかき消えてしまう言葉――ぼくらがノートに定着させたいのはこの孤独状態にある内話なのだ。

3　どこで考えるか――思考の場所術

ノートが孤独を保証する思考空間だということをいったついでに、どこで考えるか、思考場所の問題についてもふれておきたい。

純度の高い思考にとっては、孤独な空間が必要だ、ということはいま述べたとおりだ。全身全霊を打ちこんで思索するとき、ひとはまったく無防備な状態になる。社会問題について考えている場合でさえ、そのひとは社会的な関係から切り離されてまったく孤立した状態にある。だから、読んだり書いたりして純粋な個人になりきっているとき、他人はそのひとに声をかけることがためらわれる。その場合、声をかけることが個人の領域《テリトリー》を侵犯することにつながる、ということをひとは本能的に身につけているからだ。

ひとが何を考えているかけっして他人からはわからないということ、——個人の自由ということの真の意味は思考のこの性格に根をもっているはずだ。「それでも地球はまわる」とつぶやいたガリレオの思考の自由までは、どんな権力も奪えはしなかったろう。「レーニンの時代からして間違っていたのではないか?」と、ソヴィエト権力の根幹のタブーにまで迫っていくソルジェニーツィンの批判的思考の存在を、『イワン・デニソヴィッチの一日』を礼讃したころのソヴィエト官僚はかぎとることができたろうか。

孤独な思考空間が、自立した思考や独創的な思想を可能にするのだが、この点日本人はいまでも条件がわるい。第一に、学校教育では詰めこみ主義によって、「決して独立に思考しえないように組織的に訓練される」。第二に家庭生活は、住宅事情のせいもあるが基本的に雑居生活で、個人が独立して思考する部屋をもてない。

「日本の家庭生活とは、誰もが独立に思考しないで暮らすことである」。これは戦前（一九三七年）、労農派系のマルクス主義者・猪俣津南雄《いのまたつなお》が指摘したことなのだが、次の箇所はとくに、戦後のぼくらが自立した思考を身につけるために絶えず念頭においておくべき事柄だと思う。

「第三に文壇人や論壇人は、仲間を持ち仲間づきあいを持つ。いや、学生時代からもうそれは持っている。これがまた独立の思考を禁圧する。それはその筈で、この小集団生活の特徴的な内容は、村民集団の生活の延長であり、再生産である。仕事と私生活の融合、従って他人の私生活への干渉、他人の仕事の時間に対する無関心。そして、雑談と世間話の時間を惜しむ者、行ったり来たりのつきあいにまめでない者を、あれはお高く止まっているとけなすのである」

こうみてくると、思考の自立を奪うものは権力だけではなく、日本的な社会関係が日本人に、孤独な思考空間をもつことを妨げているといえそうだ。

書斎思考術

次に思考の場所術はノートから書斎にうつろう。

書斎の位置ということでいえば、息子の孟子のために三度引っ越しをしたという「孟母三遷」の話は有名だ。鷗外の一家も、長男・森林太郎の教育のために、わざわざ東京へ移住した。逆に、終生、松阪に住んで移ることをしなかった江戸時代の国学者・本居宣長のケースがある。当時の文化の中心であった京都や江戸に、なぜ彼は移住しなかったのか。この疑問をもって宣長の土地を訪ね、松阪は、江戸の文化圏と京阪文化圏との中間点にあたり、両方の文化動向が居ながらにして知れたからだ、と戸井田道三さんが『歴史と風土の旅』(毎日新聞社刊)で推論している。すると宣長は、自分の書斎のあるべき位置について、独特の戦略判断をしていたことになる。

書斎の場所の問題を検討していくと、どこに住むか、という住宅問題にまで発展してしまい、マイホームなど持てなくなったぼくらの世代は暗澹とせざるをえない。しかし蔵書は着実にふえていくのだから、どこで考えるか、という問題はいずれ近いうちに、どこに住むか、という問題に行きあたることになるのは必至だ。「考える」ことと「住む」こととの、より深い、内面的なつながりについては、「思想術」のトレーニングのところで、ハイデガーに語ってもらうことになるだろう。ここでは、考えることを書斎術としてみた場合、現代ではそれは住宅問題、さらには都市問題、と密接につながっていることを確認して、先へすすもう。

どこで考えるか——孤独な思考空間は、思考の本性にしたがって実はどこにでもつくることができる。孤独でいられる場所がなくなったといわれる都市文明の真っただ中にでも。一冊のノートから始まって、一室の書斎に至るまで、外からの誘惑や妨害を遮断して、無防備な、それだからこそ自由な思考を遊ばせることのできる密室はすべて、知的空間として利用できる。

風呂場やトイレや電車のなかが、思考に最適の場所だという指摘はよくあるので、ここではちょっと変わった場所を見つけてみる。

獄舎の思惟

はじめに監獄。独房であればなおよい。これは強制的に外からの誘惑、すなわち社会的諸関係を遮閉された孤独空間だ。この孤独は思考力を衰弱させる魔の密室であると同時に、それにあらがおうとすれば、限りなく考えることを強要する無限の思考空間だ。独創的な思想がいくつもこの場所から飛びたっている。名づけて「獄舎の思惟」！

流罪にあって鬼界ヶ島で歌を詠む俊寛僧都の話や、監禁状態の土蔵のなかで書物を読まされ、剣の道に開眼していく吉川英治の『宮本武蔵』にも、思惟をうながす装置としての獄舎をみることができる。

だがなんといっても、ミシェル・フーコーが『監獄の誕生』でいっているように、権力による、社会からの隔離としての監獄の誕生は近代から始まる。だから近代思想は獄舎という建築物と縁が深い。近いところでは、埴谷雄高の、暗闇からつむぎ出してくるような思想は彼の獄中体験と切り離しては考えがたい。獄中で彼はカントの『純粋理性批判』を読み、「目眩むような戦慄」をおぼえたという。フランス・レジスタンスの作家、クロード・モルガンの小説『人間のしるし』（岩波書店）なども、獄舎と人間的思考の対決が、リアルに描かれている。

日本では、最初の革命的ロマン主義の長詩『楚囚之詩』や小説『我牢獄』を書いた北村透谷。それから、また逮捕されて巣鴨監獄に入れられるとき、「これが本当の故郷だ」と感じるアナーキストの大杉栄。ありとあらゆる種類の人びとが寄せあつまり出会う、まるで都市のミニアチュアのような獄舎のなかで「人情」（人間）というものを理解し、獄舎の窓から小さな空を眺めて暮らし、まよいこんできたトンボを離してやり、そんなふうにして「自然」を知っていく――「自我をとらえたい」「瞬間をとらえたい」「自由をとらえたい」といって反逆と破壊をくりかえす「生の拡充」者・大杉栄のアナーキズムは、獄舎建築をぬきにしては語れない。

「僕は監獄でできあがった人間だ」と大杉栄は『獄中記』でいうのだけれど、この監獄をつくった建築家を紹介しながら、大正建築は獄舎建築によって特徴づけられる（明治時代は宮殿建築だ）、そして大正時代の思想は獄舎の思惟という共通点をもっている、という大胆な建築批評を、長谷川堯《たかし》さんが『神殿か獄舎か』（相模書房）で展開していて、これを読んだとき、ぼくは身ぶるいするような知的興奮を味わったものだった。

長谷川堯さんによれば、獄舎とは都市のことなのだ。都市化はぼくらの内面にまで進行してしまっていて、ぼくらの思考も、ぼくらがそこに収容されている牢獄のような都市空間のなかで始めるしかないわけだ。「田園に自由存す」と明治の自然主義詩人・国木田独歩は歌ったけれど、帰るべきそんな田園などもはやどこにもない。すでに早く、明治の作家・夏目漱石も自分の青春を牢獄のようだったと回想していた。江戸っ子の漱石も、図々しくのさばり肥大化していく文明都市・東京にやりきれないものを感じていたらしい。

外国で考える

牢獄と都会とが人間を孤独に追いこむ、獄舎的な思考空間だということを見たうえで、だが待てよ、日本脱出というのはどうだ。そう、留学という手だ。ホーム・ステイもはやってるし、異国の都市の路地裏で「孤独な散歩者の夢想」にふけるなんてのもいい。安アパートを借りて「屋根裏の思索」なんてのも……。

留学して外国で考える、という方法は、日本では最澄や空海の時代からおなじみだ。明治では、漱石と鷗外が、対照的なふたつのパターンをあざやかに示してくれている。漱石はロンドンに到着して、蜘蛛手のように四方八方に広がる道路や乗物の騒音のなかで、自分の位置がわからなくなってしまう。ロンドンは彼にとって巨大な迷路《ラビリンス》だったわけで、とうとう神経衰弱にかかって下宿の一室にこもりきる。異国の場所で考えるということが、このように自己喪失になる場合がある。

これと対照的に、鷗外はたえず自分の位置を確認し、自分を中心にして世界を再構成している。ベルリンについたとき、「余は……忽《たちま》ちこの欧羅巴《ヨオロッパ》の新大都の中央に立てり」と小説に書いている。ヨーロッパは当時、文句なく文明の全体すなわち「世界」ということだったから、自分はいま世界の中心に立っている、という自負をもってベルリンの土を踏みしめていたことになる。そして彼の幾何学的に明晰な目は、はじめに舗道を歩いていく紳士淑女たちを見、次に車道を走る馬車を見、それから宮殿、塔、というように、だんだんに遠くのほうへ視界を拡大していくという方法をとる。遠近法的といってもいいし、もっとはっきりいえば「世界を領略」せんとする者の目だ（ジャン＝ジャック・オリガス『物と眼　明治文学論集』）。

帰国してから終生、世界中の最先端の思想を日本に紹介しつづけた、鷗外の多国籍的な思考は、このドイツ体験から切り離せない。新しいもの、新しい視点をつねにとりこんで、自分の思考装置を多面体にしたてあげていく——インターナショナルな自己形成者の姿がここにはあって、いまだにのちの日本人には及びがたい。

このふたりの留学体験の違いは、漱石の『倫敦塔』、鷗外の『舞姫』を比較して読むと明らかだけれども、その後の小説にも、その文体にも濃厚に影をおとしている。

漱石の代表的小説『三四郎』は熊本から上京してきた田舎者の青年・三四郎が、東京という日本の文明の中心にやってきて面くらう場面から始まり、美禰子というヒロインの女性の「迷える小羊《ストレイ・シープ》」という謎めいた言葉に、最後まで翻弄されはぐらかされる——いわば迷路《ラビリンス》のような都会とその文明によって翻弄される青春の物語だ。これとくらべて、『三四郎』にむこうをはって書かれたという鷗外の小説『青年』は、やはり田舎出の青年主人公・小泉純一が上京してきた場面から始まるのだが、書き出しに、
「小泉純一は芝日蔭町の宿屋を出て、東京方眼図を片手に人にうるさく問うて、新橋停留場から上野行の電車に乗った」

とあるように、彼は地図という世界の模型をもってこの都会に乗りこんでくる。小説の全体も、当時の東京の思想・文化・風俗の案内マップのおもむきをもった教養小説《ビルドウングスロマン》として仕たてられている。しかもこの「東京方眼図」は鷗外が発明して前年に春陽堂から売り出していたものなのだから、広告も兼ねていたことになる。それから、純一が交渉をもったヒロイン・坂井未亡人ははじめ「謎の目」をもった人物として描かれているが、しまいにはその謎は消滅してしまう。錯綜する迷路《ラビリンス》と明晰な地図《マップ》というこのあざやかな対照は、留学体験のみならず、青春小説の双璧といわれる『三四郎』と『青年』にもみることができるわけだ。

このふたつの思考スタイルのちがいは、ふたりの文体にもあらわれていて、漱石の文体はいく本もの糸がもつれあって、この先どうストーリーが展開するのかわからないまるで乱数の世界のような文体で、読者の意表を突くことがしばしばだ。推理小説の手法とも似ている。だから、スリルがあって面白いかわりに、二度目を読もうという気をおこさせな

いというひともいる。「途中で読者に背負い投げをくらわす」といって志賀直哉が漱石の文章を批判しているのも、この点をいったものだ。漱石の文体と対照的に、鷗外の文章は最初に全体(全貌)や結論を呈示して細部にはいっていく、という秩序だった構成をもっている。ハプニングが予想されないから退屈だといって若い読者に敬遠される反面、読み返すたびにその迫力が増幅していくようなメカニカルな強さをもっている文章だ。

亡命思考術

留学とちがって、「外国で考える」ことを余儀なくされた一群のひとたちがいる。亡命と放浪によって、異邦人として生きることを運命づけられたひとたちだ。この場合には、異国という場所は、もはや物見遊山的な留学者のエキゾチックな思考を許さない。フロイト、アインシュタイン、トロツキー、ブレヒト、ベンヤミン、トーマス・マン、ドイッチャー……。二〇世紀にはロシア革命やナチス・ドイツ、要するに戦争と革命とが、おびただしい数の知的亡命者たちを他国に放出した。

亡命という事件は、たんに思考場所の移動というだけでなく、いままで世界を内側から眺めていた眼が、その外に追放されることによって、どこにも所属できない孤独な異邦人の眼をもってしか世界にかかわれないという、《視点の転換》を亡命者の思考に強要する。そしてこの《視点の転換》によって亡命者たちがうみだした知的スタイルは、現在のぼくらの思考にすこぶる示唆を与えるものが多いのだ。二〇世紀という時代はアウシュヴィッツ収容所に象徴されているけれども、二〇世紀の知性の起源のひとつは、このユダヤ人の知的亡命者たちにもとめることができる。

このことを、文化人類学者の山口昌男さんは、『本の神話学』（中央公論社、のち岩波現代文庫）のなかで、目もさめるように該博な知識を駆使して追跡してくれている。レヴィ＝ストロースからシェーンベルクまで、山口さんは二〇世紀に輩出したさまざまな知者たちのなかにユダヤの血をかぎとり、このひとたちの知のスタイルに共通する根をたぐり寄せていく。

二〇世紀に特有の思考法というと、ハイデガーの『世界像の時代』という書名にもあるように、世界をイメージとか記号とか、要するに形（フォルム）によってとらえようとするところに特徴があるといわれる。ロシア・フォルマリズムもパノフスキーのイコノロジーも、エイゼンシュテインの映画も、言語学の二〇世紀におけるめざましい発達も、構造人類学の誕生も、みな、この思考のスタイルを共有している。どうして、これらのあたらしい知的創造を、ユダヤ人や知的亡命者たちがになうことが多かったかといえば、彼らには異邦人の常として、世界が自分には疎遠な、あるいは距離をもった記号（サイン）として映じた、ということが第一にあげられる。亡命者ならずとも、都市という牢獄のなかで疎外感や隔離感を味わって、「獄舎の思惟」を余儀なくされているぼくらに、彼らの知的スタイルが時代を典型する思惟として共感できるのも不思議ではないわけだ。

もうひとつは前にふれた《視点の転換》という衝撃的な体験が、彼らの思考のスタイルを二〇世紀的にした、ということがある。いままでなじんできたものとは異質な民族や異質な文化と出会うとき、それまでの自我や世界観が崩壊してしまうことさえあるのだ。それまで何の疑いもなく、自己イメージをもち世界を解釈してきた解読コードが、目前にある民族や文化にたいしてはまったく通用しない、という場合にはとくにそうだ。

言語だけではなく、身ぶりやあいさつや、価値意識や……等々、この章の最初のほうでとりあげた「対話的交流」がそもそもできないとなれば、思考に狂いが生じるのは当然のことだ。こうした自我崩壊の危機にさらされながら、異質な民族・文化との「対話」を回復しようと試みるひとびと、つまり、この異質な他者を理解するためのコードづくりからはじめるひとびと、といえば、そう、文化人類学者たち。ユダヤ人の知的亡命者たちは、どことなく、この人類学者たちに似てきはしないか。

4　フィールド・ワークの思考法

文化人類学のフィールド・ワークとはまさしくこういう「知的亡命」を方法的にやろうとするひとびとのことをいう。たんに、国境を越えて異国に調査旅行にいく、というだけではすまない、知のレベルにおいても越境するのでなければ、異質の他者を理解することはできない。知的亡命術としての文化人類学が、二〇世紀的な学問となった理由もこれでわかると思う。そして、文化人類学者の山口昌男さんが、ユダヤ人とか亡命者の知のスタイルに執拗に迫り、そこから何かを学びとろうとした理由も。

知の越境者たちは、自分の所属する文化体系の外に意識的に出てしまうわけだから、同時に、ヨーロッパの近代文化がつくりだした学問体系の外にも出なければならなくなる。「人類学」というこの途方もなく普遍的な、いささか胡散くさい名称は、この学問の「越境」的な性格からきているわけだ。

ぼくらは別に「人類学者」になるわけではない。けれども、思考のこのあたらしいスタイル、越境者の知性の方法をぜひとも身につけたいと思う。

一冊のノートから始まり、書斎—牢獄—都市—異国、とたどってきたぼくらの思考空間の探求は、ついに人類学者のフィールドにまでやってきてしまった。孤独な思考の空間は、その内側に対話や疎外や視点の転換という弁証法をはらみながら、宇宙規模にまで無限に広がっていくのだろうか。

予期に反して、ぼくはそうすべきではないと考える。**孤独な思考場所は「地球」という一個の球体をもって終わるべき**だと思うのだ。アポロ計画に代表されるような宇宙開発にぼくは反対だ。限りなく宇宙にむかって欲望の魔手を伸ばしていくアポロ的な思考は、もはや人間の手をはなれて一人歩きするロボットの思考だといいたい。孤独な思考は、思考をつづけるかぎり、オートマチックであってはならない。自分の思考の意味を十分に知っており、自分の思考の結果（産物）に責任がとれるものでなくてはいけない。この意味で、アポロ的思考はもはやぼくらの制御《コントロール》を不可能にするところまでいってしまっている。

どこで考えるか——むろん、地球のうえで考えるのだ。エコロジーの観点からのこのような制約が必要だと思う。文明の排泄物と資源略奪によって窒息の危機にひんしているこの地球は、ちょうど「ロビンソンの孤島」の観を呈しはじめた。考えるべきはこのことなのだし、考えるべき場所もここよりほかにない。人類的な思考にとって、「孤独な地球」というこの場所が書斎となる。

ぼくらがエコロジカルな思考をする場所、つまりエコロジーの書斎はかくして「孤独な地球」だ。一冊のノート—書斎—牢獄—都市—異国—地球、というように、空間の段階をのぼるにしたがって、ぼくらの思考もその審級をあげてきた。深刻さは増すばかりだ。同時に、考えなければならないこと、そして、考える場所はここ以外にないこと、それらが視《み》えてもきたし、その覚悟もついてきた。思考につきまとう本質的な孤独を回避することなく、次にすすむべきは、いかに考えるか、なぜ考えるか、すなわち、思考のための内面的なトレーニングだ。

推理する

知的生産のための思考術

どうしても答えの出ない問題というものがある。だが、問題設定自体がそもそも間違っているのかもしれない。正しく問いを立てる方法とは。

ここまでは、思考の内容を抜きにして外面的な形式から、三つの思考術トレーニングをあげてきた。要するに、思考を、肉体化せよ、言語化せよ、物質化せよ、という三点だった。そして、もうひとつはどこで考えるか、思考と視点を場所化する方法について考えてきた。

今度は、考えることの内面的形式の面から有効なトレーニング法を検討してみたい。同じ考えるといっても、科学と哲学とではずいぶんとその方法がちがう。科学は「いかに HOW」を、哲学は「なぜ WHY」を問題にするものだ、という区別もある。もちろん、科学や哲学だけが「考える」ことをするわけではない。直観を大切にする芸術や宗教にも独特な思考トレーニングが必要だし、日常生活でも絶えずぼくらは考えることをしている。

ここでは、なんらかの目的意識をもって考える場合のトレーニングについて考えてみる。

つまり、知的生産と知的創造とにかかわる思考トレーニングだ。これは前にちょっと書いた、科学的思考と哲学的思考との区別とほぼ重なるのだが、しかし、もっと広い分類だ。

1 有効な問いのたてかたを学ぶ

知的生産は、その名のとおり生産物（アウトプット）をつくることを前提にする。論文のかたちである必要はないけれども、いずれにしても、問いがあり答えがなくてはならない。一般に科学的思考と呼ばれているものは、この知的生産のなかにはいる。この知的生産の成果、つまり生産物はふつう、法則性の発見ということだ。むろん、法則といっても、自然科学上の、数式に定式化されたものばかりでなく、「噂に尾ヒレがつく仕方」とか、「夢の言語の組みあわせルール」といったたぐいのものまで広くとってよい。同一条件のもとで実験（論理計算）すれば同一の結論がでる、という反復可能なものを法則と呼んでいるからだ。

この結論にいたるまでのプロセスは、できるだけ短縮され効率がよいのが採用される。この点は、近代の大工業の効率原則とよく似ている。はっきりいってしまえば、結論（生産物）が目的なのであって、そこへ至るプロセスや概念操作、つまり知的労働そのものは手段にすぎないのだ。

だから、解答（生産物）が出ないような思考（労働）は、本人にとってはどんなに楽しいものであっても、知的生産にとっては失敗であり、時間の浪費にすぎない。解答が出るような問いを問うこと、あるいは、解答が出るように問いの仕方を工夫すること、これが科学的思考における問題設定のポイントだ。

そうすると、どんな対象に興味がそそられたか、というだけでは科学的思考は始まらない。答えを得るためにどんな有効な方法がつかえるか、が決定してはじめて、問題を設定することができるのだ。逆にいえば、**有効な問題設定ができれば、問題は半分解決されたも同然**ということだ。

有効な問いのたてかたをまなぶ――これが思考術のトレーニングのアルファでありオメガだ。

だから、たとえば月を見あげて、あそこには生き物がいるだろうか、と問うのは、適当な観測手段――天体望遠鏡とか宇宙ロケットによる撮影とか――の存在しないうちは、空想上の題材であって科学的な問題設定とはなりえなかった。

自然科学上の正しい問題設定が、日常的認識（直観）からきっぱりと縁を切る（「認識論的断絶」）ことによって可能になってきたことを、豊富な事例をあげてG・バシュラールが書いているので、科学史に興味のある人には一読をすすめたい（『科学認識論』白水社）。

有効な問題設定ということについて、今度は社会科学の分野で例をあげてみる。

一九二九年は世界恐慌の始まった年だ。資本主義国では失業者が増大した。いまだかつてなかった大量失業にたいし、ほとんどの経済学者が、その原因を賃金が高すぎたためと考えた。だからイギリスでは失業対策をどうするか、という問いにたいしては、賃金切下げ政策という答えが出された。もちろんこの政策はさんざんな失敗に終わった。どうしてかといえば、問いと答えとをむすぶ解法ルールが、もはや現実にはあわない需要・供給・価格決定論にもとづいていたからだ。これは「古典派」の経済理論と呼ばれる考え方で、資本家も労働者もいない、独立小商品生産者たちが市場で出会うような社会を思いえがき、自由競争による価格変動で経済の調和が保たれる、完全雇用の状態を前提にした理論だ。この理論の枠組のなかでは、失業者が多いのは、労働市場で需要と供給が等しくなるように賃金が動いていないからだ、だから賃金さえ下がれば失業問題は解決するはずだ、という問題設定と解答が出てくるしかない。しかし、賃金が下がれば労働者の所得が減り、社会全体の需要が下がり、結局、利潤も減って労働需要も減る（ふたたび失業者増大）ことになりかねない。

この古典派理論とは反対に、ケインズは現実の不完全雇用を前提にして、雇用をふやすにはどうしたらよいか（大量失業の原因は何か）、というように問題をたて、その分析の結果である「有効需要の原理」から解答（たとえば、公共投資、または財政赤字を人為的につくることによって有効需要をつくりだす）をみちびきだした。人為的にインフレを促進する彼の方策が好ましいものであったかどうかは別として、大量失業の問題にかぎっては、彼の方法は有効にはたらいた。

もちろん、現代社会の経済現象はもっと複雑怪奇で、失業とインフレが同時に進行するスタグフレーションという難問に直面している。この謎を解くための有効な問題設定はまだなされていない。解きうるという保証さえない。いずれにしろ、正しく問いをたてるためには、従来の経済学の発問装置（理論枠組《パラダイム》）自体が変革されていなければならないことはたしかだ。

2　魔術から科学へ

このように、有効な問いのたてかたに習熟するトレーニングを積むことは、思考の経済学（節約）を身につけ、仕事の効率をたかめるメリットをもつのだが、同時にまた、見せかけの問い（したがって見せかけの結論）を見破る批判力をつけてもくれる。科学的な真理の基準に照らして、虚偽を嗅ぎわける感覚を鋭くしてくれるのだ。近代科学が、中世の古い信仰や因習を打ち破って近代社会をつくっていくうえで多大の貢献をしたのは、問いと答えとをむすぶ方法（観測・思考）上の厳密さについて、絶えず反省をつみかさねてきたからできたのだ。

「ヴァティカンの宗教裁判所に引き出されたガリレオ」
(ジョゼフ・フルーリ画、1846年)

だから、科学的な思考は、まず「常識」にたいして異議を申したてる。問いと答えとを直観でむすびつけて自明なこととしていた、それまでの思考法に方法的な反省をせまり、それにとってかわろうとする。「空想から科学へ」というわけだ。

直観から得られる結論は「常識」的だから、たしかに万人に受け入れられやすい。しかし「常識」の多数決制は、真理を人間の眼から隠蔽する役割を往々にして果たすという危険がある。

たとえば日常の観察の結論から、「天動説」は長いあいだ人々に信じられてきたのだし、その「天動説」は、まことしやかに宗教上の説明までつけられて社会的な権威をまとっていた。

自然界のうち最も基本的なものとして「運

動」ということがあるけれども、古典力学を知らない人間なら、直観的に、物体の運動は押すとか、持ちあげるとか、引くという行為と関係あると答えるだろう。物体を速く動かすためには強く押さなくてはならない、だから速さは本質的に力に関係がある、と推論するわけだ。この、万人の筋肉感覚の経験から当然と考えられ信じられてきた結論がくつがえされるのは、ガリレオやニュートンが発見した「慣性の法則」によってだということは、むろんいまのぼくらならよく知っている。よく知っていることをただ復習するのはムダなことだけれど、この「慣性の法則」についてアインシュタインが次のように説明するのを見れば、ムダとはいえないはずだ。

アインシュタインは彼のよく知られたインフェルトと共著の入門書『物理学はいかに創られたか』（岩波新書）のなかで、ガリレオの発見は近代の科学的思考の誕生を告げるものだ、というように説明している。そしてこの科学的思考の特質を、アインシュタインは非常に明確に、こう規定する――「この慣性の法則は実験から直接に導かれるものではなく、ただ、観察と矛盾しない純粋の思索によってのみ得られる」と。

これは、ぼくら人類の思考法というものが、ガリレオによって一大転回をこうむってしまったということを意味している。物理学の分野に限らず、「ガリレオの貢献は直観説を破ってこれを新しいものに置きかえたこと」にあったというのだ。直観によるのではない、科学に特有の「純粋の思索」というものは、これ以後、いやおうなくぼくらの観念生活を規定するようになっていく。現代の科学のゆきづまりを目の前にして、もはや手放しの科学礼讃はできないという立場をぼくらはとるとしても、近代科学の出発点でのこの事実は了解しておく必要がある。

はじめて「慣性の法則」というものを習ったとき、ぼくらはそれが学校の授業であったせいか、たいして知的興奮を覚えはしなかったかもしれない。けれども、人間の直観と真向から対立する科学的思考の出現は、人類の精神史にとってはかつてない衝撃だったはずだ。なにしろ、ここで成立した古典力学が、ピストンをうみ蒸気機関を可能にし、やがて産業革命をひきおこして、全地球を一〇〇年たらずで資本主義の体系にくみこんでしまう「近代文明」というやつの普遍的な思考法になっていったのだから。

ぼくらの思考法を、最も根源的なところで支配しているものは、依然として、ガリレオ以来の「科学」だ。科学の限界が指摘され、「発想の転換」が叫ばれるのは、二〇世紀という時代の大きな特徴だと思うけれど、人類史をもう一度大きく転回させるような、思考様式の変化がおきるかどうかはいまのところわからない。

ぼくらは、科学的思考に習熟することによって、その限界をも熟知する――という方法をとおして新しい時代を迎えるしかないのだ。

科学的思考の独自な特徴は、アインシュタインの説明でみたように、直観説を拒否するということだった。いいかえれば、問いと答えとをむすぶルートを直観だけですませてしまうところには科学的思考ははたらかない、ということだ。

近代文明の批判を、資本のメカニズムの解明をとおして、はじめて「科学」的・体系的におこなったのはカール・マルクスだったが、彼の方法も、商品や貨幣や資本を、「感覚」とか「直観」によって把握することを拒否することで成り立つものだった。感覚や直観がとらえたものを、彼は「みせかけ」「仮象」「現象形態」と呼んで、その仮象を科学的概念によってはぎとるという思考法をとった。

たとえば、商品の価値はその物の有用性から生ずる、といった一見うなずきたくなるような「常識」、生産は資本、土地、労働の三要素によって行なわれ、資本が利子を、労働が賃金を、土地が地代を、それぞれうみだす、といういまだに一般にうけいれられている「常識」、そうした常識のもつ矛盾を掘りさげるところから、彼の思考は始められた。「すべては疑いうる」といって、常識と科学的真理とを対置したマルクスは、「もし事物の現象形態と本質とが直接的に一致するならば、およそ科学は余計なものであろう」と、『資本論』のなかで科学的思考が必要な理由を力説している。

以上、自然科学（物理学）と社会科学（経済学）とのふたつの方面から例をとって、科学的思考の成立根拠というか、存在理由というものを考えてみた。マルクスの学説については当然批判も多いし、今後もまだまだ異論の出てくる余地があるけれども、この一八世紀の古典力学と一九世紀の経済学とが、基本的なところで酷似した思考方法をとっていることを理解してもらえればいいと思う。

3 思考実験法——ガリレオ的推理

直観説が否定されたところから、科学は実証科学となった。魔術から科学へ、という歩みがとくに自然科学の分野では顕著になった。錬金術は化学へ、占星術は天文学または物理学へ、編成しなおされた。人間の思考は、神学的—形而上学的—実証的、という三つの段階をたどったというフランスの実証主義哲学者・コントのような見方もあるし、科学的認識の深まりは、歴史上も、現象論的—実体論的—本質論的、という三段階をたどったとする、「武谷三段階論」として有名な、日本の物理学者・武谷三男の自然弁証法的な整理もある。武谷三段階論は、マルクスの『資本論』の方法に学ぶところが多かったということだ（武谷三男『弁証法の諸問題』理論社。『物理学入門』上、岩波新書）。

ただ、直観説は否定されたといっても、科学的思考に果たす直観の役割がなくなったわけではない点には注意しておこう。天才的な数学者や物理学者の伝記を検討していくと、かならず彼らの性格のどこかに、鋭い直観、思いつきの卓抜さをうかがわせる癖のようなものを見つけることができる。彼らが書いた論文にはそれは見あたらないとしても——なぜなら、直観を論証に代えるわけにはいかないから——、問いを思いついたり、思いがけない問題設定の仕方を工夫したりする場面では、直観は大きな役割を果たす。

大学四年間の数学教育は、それまでの数学史上の成果を学ぶことで手いっぱいなので、その期間、一番大事な数学的直観を学生は育てることができない。この年齢で直観を育てておかないと、数学上の大発見をすることはまずむずかしい、——と数学者の岡潔氏は、数学にとって直観がいかに大事なものかを、以前、評論家の小林秀雄との対談『人間の建設』で力説したことがあった。そのとおりだろうと思う。

『天文対話』や『新科学対話』のなかで、軽い物体はゆっくり落下し、重いものは速く落ちる、という見かけにたいして、どちらも落下する時間は等しいのだ、といって斜面実験をしたり、軽い振子と重い振子とでは周期がちがうという経験上の見かけ(現象)にたいして、振子の等時性を実験して「慣性の法則」(本質)を結論づけたとき、ガリレオは独特な思考法——問題設定を工夫している。

つまり、斜面をつかっていろいろな物体がころがり落ちる時間をはかる。そうしてこの斜面の傾斜が垂直になった場合はどうか、というように問題設定をする。この問いは実験ではなくて推理だ。いまのぼくらなら、真空ポンプがあるから、その中で、羽根も石ころも同じ時間で落下することは実験によって一目瞭然なのだけれど。

それからまた、振子の周期は糸の長さに関係する、この関係の仕方を実験によって数量化し、糸の長さが無限に長いとどうなるか、と推理して、そういう振子の周期は無限大になる、動きだしたらいつまでも止まらないでどんどん向こうへ行く——ここから「慣性の法則」を見つけた。一種の思考実験といえるものだ。もちろんいまのぼくらなら、新幹線の中で物を落下させて真下に落ちる実験をしてみることもできるし、もっとダイレクトに、摩擦を無限小にしたドライアイスの板の上にメタルをころがして写真撮影する、なんていう『PSSC物理』の実験をすることもできる。高校時代、このアメリカの、米ソ宇宙開発競争を反映したような教科書での実験を見て、ぜいたくなもんだなとずいぶん驚いたことを覚えている。

このように、科学のなかでは、実験がガリレオ的な推論をどんどん不要にしていく傾向はあるようだけれど、そしてそのぶんだけ余計な思考は省略され、ぼくらは考えることを必要としなくなっていくように思いがちだが、しかしやはり、科学的思考の核心部分には、このガリレオの推理や思考実験の工夫がなくてはならないはずだ。

先に、アインシュタインがガリレオの実験について、「純粋の思索」を科学的な態度として強調していたのも、このことをいいたかったからだろう。そこで、実験そのものではなくて「考える」ということが、科学の核心にあるということの意味を忘れないためにも、もう一度、アインシュタインのこの箇所を読みかえしておこう。

「コナン・ドイルの名作以来、どの探偵小説にも大概は、探偵が少なくとも問題のある方面に関しては、必要なだけの事実をことごとく集めてしまう時期があります。これらの事実は多くの場合に、まったく異様な、支離滅裂な、何の関係もないもののように見えます。しかし名探偵は、その時はもうそれ以上の調査は不必要で、ただ思索のみがその集められた事実を関連づけるものだということを知っているのです。だから、彼はヴァイオリンを弾き、あるいは安楽椅子にもたれて悠然と煙草をふかし、しかもたちまちにしてこれを解決するのです。そして手許に得た手がかりの説明がつくばかりでなく、何か他の事も起こったにちがいないとわかるのです。その事柄はどこへ行けばわかるかが、今は彼にははっきりと知れておりますから、何なら自分の理論をさらに確かめに出掛けてもよいのです」

仮説思考法

ガリレオの推論と並べて、科学にとってもうひとつ大事な思考法をあげておこう。実験や調査を行なうからには、なんらかの意図があるはずだ。アイデアとか着想ともいわれるけれども、実験によってそれが真であると検証されるまえに、ある現象について説明する一時的な理論、つまり「仮説」（作業仮説）という思考法がある。これは、実験や調査をする場合には、これからのなりゆきを見とおし、作業プランをたてていくうえで、ぜひとも必要なものだ。そして、仮説は実験の結果、真であることが検証されれば、「理論」に昇格することができる。

たとえば、物が燃える、燃焼という現象を説明するのに、これは物体のなかに燃素（フロギストン）という元素があるからだ、と一八世紀ドイツの化学者たちが説明した「フロギストン仮説」、絶対空間の中には万有引力がはたらいたり光が通過するための媒質として、エーテルという絶対静止の物質が遍在しているという「エーテル仮説」などが有名だ。フロギストン仮説は、フランス人ラヴォアジェがこの仮説に反対して、酸素を単体とみなす「新単体仮説」を提唱したとき終息した。この出来事は「化学革命」とよばれている。エーテル仮説は、ニュートン以後二世紀ものあいだ古典力学に自明の存在として受け入れられていたが、やがて、「ローレンツ収縮の仮説」や、つづいてこの仮説の理論的完成としてのアインシュタインの特殊相対性理論が出現したことによって消滅した。

科学の歴史を長い目でみれば、いかなる理論もあたらしい理論によってカヴァーされてきた。この意味では、**あらゆる理論は一時的な仮説の状態にある**のだといえる。化学の歴史を仮説が交替していく歴史として叙述した、原光雄著『化学入門』（岩波新書）は、マジシャンや錬金術師たちまでもふくめて、これまでの化学上のアイデアが多数紹介されていて面白い。多数のアイデア・マンたちが、かたくなに沈黙している自然界の謎を、仮説という思考法をとおして、こじあけようとしてきた歴史がよくわかる。

具体的な、したがって複雑なことがらを扱おうとすればするほど、仮説的な思考法が必要になる。それだけ、ぼくらは、「考えるひと」、アイデア・マンにならなくてはならない。そのためには、知性はいつでも最も柔軟な戦闘準備態勢にはいっていることが望まれる。

この点は本書・準備編の「発問・発想トレーニング法」を参考にしてもらえるといいと思う。

4　知的生産としての思考は「労働」に似ている

知的生産のための思考術トレーニングには、やはりどれかひとつ、個々の科学を学ぶのがベストだろう。専門科学者になるわけではないにしても、専門の具体的な領域をふまえていると、科学の一般論（方法論）を考えるときにも、抽象的な議論が自分の学んだ領域にあてはまるか、あてはまらないか、チェックすることができる。そうすれば空疎な議論におちいらないですむ。

とはいっても、それはあくまで理念上の話であって、個別科学と科学方法論（あるいは科学哲学）との関係は、どんどん溝をひろげていっているように思う。個別科学の領域のすさまじい進歩を、哲学や方法的反省がフォローしきれなくなっているからだ。あらゆる諸科学の進歩をともかくも自分一個の頭脳に集約しつつ、自分の哲学的体系のなかに統合していったヘーゲルのような全人的知性は、二〇世紀には不可能になった。「全体（性）」という観念そのものに疑いをいだく見解さえ出てくる時代だ。

哲学が「諸学の王」（ヘーゲル）でなくなるとともに、論理学とか、人類学とか、情報理論とか、言語学とかが、その他の諸学をまとめあげる統合者の位置に立とうと野心的な試みをすることもあったけれど、結局成功していない。

でも、科学そのものが、人間の思考の産物である以上、それを人間が制御できなくなるということは危険なことでもある。個別科学が自分の分野の思考ルールにもとづいて、どんどんオートマチックに成長していって、他分野のひとにチェックできないということになれば、あたらしい「バベルの塔」のようなコミュニケーション障害の状態におちいるし、科学の発展の結果にたいして誰も責任がとれないということになる。今がもうそういう時代なのだ、という認識もあるくらいだ。

ここではそんな大問題も頭のかたすみに置きながら、知的生産に共通するいくつかの思考法を検討しておこう。

ぼくらの思考の全過程は、たとえばレーニン（『哲学ノート』）によれば、直観―思考―実践、の三段階、毛沢東（『実践論』）によれば、感性的認識―理性的認識―実践、の三段階、デューイ（『論理学』）によれば、問題設定―仮説設定―推論―テスト、の四段階、にそれぞれ分けて位置づけられている。三人とも、思考を目的実現（問題解決）の過程とみなしている点で共通している。だから、ふだんぼくらがボンヤリ何かを思いうかべているような状態の思考はふくまれない。生産的な思考のみをあつかっているわけだ。

知的生産としての思考は、この意味で労働に似た一定の緊張と苦痛とをともなうことが条件だ。そして、とくにデューイのいう「推論」の段階では、ぼくらの思考は一定の思考ルール、つまり論理にしたがわなければならないので独特の緊張状態にはいる。機械装置のとりあつかいをまちがえると思いがけない災害にあう労働者とおなじだ。だから、道具のつかい方、機械の運転の仕方をまなぶトレーニングが必要になる。そして、道具や機械——ここでは、概念やカテゴリーということなのだが——の有効範囲についてもよく心得ておく必要がある。

5 対立する二つの思考パターンを身につける

まず、歴史的思考と論理（構造）的思考というふたつの対立する思考パターンがある。同一の対象にたいしても、それの過去や起源を探って生成過程を明らかにしていく方向と、その対象をある時間断面で切りとって、それを構成している諸要素、それら諸要素間の関係（または組みあわせ規則）を明らかにしていく構造論的な方向。

たとえば、資本主義という同一の現象にたいして、その生成を歴史的にあつかう経済史と、資本主義をひとつの完成されたシステムとみなしてその仕組みを解剖する経済学。経済学は一八世紀に経済史から分離して成立した。歴史的な解明にかわって論理的なアプローチを行なうためには、その対象（資本主義）が一応完成された姿をとっていなければならなかったからだ。

この分離にヒントを得て、近代言語学の父と呼ばれるフェルディナン・ド・ソシュールは、言語史研究から言語学を分離させ、独立の科学たらしめた。言語が、有限個の音素（日本語ならばほぼ五〇音）とその組みあわせ（厳密にいえば示差的対立）とからなる音韻論的システムであること、語彙とその組みあわせ規則（文法）とからなる統辞システムであること――要するに言語が構造であることを明らかにして、のちの構造主義の方法にモデルを提供した。言語をその起源や成立過程からでなく、時間性を消去した対象としてあつかうこの方法を、「通時的」アプローチと区別して、「共時的」方法と呼んだ。

一個の単語についても、ぼくらはその語源に興味をもつこともあるし、その単語の用法——例文のなかでその単語が果たす品詞的機能——に関心をもつこともある。歴史的な発想のつよいひとと論理的(構造論的)な発想をするひと、というように、思考の癖や個性の差をあらわすこともある。

ところで、科学の歩みのなかでは、一般に、歴史的な思考にかわって論理的な思考が支配するようになってきた、ということがいえそうだ。それは、歴史をさかのぼっていくと「始まり」(起源)が問題になるが(言語の起源とか、大和朝廷の成立、とか)、たいがい始まりはあいまいでわからない。また歴史には、まえの段階はあとの段階へ至るための過程だという進歩観や、原因—結果という必然性の考え方、歴史はある目的(方向)にむかってすすむものだという目的論、などがつきまとって、十分に客観的な記述が期待できない。そもそも現在の事実を過去の事実から説明しつくせるわけがない。というわけで、歴史主義的なものの見方は、現代科学のなかではどうも分《ぶ》がわるい。だけじゃなくて、魔術的な思考の一変種だといって毛嫌いされる場合もある。

アジアの古代専制君主の社会ではただひとり（君主）だけが自由であることを知っていた、古代ギリシャ・ローマでは一部のもの（貴族）だけが自由であった、自分の住んでいる今のプロシャ（ゲルマン）は全員が自由であることを知っている、要するに今までの世界史は、東の中国から始まって西欧ゲルマンに至る、絶対精神（神の世界計画）の実現の過程だったという、『歴史哲学』を書いたヘーゲルや、その孫弟子のマルクスの、アジア的—ギリシャ・ローマ的—ゲルマン的、とヘーゲル同様に西進して（『資本制的生産に先行する諸形態』）、資本主義—社会主義（共産主義）、を必然性の糸で系譜づける考え方は、歴史学者に最も警戒されるところだ。

また、ある作家の小説やある思想家の著作を、ダレソレの影響とダレソレの影響とを受けた、と説明してすませてしまう場合があるけれど、これも歴史的な見方に偏した歴史主義的な方法だ。あたらしく出てきたものを、それより前にあったものに還元しても、何の説明にもならない。ニーチェの思想が影響を受けたというショーペンハウアーとワーグナーとギリシャ古典とを合成してもけっしてニーチェにはならないのだ。

このように、歴史的な方法が科学的思考法のなかで肩身のせまい思いをしなければならなくなると、それなら歴史的な方法は不要なのか、歴史的なものと論理的なものとはどんな関係にあるのか、という疑問が当然湧いてくる。ぼくらが住んでいるこの社会は、歴史をもっているはずじゃないかと。

歴史的なものと論理的なものとの関係如何という論議は、たとえばマルクスの『資本論』解釈をめぐって、マルクス主義者たちのあいだでしきりに行なわれた。あれは資本主義社会を歴史的にあつかったものだ、だから資本主義の崩壊(革命)の必然性も証明されている。あるいは、これの補足として、歴史的なものと論理的なものとは一致している、という立場。この歴史的なマルクス解釈は、さかのぼると、エンゲルスやレーニンから発しているらしい。そしてソヴィエトの、スターリン監督下で編纂された『経済学教科書』は、商品—貨幣—資本、というマルクスの価値形態論と剰余価値論とを、物々交換の時代から歴史に照応するかたちで記述している。

これに対して、『資本論』は、イギリス資本主義を純粋モデルとして(実験室として)論理的に再構成したもので、歴史性を切り捨てることで成りたっている。したがって恐慌のおこる必然性は証明していても、革命の必然性は証明できない(資本主義は恐慌という自動調節をしながら永続するシステムとして想定されている)、とする立場がある。この代表者は日本では宇野弘蔵が有名で、彼はマルクスが「いわゆる本源的蓄積」というタイトルで資本主義成立前史を説明した箇所など、歴史的な部分をいっさい排除して、『資本論』を〝論理的に純化した〟といわれる『経済原論』を書いた。この本の翻訳がヨーロッパで出され、その純粋資本主義論は、マルクスの見解とは相いれない新古典派経済学の教科書としてつかわれている、なんていう話を聞いたことがある。

マルクスは「歴史という大陸を発見した」（L・アルチュセール）といわれるほどだから、歴史的唯物論という学説どおり、きわめて歴史的なものの見方のつよかったひとだが、『資本論』の方法となると、「発達した体は、体細胞よりも研究しやすい」と序文でいって、ブルジョア的富（資本）の体細胞である商品の分析から本論を始める方法をとっている。これだと『資本論』は完成した資本主義のシステムを、論理的に分析したもの、というように読める。

またマルクスは『資本論』より一〇年前に、「経済学の方法」（『経済学批判序説』）という文章で、現在、「下向—上向法」と呼ばれる、独特の分析—総合の思考法を開陳しているけれど、そのなかでは、「経済学的諸カテゴリーを、歴史上それらが規定的なものであった順序にならばせることは、実行もできないしまたまちがいであろう」といって、論理的なものと歴史的なものとは一致しない、という見解をとっている。

結局、歴史的なものと論理（構造）的なもの、という対立する思考法は、両者とも必要となると、マルクスも、構造主義の先駆者だったということになりかねない。

だ、だから総合せよ、というように簡単な決着がつかない、現代のアポリア（難問）のひとつだ。そして、どっちの思考法を選ぶかを、自分の好みできめるというふうにもぼくらはできない。選びとったひとつの思考法に課せられる責任があまりにも重大すぎるから。ところで一方、論理的なもの、構造論的なものの見方だと、システムの交替といった歴史的な現象はうまくあつかえない、という難点がある。フランスの構造主義は一九六八年のパリ五月革命で破産した、という見方もある。その後のポスト構造主義者たちにとって、歴史性とか時間性の軸を自分たちの理論にどう導入していくか、が最大テーマのひとつになってもいる。

アンチ歴史主義という点で、非難もされ賞揚もされる構造主義者たちにとっても、歴史的なものと論理的なもの、という対立するこの思考法の問題は、解決ずみどころではなく、たとえば、構造主義的文芸批評家、ロラン・バルトなども、言語学をモデルにした記号学から、モードの体系などをあつかっているあいだはよかったが、具体的な文章をあつかう段になると、言語学のような構造論的な科学をモデルにはできないことがわかって、一種の戦術転換をはかっている。レヴィ＝ストロースは『構造人類学』のなかで、「構造と弁証法」という章をもうけて、構造と歴史の問題にも言及しているが、何の決着もつけていない。共時と通時、構造と歴史（または出来事）、ラングとパロール、といった対立項をなして、この難問はいろんな分野に顔を出しているわけだ。

構造主義そのものについては、やはりその流行のきっかけをつくった古典的書物、レヴィ＝ストロースの『構造人類学』（みすず書房）を読むのがよいと思うけれど、構造的なものを歴史的なものとどう関連づけていくか、という問題については、構造の発生や生成や交替ということをあつかっている心理学者ジャン・ピアジェの『構造主義』（文庫クセジュ、白水社）が参考になると思う。

それから、人間が動物とちがうところはシンボルを操作することだ、という考え方から、人間の歴史に特有な伝統（シンボルの蓄積）と進歩ということを説明して、これを、生物の生存（ホメオスタシス）や進化（突然変異）、さらに、物体の運動（慣性）や加速度と関連づけて統一的に説明した一般システム論の学者、フォン・ベルタランフィーの考え方も面白いと思う。まったく異なる三つのシステムのなかに、物体の加速度―生物の進化―歴史の進歩、というような形式的な同一性（「相同」）を見つけだしていく彼の思考には、いろんな学問分野を自由自在に自分の機械装置でもって穴をあけて歩く、知のトリックスターの面影があって、読者のぼくらもサディスティックな知的興奮を味わうことができる。

ただし、論理的なものを重視しすぎると、構造崇拝やシステム崇拝におちいって、それがあてはまらない分野にまで構造だのシステムだのを「拡大適用」したくなるという誘惑がでてくるので、この点にはぼくらは慎重さをもつ必要がある。この拡大適用は、知の帝国主義ともいうべきもので、侵略行為だ、といって激しく構造主義を批判している哲学者に、フランスのアンリ・ルフェーブルがいる。彼の『ひとつの立場』（紀伊國屋書店）などは、レヴィ＝ストロースやミシェル・フーコーやルイ・アルチュセールの構造思考、システム思考がおちいりやすい弊害を逐一ヤリダマにあげているから、批判的思考のトレーニングの本として役立てることができる。

論理的なものと歴史的なものという、ふたつの思考法の対立は、いままで見てきたとおり、いまだに決着のついていない問題だ。そして、科学全盛の二〇世紀には、構造やシステムの論理が猛威をふるってきたけれど、あらためて、歴史的なものについての思考法が必要になってきていて、これは二一世紀には大きな課題になるだろう。その場合には、歴史は宇宙という織物に書きこまれたシナリオ（目的）の壮大な展開の過程だ、というような予定調和論や、絶対時間という一本の直線にそって歴史は進歩していくと考える直線的な進歩観は、変更をよぎなくされてしまっているにちがいない。歴史の起源ははじめから多様で（ひとつの目的になんか従属していない）、歴史の時間というものがそもそも複数的に展開していくものだ、という考え方が採用されることになるだろう。

コラム❸　弁証法的な思考とはなにか？

思考は対話を通して深められていく。アテネの町でソクラテスが相手と対話しながら、新しい発見を相手に生みださせるさまを、弟子のプラトンが本のなかで再現している。弁証法はもとは対話の技術でありそれが思考法の呼び名にもなったのだ。これとは別に、近代の弁証法は 18-19 世紀の転換期、ドイツ観念論哲学（完成者はヘーゲル）の時代に興った。対立を通して総合にいたる、正（テーゼ）-反（アンチテーゼ）-合（ジンテーゼ）という3段階の図式で知られている。同時代のゲーテやベートーベンの芸術とも関連が深い。ただ、この正-反-合の図式には批判がある。最終段階（合）がハッピーエンドで終わる予定調和の物語になっているという批判だ。

結論が先にあるような閉じられた弁証法の弱点を克服して、開かれた弁証法を展望する試みもある。共通しているのは、同一性の原理を否定し「差異」に注目する点だ。例えばアドルノの「否定の弁証法」は、「否定の否定は肯定にはなりえない、あらたな否定を生むのだ。もし肯定になるなら、それは同一性の反復にすぎない……」と、自己完結を許さない。質的な差異を同一の経済価値（量）に還元してしまう資本主義の構造への批判もある。

近年みられる「敵か味方か」「テロか反テロか」のように二者択一を迫る二分法の論理、この背後にも異見（差異）を排除する同一性の支配のあることをぼくらは見抜けるようになりたい。

疑う

科学批判の思考術

地球全体が「異常な」実験室と化した時代に、科学をどう捉えるのか。いまぼくらにとって「好ましい科学」とは……

1　科学ははたして無罪か?

ところで、科学的思考のトレーニングを検討してきたぼくらは、次には、この科学的思考の落とし穴についても熟知しておく必要がある。

まず最初に、「科学の限界」と呼ばれていることがらを理解すること。これは、科学にたいして過大な期待や脅威をいだかないためにも、ぜひ必要だ。

第一に、問いと答えと、このふたつをつなぐルールとで成り立つ科学というゲームは、問いと答えとをいかにして最短ルートでむすびつけるかという効率競争に賭けることになるので、効率の悪いテーマは排除されるか後まわしにされる。また、答えが出たとしてもその答えが商品生産（経済的な需要）とむすびつかないような領域の科学は、日のあたらない場所におかれるようになる。

工業製品の開発研究は盛んになっても、廃棄物の研究はおこなわれない。原子核反応の制御だとかバイオサイエンスといった高度な研究では破格の進歩がみられても、天気予報とか、地震予知のような、本当に社会に必要な基礎的研究は遅々として進まない。

廃棄物を例にとれば、科学の限界ということのもうひとつ別の面がみえてくる。これは部分と全体という問題とも関係することだ。産業廃棄物のなかにどんな有害物質がふくまれているか——これはきわめてあたりまえな科学的な問いのたてかただとふつうには思える。ところが、実際には、この問いに答えることはおそろしく困難なことなのだそうだ。

たとえば水質調査の場合に例をとって考えてみよう。

ある町のどぶ川に流れている水のなかにどんなものがふくまれているか水質調査をする場合には、微生物がいるかどうか（これは顕微鏡による観察）、有機物の存在はどうか、鉄分は？（これらは化学反応の実験）、というように、順々に分析手段に応じて解答していくしかない。

これはあたりまえのようだけれど、重要なことだ。公害問題では、産業廃棄物の有害性が争点になるが、その廃棄物のなかにどんな有害物質がふくまれているかは、実はいちいち、この物質はふくまれているのかどうか、これはどうか、というように化学反応をみていくしかない。そして、分析手段に対応したぶんだけの結論しか出せないわけだ。複雑な廃棄物質が組みあわさって「複合汚染」なんてことになると、科学では、方法上の限定が多すぎて、有害性の全体をあきらかにすることはほとんど不可能にちかい。

これは、科学の有効な範囲が一面的、部分的なものだとして、この部分を寄せあつめても全体には至らない、ということのひとつの例だ。

有効な問いのたてかたを学んだときにすでに気がついたと思うのだが、科学はその方法的な自己限定にもとづいて、自分に解決不可能な問いは、それがどんなに重要な問題であっても、科学の有効範囲の外へ排除してしまう傾向があった。解答を出すための有効な方法がある場合にかぎって問題設定する、ということによって成りたってきた科学の有効性とは、裏をかえせば「科学の限界」ということなのだ。これは、いましきりに叫ばれている「科学のゆきづまり」ということとは一応異なる、方法上のことにすぎないのだが、実は微妙にこのことが現在の文明の破局《カタストロフ》とかかわりあってきている。

科学的認識の非人間性とか有効性の限界ということで科学を批判するひとたちにたいしては、科学者は、「もちろん科学はその方法からいって、限られた有効性しかもたないものだ。その有効性の範囲を越えて異なる領域に拡大適用しないようわれわれは気をつけなければならない」、と答えるだろう。

科学自体は善でも悪でもない、利用の仕方で善にも悪にもなる、という考えがやはり一般的だ。ぼくらもそう考えがちだ。

ところが、ノーベル賞物理学者の故・朝永振一郎さんの『物理学とは何だろうか』(岩波新書）を読むと、おなじ科学者でも、科学についてずいぶん深く、遠くまで考えているひとがいるんだ、という思いをつよくする。

朝永さんは、科学（知識）はそれ自体悪ではなくて、悪用するのが悪い、という論法にたいして、悪用のもとは科学自体が内蔵している、という。科学はそれ自体、毒をふくんでいるからこそ、薬としても役だてられた、と考えるわけだ。この毒ということを、彼は「科学の原罪性」とも、科学が内蔵している「異常な可能性」ともいっている。とくに、現在の文明は、「知ったものは必ずつくらずにはいられない」から、この「異常な可能性」が全面化してしまうことになる、として科学そのものを批判にかけることをしている。

ぼくらもまた、科学的思考についてのトレーニングをするなら、科学についての批判的な思考のトレーニングもしておくことが、どうしても必要だと思う。

2　科学の役割には認識と応用の二つがある

近代科学にかぎらず、科学の役割には、自然（世界）の秩序について解釈し、ひとびとに行動の規範をあたえる、という認識の面と、生存の基礎となる文明生活をきずく、という応用の面と、大きくわけてふたつある。

主として、一七世紀には認識の面で、一八世紀には応用の面で、そして、一九世紀はこの両面があわさった「科学謳歌の時代」となった、と朝永さんは整理している。
そして、原子核化学の専門家、高木仁三郎さんの『科学は変わる』（東洋経済新報社）で補足すると、二〇世紀の科学は、認識の面でも応用の面でも、その本来の役割を果たさなくなったという。

認識面でいえば、人間が自然とどんな関係を保ったらよいのか、現代科学は答えられなくなった。たとえば、クジラをこれ以上捕るべきなのかどうか、畑をつぶし漁場をつぶして原子力発電所をつくることが、人類の長期的な存続を保証することなのかどうか。この死活の問題に答えられない。

もうひとつの応用面では、文明生活をきずいてきた科学の効果が、逆に生物にとって「負の効果」を増大させ、人類の生存を危機に追いこんできているのに、科学は自分の思考がうみだしたその結果については、責任をとりきれなくなっているということだ。

ぼくらは、プラスティックや化学繊維のような、天然には存在しない人工的物質にとりまかれて生きているけれど、そこになんら「異常」を感じない。けれども、物理学（原子・素粒子）、化学（分子）、生物学（遺伝子）、というそれぞれの分野の究極単位のレベルまで、人工の触手は伸びていっていて、原子爆弾や人工化合物や遺伝子の組みかえが可能になっていることを思うと、幾分かは背筋が寒くならずにはいられないはずだ。科学的な思考は、自然の究極まで知ることができるし、それを人為的につくりかえることもできるという、「異常な可能性」をもっている。

この点で高木さんの体験談は深刻だ。彼は宇宙の彼方からやってくる宇宙線が、地球の岩石に突入したときにつくる爪痕ともいえるわずかな放射能を抽出して、測定するという研究を、千葉県の山のなかでやっていた。その場合、妨害放射能の混入をふせぐために測定器を何重にも遮蔽しなくてはならない。遮蔽材にも、混入放射能の少ない〝きれいな〟材質をつかう。それを探しもとめてみると、それが驚くほど少ないのだそうだ。

「たとえば、遮蔽材として鉄を使おうと思うと、かならず、セシウム－一三七やコバルト－六〇という人工的な放射性物質が混入しているのです。これは、おもに原水爆実験の結果降下した死の灰と、製鉄過程で用いられる検査用のアイソトープの影響を受けているからだ、ということをその時初めて知りました」

核科学の進歩が原子力開発をおしすすめると、今度は、その科学的研究が放射能汚染にじゃまされて、その影響をとり除くために多大のテマ・ヒマをかけなければならなくなっている、という皮肉な状態がここにはある。

土地からの収穫は、そこに投じた資本や労力に比例してある程度まで増大するが、それを過ぎると資本や労力に比例することなく相対的に減少していく——という「収穫逓減《ていげん》の法則」というのが農業にはあるそうだけれど、高木さんのあげた例は、それを思わせる。資源の枯渇なんてことをいうまえに、ぼくらの産業社会全体がもう、そういうところまで来てしまっているのかもしれない、とも考えさせられるのだ。つまり、文明の巨大で複雑な発達が至るところに故障をひきおこして、今度はその故障をなおすために余計なテマ・ヒマが必要になり、さらに発達しなければならなくなる、という悪無限の世界にだ。

このどうしようもなくワリのわるい悪無限的な「成長」から抜け出るためには、ぼくらは科学の結果（マイナス効果）にたいしてばかりでなく、科学的思考そのものにたいする批判もやっていくしかない。科学的思考にたいする対抗力として、**科学批判の思考力**をもたないと、せっかくのぼくらの知的トレーニングの成果も、この成長の故障なおしのために吸収されることになってしまって、結局ペイしない。

実験科学の結果、人工物質が増え、ぼくらの目に見えないミクロな自然まで人工による汚染をこうむったり奇形化したりして、純度の高い自然というものがなくなっている、という事実は、ぼくらの批判的検討をもう一度、科学的思考の発生の場所、ガリレオの実験室にまでおもむかせることになる。けれども、ガリレオの実験は、アインシュタインが「純粋の思索」だと指摘したように、一種の思考実験だったので、彼の実験室は本当は彼の頭脳のなかにあったということになる。ガリレオの頭脳は、宗教的迷信や直観説が混入してくることをふせぐ、その意味では社会から隔離した「純粋の」実験室だったのだ。

実験科学の思考方法

その後の実験科学の発達は、社会から隔離した場所に、攪乱条件をできるだけとりのぞいて、実験室を設け実験器具を配置するようになった。実験が普遍性をもつためには、現実離れした条件を設定して、ある純化した状況を実現しなければならないのだから、科学があつかう自然は、実際にぼくらをとりまいている現実の自然とはかけ離れたものであるのは当然だ。川の水や水道の水ではなくて、純物質としての水で実験したときにはじめて、「水」についての普遍的な法則性が結論できる。

高木さんの著書で、この純粋な実験室が、いつのまにか、ぼくらをとりまく現実の自然をも汚染していった過程を追ってみよう。

たとえば、純物質Aと純物質Bを五〇〇℃で反応させればCが得られる、といった法則性が、実験室のビーカーの中で確認されたとしても、純化されない現実の自然にこの法則性をあてはめるのは困難だ。ところが、ビーカーの中の反応を化学プラントで実験するのは比較的容易だ。となると、自然科学が、有効性の範囲を広げていこうとすれば、ぼくらの周囲の自然環境も、実験室と同様にコントロールした条件におこう、という発想がうまれてきてもおかしくない。おかしくないどころか、それが唯一、「科学的」なやりかただろう。

実験科学が実験室の外へ出て、自然環境の実験室化、つまり自然改造計画にまでいきつくのは、科学の「悪用」でもなんでもなく、科学のもっている「純粋さ」のひとつの必然的な結果だったということになる。

実験的思考が想定する「純粋さ」とは、現実の自然とはかけ離れているということなのだから、日常的な経験の世界からみればそれは「異常」ということだ。科学的思考は、ガリレオのアタマのなかから始まり、その後のたくさんの科学者たちの実験室のなかでの純粋実験をとおして、日常（直観）と異常（純粋）との距離を遠くしていった。

実験が巨大化し高度で複雑なものになるにしたがって、科学的思考の正しさを保証していた大切な装置がはたらかなくなってしまった。その装置とは「実証性」ということだ。科学的思考の正しさは、おなじ条件のもとではおなじ現象が出現する、だからおなじ方法を用いればおなじ結果がえられる、という実験にもとづく実証ということで支えられていたのだけれど、その実験は、誰にでもやれるものではなくなってしまった。

第一に、実験の世界は、日常の経験からどんどん分離して、数学の世界へと還元されてしまっているので、特殊な知的訓練を身につけた者でなければその世界には立ち会えなくなった。

第二に、測定装置があまりに巨大化し複雑化し専門化してしまったので、高度な分野にかんしては、超大国の巨費を投じた研究機関でしか、同一の実験をくりかえすことができなくなった。

この二点が解決されないと――解決される見込みはないだろうが――、実証するすべがないんだから、科学的思考のもつべき客観性とか普遍性ということも保証できなくなる。科学的真理は万人のもの、というたてまえもあやうくなってしまうのだ。

ぼくらの思考は、そんな巨大科学や微粒子の世界での実験とかかわってはいないかもしれないけれど、ぼくらの日常生活はいやおうなく、それらの結果物の浸透をうけている。しかも、それが、唯一の正しい思考として、ぼくらが学校でもレッスンをうけ、文明社会では当然のようにして要求される「科学的思考」というものの肥大成長した姿なのだから、本質的には同一の根でつながっているわけだ。

科学批判の思考は、失われた自然や文化と、人類の生存の危機という途方もなく悲観的な事態をまえにして、なにをすることができるのだろうか。悪無限の成長に必然的に突入していくのとは別の道は考えられないのだろうか。

3 もうひとつの科学

さて、そうなると、「もうひとつの科学」は可能か、という問題が出てくるだろう。ガリレイ＝ニュートン以来の実験科学の流れとは別の方向で、科学を編成していくことはできるだろうか、という問いだ。

まず、そうする必要があるということについては、すでに、認識面でも応用面でも現代科学はゆきづまりにきている、と指摘したところからあきらかだ。

可能か、という問いについては、可能だとこたえて運動を展開しているエコロジー運動やA・T（オールタナティヴ・テクノロジー、「もうひとつの技術」）運動の可能性に賭けていくしかないだろう。

これらの運動に共通なのは、人間の力を離れてひとり歩きしはじめた生産のシステムや政治のシステムを、もう一度、人間の制御可能な範囲にとりもどすことを目標にしていることだ。

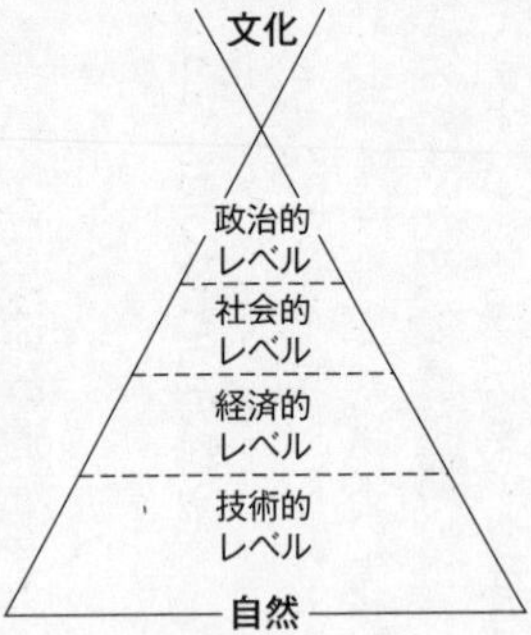

したがって、人間の自然へのはたらきかけという面でいうと、大規模技術や大規模生産は否定され、「等身大の技術」や地域特性にみあった生産システムが主張される。だから、手工業《ハンド・クラフト》的な技術の伝統がもう一度見なおされることにもなる。
それから、人間と人間という社会関係（生産関係）の面でいうと、生産のシステムに人間が従属して、成長のための成長をしなければならないような産業社会の経済システムを否定して、自給自足的な経済システムをもつ地域社会をめざす。だから、政治システムでも、中央集権的な官僚制社会ではなくて、地域分権的な平等社会をつくる。
たとえば、E・F・シューマッハーの『スモール・イズ・ビューティフル』（佑学社、のち講談社学術文庫）とか、A・ロビンズ『ソフト・エネルギー・パス』（時事通信社）を読んでみよう。

簡単な説明だったけれど、ここでは一応、技術、経済、社会、政治、という四つのレベルで、「もうひとつの科学的知性」がめざすべき方向を要約してみた。

欠けているものはなんだろうか。

そうだ、この四つのレベルの両端が欠けている。技術の下方には「自然」というレベルがなくてはならないし、社会の上部には「文化」のレベルがなければならない。そしてこの、自然と文化という両端のレベルこそが、もうひとつの科学的知性にとって最も問題的な場所で、最も考えなくてはならないテーマなのだ。しかも、エコロジーの発想では、あとで説明するけれどこの両端がストレートにつながってくる。

先ほどぼくは、技術のレベルを説明するところで、「人間の自然へのはたらきかけ」という微妙ないいまわしをつかって、「人間と自然との関係」とはいわなかった。実は、この領域で、エコロジストたちが、まったくあたらしい問題提起をおこなったので、それをあとで説明するためにわざわざ場所を残しておいたのだ。「人間の自然へのはたらきかけ」という技術論的な発想と、「人間と自然との関係」というエコロジー的な発想とは、まったく異なるふたつの問題設定だ。そして現代文明の危機の核心を理解する場合にこのふたつの問題設定の対立が最重要な鍵を提供してくれるのだ。ここでは画期的な「自然観」の転換が要求されているといえる。それで、この問題を考えてみる。
「人間の自然へのはたらきかけ」という技術論的な発想では、まだ、自然とは人間が利用すべきもの、自然は人間にとっての使用価値、という人間中心主義の自然観が残っている。この自然観は、自然は神がつくった神聖な創造物という宗教的な観念がこわされて、自然が科学的な考察の対象となり、産業活動の生産対象とされるようになって以来、近代社会の全時期を通じて温存されてきた考え方だ。つまり、人間優先の思想、ヒューマニズムにもとづく自然観だ。この近代ヒューマニズムは、神（宗教的な自然観、迷信）にたいしては強いけれども、自然にたいしては科学的に、あるいは利用対象にたいするようにふるまうことしか知らなかった。だから、産業革命以来の工業化は、自然を破壊し、資源略奪によって発展をとげてきた。そして、資源（石油）の枯渇というエネルギー問題に直面すると、石油に代わるエネルギーはなにか、代替エネルギーを探そう、ということになって原子力発電にいきつくことになる。

こういう、自然を人間の利用対象とみる問題設定では、エネルギー危機に代表される現代文明の危機の真相は視《み》えてこない、としてあたらしい問題設定を提起したのがエコロジーだ。

エコロジーは人間も地球という自然システムのなかに置いて考える。地球は、本来、地表で生じたエントロピー（汚れ）を水サイクルによって大気上空へ運び、それを熱（赤外線）として宇宙へ放射する物質循環のサイクル（「開放定常系」）によって成りたってきた。ところが石油文明は産業廃棄物の処理が解決不可能なことからわかるように、地球を閉鎖系として使用してきた。その結果、地球のエントロピーが増大して、汚染の蓄積によって人類は死滅してしまうだろう。これこそが現代文明の危機の核心だ、というのがエコロジー的な問題設定だ。

ただ、でもやはり人間は考える動物だ。文化というレベルをはずしたら「人間」は定義できない。人間はたしかに自然の一部だ（エコロジー的命題）。しかし同時に、文化をもつという点で人間は自然の他者でもある（文化人類学的命題）。自然の論理から人間をみていけば自然の一部としての人間の姿はよく視えてくる。けれども、もうひとつ、文化の論理のほうから人間をみていくのでないと、人間の自然とは異なる本性、といったものは、視えてこないはずだ。エコロジー的発想が、技術問題につよく、社会や文化に固有の論理の解明に弱いのはこのためだと思われる。「浪費（ぜいたく）」ということは、エコロジストの批判の対象とはなっても、解明の対象にはならないだろう。

これはとてつもなくむずかしい問題だ。だが、エコロジー的発想への最終的抵抗線は、この文化（価値観）のレベルで予想されるのだ。解答にむかって正しい問いをうみ出していく、という知的生産としての科学的思考法、とは別の思考法が考えられないか。**科学的知のかなたに、文化に固有の、知（思考）の人間学的次元といったものを構想する**わけだ。

以上、科学的思考を中心にして知的生産の方法をみてきた。ここまでのトレーニングを一括して「思考術」と呼んでおきたい。

思考術とは何らかの目的をもった思考法のことだった。つまり、そこでは、「考える」とは、何かの目的のために考える、考えることは手段だ、という共通了解があった。答えは、間違いなくしかも早く出るほどよい、というのが思考術の鉄則だ。だから思考の実験室は、工業製品をつくる工場に似ている。

知的生産——思考術をつらぬいているものは、結局、思考の経済法則ということだ。この法則は現代の巨大科学を批判するエコロジストの思考法をも支配していた。人類のサヴァイヴァル（生き残り）という目的のために、どうしたらいいか、と考える点では、広い意味であるいは真の意味の科学的思考ということにほかならないからだ。

次の章では、「考える」ということを生産原理（経済法則）ではとらえない立場、効率を無視した思考法、をさがしてみよう。

コラム❹　知的好奇心とノーベル賞のメダル

科学技術を推進する根源的な力は、人間の知的好奇心（欲望）から生まれる。知的好奇心と言えばふつうは肯定的に受け止められる。ところがこれについて、ノーベル物理学賞を受賞した朝永振一郎さんは、そのメダルの図像に注目して、こう述べていた。「片面には二人の女性が立っている絵が描いてある。真ん中に一人の女性が立っていてそれはベールをかぶっているわけです。字が刻んでありまして、ナツーラ〔自然〕というラテン語が書いてあります。その横にもう一人女性がいて、ベールをもちあげて顔をのぞいている。この女性の横にはスキエンチア〔科学〕と書いてある。」（『物理学とは何だろうか』1979年）

自然の女神のベールをめくる科学の女神。つまり、科学が実験によって自然の本質をあばくことは自然への冒瀆だ、という考え方があるというのだ。そういえば、人間の知的好奇心のなかに、なにか不吉なもの、デモーニッシュ（悪魔的）なものが潜んでいるとする神話や物語は世界に数多く存在する。なぜ「見てはいけない」と禁止するのか。そして、なぜその禁止を人間は破りたがるのか。好奇心・探究心に駆り立てられる科学技術の危険性に対しては二つの道筋が考えられる。一つは、知的好奇心を全否定すること。他は、それを肯定し、うまく飼い馴らすことだ。朝永さんは、知ったものは作らずにはいられないという状況にも言及していた。自らの知的好奇心にどう向き合い、どこへ振り向けるか。それは今世紀に持ち越された大きな宿題だ。

直観する

思想術

知のワンダーランドで「遊び」、知的生産を越えた知的創造のためのトレーニング——節約モデルの思考と浪費モデルの思考。

ルイス・キャロルの『不思議の国のアリス』に、コーカス・レースという奇妙なゲームが出てくる。

ウサギの穴に落っこちたアリスがおいおい泣いたので、涙が水たまりになり海になってしまった。鼠やオウムやドードー鳥や、びしょぬれになった動物たちが岸に集まってきて、からだを乾かすために、ドードー鳥の提案でコーカス・レースをはじめた。

地面にまるい線をかいて、みんな勝手に走りはじめて好きなときにやめにすればいいというレースだ。レースが終わって一同は息をはあはあ切らせながら、「だれが勝ったんだ?」とドードー鳥に質問する。ドードー鳥は長いこと考えてからでないと答えることができず、やがて苦しまぎれに、「みんな勝ったんだ」と答える。こんな場面がアリスのなかにあったことを覚えているひともいるだろう。

でもこんなレースはバカくさくて子供たちだってやらないだろう。勝者のいないゲームなんて、ゲームとはいえないからだ。

ルイス・キャロルのこのアイデアはゲーム理論に反している。問いと答えとその両者を最短ルートでむすぶ解決方法、というパズル解きのかたちにこのレースはなおすことができないから、科学的思考のトレーニングにはならない。

では、ルイス・キャロルは子供たちにどんなトレーニングを課しているのだろうか。言葉遊びにみちたアリスの世界は、答えを生産しない思考、――知的生産の原則には反した、思考の遊びの世界に子供たちを連れこもうとしているように思える。この遊びは、ときには、危険にみちた思考課題を子供たちのまえにつきつけて、彼らを困惑させる。あらゆる

『不思議の国のアリス』挿画(テニエル画)

事物が「名前」というものを失ってしまって、互いを区別できなくなってしまう森にはいりこんだアリスは、子鹿から、「きみはなんというものなの?」と聞かれて、悲しそうに、「ちょうど今はなんでもないものなの」と答えるしかない(『鏡の国のアリス』)。これは考えようによっては、そうとうに残酷な体験を子供たちに課しているといっていい。名称を失ったら、自己の同一性《アイデンティティ》まで、喪失しなければならない、というひとつの真実を

子供たちにつきつけているのだから。

最近、ルイス・キャロルの魅力を、オトナたちのほうが寄ってたかって研究することが盛んだけれど、この本名チャールズ・ラットウィッジ・ドッジソンという少女愛好癖のある、写真狂で数学者の独身男、ルイス・キャロルの世界は、たしかに、研究するだけの価値をもったワンダーランドなのだと思う。もし文庫本で読みかえそうというひとがいたら、角川の古い版で読むほうがいい。テニエルの挿絵がのっているからだ。この挿絵は、子供たちにこれでも耐えられるのかな、と思わせるような、精神分析的に無気味な世界を開示している。アリスの顔もそうだが、動物たちのもつ表情が、なんともいえず暗い。

1 知の大量生産から知のワンダーランドへ

「考える」ことについてのぼくらのトレーニングも、アリスが落ちた暗い穴をとおりぬけて、あるいは鏡面の内側にはいりこむことによって、知のワンダーランドにむかうことにしよう。

ニーチェが多読をいましめ、少なく読んで考えよ、といっていたことはまえにも紹介した。彼は、記憶力がよすぎるばっかりに思索者になれないひとがかなりいる、ともいっている（『人間的な、余りに人間的な』）。多読や博読がかえって「考える」ことをさまたげる、というケースもあるのだ。

博覧強記で知られた柳田國男が、意外にもこのことを指摘していて、ドキリとさせられた。

柳田國男が日本史家の家永三郎と対談したとき、家永が、資料をもっているひとが見せてくれないので困る、とこぼしているところがある。研究者としては切実な問題だ。そうすると柳田は、むしろ、知らなくてもいいものがけっこうあるのじゃないか、ほんの一部しかほんとうは必要ないんじゃないかしら、と素っ気なく答えている。そして、かえって「資料が多すぎて、アップ、アップしなければならないんじゃないか」といって、柳田は、日本の学問をチクリと皮肉ってこういっている。

「私はどうもあれ(資料)もあまり豊富に過ぎたことが日本の学問がトリビアリズムといっていいか、細かいことへ入っていく癖を生じて、そうして全体を見るような力を弱めたりなんかしたんじゃないか、とむしろ思っているのです」

文献を中心とした家永たちの歴史学と、文献の外の広大な民俗資料の世界をも渉猟《フィールド・ワーク》する民俗学との方法上のちがいだ、といってしまえばそれまでの話だけれど、ここで柳田はどの学問分野にも通じる、もっと大事なことを強調したかったのではないかと思う。

情報が多すぎてかえって、柳田のいう「全体」が見えなくなる、というのはマスコミ支配下のぼくらの状況でもある。何が大事なニュースかを知るためには、ぼくらはドイツの詩人、エンツェンスベルガーが『意識産業』(晶文社)でやったように、新聞の記事構成の分析からはじめなくてはならないほどだ。

多量の情報処理のために時間をくわれ、「考える」ための時間が切りつめられているという現状、これが学問の世界にも日常生活の世界にもあるということをぼくらはまずおさえておこう。そして、断片的情報をどんなにファイルしていっても、そこからはなんら「全体」が見えてこない、という体験を味わったことがあるとしたら、これからのトレーニング、つまり、科学的思考法とは異なる知の探求、もやりがいが出てくるはずだ。

ぼくらの時代に「考える」というと、科学的思考法が圧倒的な優位を占めていて、その他の思考法は居場所がないかのようだ。そしてぼくらの思考が「全体」をとらえることができない、というもどかしさは、実はこの科学の支配ということとふかいかかわりのあることなのだ。

断片にとらわれて全体を見ないことを、「木を見て森を見ない」という。ぼくらの時代は、アリスではないが、この森のなかにさ迷いこんでしまった時代かもしれない。

幼いころから、「もっと勉強しろ」といって育てられ、会社にはいると「もっと働け」といってこきつかわれる。いうほうもいわれるほうもマジメ人間たちばかりで、ほんとうに日本人はよく学びよく働く民族なのだけれど、そのひとりひとりに尋ねてみると、いま地球はどんな状態にあるのか、世界はこの先どうなるのか、自分の毎日のこの勤勉がどんな未来につながっているのか、だれもしらない。この勤勉人間たちは始終マジメにモノを考えているくせに、肝腎なことについては考えたことがないのだ。まるで盲目の豚の集団が崖っぷちめがけて走っていて、もうすぐ絶壁だというのにだれも気づかないようなものだ。

人間の全体の運命、それと密接につながったぼくらひとりひとりの人生の意味を見ぬくためには、知の格別なトレーニングを必要とする。しかしそれは学校で教えてくれるわけではない。たぶん教えることができないのだ。学校ばかりではない。

世界市場の動揺とオイル・ショック以来、経済学者たちはあたらしい局面にはいった世界の動きを解釈することに自信をもてなくなっているし、国際政治の舞台は未熟なシロウト政治家ばかりになってしまって、政治ゴッコをしているのではないかと、〝シロウト大衆〟のぼくらでさえハラハラして見ているようなあんばいだ。過去の遺産（知的資源）を食いつぶして時間かせぎをしているような文化学者たちも多い。アカデミズムもジャーナリズムも、世界の動きからとり残されてしまって、「これが世界だ」、とほんとうにいってくれる知者がどこにもいない。これからの人類の展望を確信をもっていえるひとはいないし、いえるひとがいたとしたらたぶんマユツバだ。

本格的知性の乏しき時代——現代は人間知の実に深刻な危機の時代だ。ひとびとはせかせかあたふたと何かを考えているようでいて、実は考えるべきことがらについては何も考えていない。断片的な認識能力が進歩したかわりに、全体知が失われてしまった。そんな時代だからこそ、ほんとうに「考える」ということをしなくてはいけない、とハイデガーはいうのだ。

2　森の小径に迷いこんだぼくらの〝知〟の行方

木は見ていても森の全体が見えない。出口につうじる道はきこりだけが知っている。もし、きこりがいるのだとしたら、ぼくらは彼に、森の道について尋ねてみたいところだ。こういう寓意をこめて、『森の道』という論文集を編んだ哲学者がいる。ドイツの、マルティン・ハイデガーだ。彼は、二〇世紀の科学技術文明を終始批判しつづけた思想家だった。

ハイデガーは、森に迷っているぼくらに、こんなふうに語りかける。

「近代の本質的現象であり、われわれが考えていることの証拠とされがちである科学を考察すると、それは一定の軌道にのせられた、迷いのない考え方の、極端に走ったものであり、従ってそれは配慮的なものを抹殺する。科学は計算機のごとく、考えないことを理想としている」（『建てる　住まう　考える』）

この最後の言葉、「科学は……考えないことを理想としている」までできて、ぼくはぎくりとさせられた。

前節までのトレーニングで学んだように、科学的思考は、何かの目的のために考える、つまり考えることは手段だった。問いと答えと、この両者を最短ルートでむすぶ効率のよい解法とからなるパズル解きの世界だった。答えは間違いなく、早く出るほどよいにきまっている。これは思考の節約（経済《エコノミー》）をめざす知の生産原理だ。問題があればかたっぱしから、たちまちにして解決していく。不幸があれば寄ってたかって幸福にしてしまう。機械とおなじ正確さでそれをやるのだ。

そうすると、考えることは手段なのだから、目的が達成されたら、そのあとはどうすればいいんだろう？　そんなことはないさ、問題はいくらでも山積してくる、と答えるひとがいるかもしれない。しかし、事実がそうであるとしても、この思考の原理は、効率とか節約というところにあるのだから、究極的にはいつも、問題の解決された状態、つまり考えない状態をめざしていることはたしかだ。**考えなくするために考えている、科学とは本質的にそういう思考なのだ。**

そしてもうひとつ、問題はいくらでも山積してくる、と反論したひとにさらに反論しておきたい。科学がひとつひとつ問題を解決する。生産性があがる。またひとつ解決する。さらに生産性があがる。しかし、生産性があがってシステムが巨大化し、複雑化するにしたがって、システムの故障もふえる。そうして、生産性のあがったぶんだけ、その故障なおしに費やされるという事態もおきてくる。そのうち故障なおしのために生産をあげなければならなくなり、そのために科学的思考が総動員されていく、というさかだちした悪循環のプロセスがはじまる。——まさしく、いまがそういう時代じゃないか。公害にしろエネルギー危機にしろ、成長のシステム自体がうみだした故障にほかならないんだから。問題の山積がこういうことだとしたら、ぼくらは永久に森の迷路から脱出できないことになってしまう。科学的知の成長においても、科学批判の思考術にでてくる「収穫逓減の法則」がつらぬいていることを、ぼくらは早く見ぬかなくてはいけないのだ。思考のパターンが、経済(節約)原則によっているかぎり、これは避けられないことだ。

では、どうすればこの悪循環から抜け出せるのだろうか。まずは、考えることについて考える、つまりメタ思考の立場にたつことだろう。科学的に思考しているとき、同時に、その思考について反省をくわえる、という視点をもつことだ。これは「専門バカ」になるのを防止するなんていう消極的な理由からではない。日々くりかえされているぼくらの考えるという行為によって、いったいぼくらはどんなところに行きつこうとしているのかを考えること、問題解決(答えの生産)によって思考のサイクルが閉じるような、パズル解きの思考の内側にいたのでは決して見えてこないような問いを見つけること、つまり、科学的思考とは異なる、問いかたのあらたな次元を獲得するためにメタ思考が必要なのだ。

このあらたな問題設定の領域では、「科学が専門分化してしまって、相互に理解しあえなくなっているという弊害をどう除去するか、どうやってその統合を回復するか」といったよくある問いは意味をなさない。ハイデガーによれば、専門分化ということは研究としての学問の進歩にともなうたんなる致命的な随伴現象であるのでは決してなく、「専門化は結果ではなく、すべての研究の進歩の原因」だからだ。そうなると、弊害をとり除くというような部分的手術はなんの意味ももたない。科学的思考の体質そのものが問題的なのだから。しかも、科学は自分自身の体質を知ることができない。対象化しうるものだけが存在するという科学的思考法は、自分自身を知る方法をもっていないからだ。これはちょうど、目でモノを見ているとき、ぼくらは見ているその目を見ることができない、というのと似ている。

科学自身には見ることのできない科学的思考のメカニズムを、ハイデガーは『世界像の時代』のなかで、いろいろとぼくらに見えるように示してくれている。

たとえば、科学は実験によって研究になるのではなく、反対に、自然認識が研究という形をとった場合にはじめて実験が可能となるのだ、とか「数学的な自然研究は、正確な計算がおこなわれるから精密なのではなくて、その対象領域への結びつきが精密さの性格をもっているので、そのように計算されねばならない」のだ、とか、ぼくらが通常考えていた原因—結果関係はひっくり返されてしまう。

これは、科学技術が巨大化して人間の手におえなくなった、といって「スモール・イズ・ビューティフル」を主張するエコロジストの発想とも異質だ。すべてのものを計量化しつくそうとする科学の世界像によって成立した巨大化にたいして、ハイデガーは、その巨大なるもの自体を問題にするのでなく、それが「計量されえないもの」に転化したことが問題なのだと指摘する。

「人間がスプエクトゥム（主体）となり、世界が像と化せられるに及んで、計量しえないものが見えない影となって、地上一切の事物を覆っているのです」。

この計量しえないもの、影、——それはなにか異なったものを意味しているのだが、しかし、「それを知ることは、わたしたち現代人に拒まれている」とも彼はいう。それはぼくらの科学的思考を拒否するところのなにか、なのだ。

それを考えなくてはならない。科学がぼくらを考えなくさせている、そんな時代だからこそ「考える」ことをしなくてはいけない、とハイデガーのいう意味はこういうことだったのだ。

ぼくらは、もはやこのようにして、パズル解きの科学から抜け出た問題領域での「考える」ことを、思考術ではなくとくに「思想術」と呼んでおきたい。これは解答をうみだすことによって終わる知的生産とはちがって、問いのたてかたそのものをたえず反省しつづけ、**あらたな発問装置を無限につくりつづける「知的創造」というべきもの**だ。生産と区別された創造、ということの独自の意味を理解すること、これが思想術トレーニングの目標だ。

ハイデガーが、「真の反省の力からする創造的な問うことを形成すること」と呼ぶ知的創造のスタイルは、詩に近づいていく。読解力トレーニングのところで例文をあげておいたように、計量化しえない影の領域を知ろうとする彼の思考は、存在者から存在へ、という存在論的な方向をとる。人間もまた存在者として、存在という家郷に帰っていくべきものなのだ。この、帰郷のテーマは、「住む」ということの考察にむかう。「言葉は存在の住みかである」、だから「詩人として住む」こと、この問題領域は、G・バシュラールの『空間の詩学』やノルベルク・シュルツの『実存・空間・建築』(鹿島出版会) を読むと、さらにいっそうのひろがりを獲得できると思えるので、併読をすすめたい。

3　脱科学的思考――まるごと全体をとらえる

脱科学の思考としての思想術のトレーニングは、ハイデガーのような存在論的な方向だけでなく、認識論的な方向をとることもできる。

たとえばベルクソンは、科学的思考の支配にたいして、「直観」的思考を対置して哲学の堡塁をまもった哲学者だ。

彼は、人間の認識、つまり「知る」ということにはふたつの方法があると主張する。ひとつは科学的認識、もうひとつは直観という方法だ。科学的認識は知ろうとする対象を外から眺める方法であり、直観は、その対象を内からとらえる方法だ。そして、直観によってしかとらえられない領域がある――意識とか時間がそれだ、と主張する。時間は時計によってとらえられるじゃないか、といわれるかもしれない。でもこれは、時計の針が瞬間瞬間の空間の位置しか示さない、ということを考えれば、時計は空間を示すだけで時間を示すことはない、ということがわかるはずだ。ぼくらは時計の文字盤の過去の針の位置を覚えていて、今はそれが別の位置にあることから針の移動を知る――針の移動を知るのはぼくらの意識だ。つまり時間は、意識の流れとしてのみ成立する。

もちろん、こういう哲学論議をするのがこのトレーニングの目的ではない。ただ、科学は対象を、ある方法によって、間接的にとらえることしかできないということ、だからまた、対象についての全体知を与えてくれないものだ、ということを理解してもらえればいい。

そうすると、色彩の豊かさや音色や、あたたかさ、つめたさ、といったものを、波の振動数だとか原子や分子の運動に還元するのでなく、生きたまま、全体としてとらえる思考法はないか、という主題がここで登場してくる。

生きた世界をそのままの姿でとらえたい、という願いは、たとえばエドムント・フッサールの現象学のなかで一貫して追求されている。

世界はぼくらの主観と客観との交流のうちにのみ存在するものなのだから、その真の姿をとらえようとするときには、主観主義の方法も客観主義の方法も通用しない。だから、そのため、ぼくらは、一方では人間と世界とを了解するために、科学的な認識が自明の前提としていることがらを厳密な批判にかけてみる（判断停止、超越論的現象学）必要があるし、他方では「すでにそこにある」生きられた世界との素朴な接触をとりもどす（意味付与、構成的現象学）必要がある。

錯覚と呼ばれる現象や、右腕を切断してしまったひとがそのないはずの右手に痛みを覚える、といった「幻影肢」と呼ばれる現象――人間の主観（心理学）やモノとしてみられた客観的な身体（生理学）からだけでは説明のつかない、知覚や身体の奇妙な現象に現象学者が目をつけるのも、そこに、科学的思考によっては気づくことのできない（あるいは科学の前提によって隠されている）、人間と世界の謎を読みとっているからなのだ。

ぼくらはたんに受動的に世界を受けいれているのでなく、たえずそれに意味を与え、それを構成しつづけている。生きている、ということの証はこの「意味付与」ということのうちにある。こういう問題領域については、後期フッサールの影響をうけたメルロ＝ポンティの諸著作（『眼と精神』『知覚の現象学』いずれもみすず書房）を読むのがいいだろう。

4　浪費こそ、あまりに人間的な行為だ

さて、脱科学の思想術トレーニングは、ぼくらを最終的にはどこへ連れていくのだろうか。

これまでのところで持ち越された問題がひとつあった。それは、極端に単純化していうと、人間を自然（生態系）の一部だとするエコロジスト的命題と、人間を自然の他者だ、とする文化人類学的命題との対立ということだった。この両者のどちらか一方をぼくらは選択しなければならないわけではなく、両者はまさしく弁証法的な対をなしているのだから、なにもここでぼくらはエコロジー運動に敵対しようとするのではない。ただ、人間に固有の文化という次元に、「考える」ことを引っぱっていった場合、どんなことになるか、確認しておきたいだけだ。これも一種の思考実験のトレーニングと考えて、多少フマジメ・不謹慎な見解がでてもガマンしてもらいたい。なにせ、人間に固有の文化の本質に「遊び」をみるホイジンガ（『ホモ・ルーデンス』）のような見解もあるほどだから、「考える」という人間的行為を、ひとつの方式に閉じこめる必要はないのだ。人間の思考は広大な可能性にみちたワンダーランドなのだから、ぼくらはいつも頭を柔軟にときほぐしていることにしよう。

科学的思考ののちに来たるべきもの、ポスト科学ということについて、ニーチェは『人

間的な、余りに人間的な』のなかで考察をすすめている。
ニーチェによれば、科学の成果は、「大海のごとく無尽蔵な、知る価値あるもの」にくらべれば、消えうせるばかりのほんの小さな滴《しずく》にすぎない。しかし、その科学において、ひとびとは、ある目的に合目的的に到達する能力を学んだ。この意味で、その目的、つまり「人がそれから後に行なうすべてのもの」（ポスト科学）の側から考えると、人間がひとたびは科学的思考に支配される時代をもったということは、はなはだ貴重なことである、といっている。たしかに、科学はいままでみてきたように手段にすぎなかった。だからこれをいいかえると、科学の目的はポスト科学ということだ。そうするとこれは、科学的思考は科学ならざる思考を目的としている、といってもいいだろうか。それが問題だ。

その節約《エコノミー》＝経済の原則からいって、科学は考えないことを理想としている、という、前にハイデガーのところで確認したことがらは、ここであらたな意味を帯びてくる。手段としての思考、節約の思考としての科学は、そのあとに、目的としての思考（考えるために考える）、浪費の思考、を予定しているのだろうか。

ニーチェにとって目的とは、自分が自分以上のものになっていくこと、絶えざる自己超越としての超人、力への意志ということだ。

彼は『ツァラトゥストラはかく語りき』のなかで、真昼のおそろしい出来事を描いている。ひとりの若い羊飼いが昼寝をしているとき、一匹の黒い蛇が口の中へはいって、しっ

ニーチェ

かりかみついたのをツァラトゥストラは見たのだ。羊飼いは身もだえし、痙攣《けいれん》し、窒息しかけていた。ツァラトゥストラは蛇を引っぱってやったがだめだった。その瞬間、ツァラトゥストラの咽から叫び声があがった、――「かみ切れ！　かみ切れ！」。羊飼いは思いきって蛇の頭をかみ切った。そして蛇の頭をはき出して、羊飼いは、「この地上でそのように笑ったものはいまだかつてないような笑いを爆発させたのだった。何をしたって仕方がないという弱々しいニヒリズムを断ち切って、彼は人間以上の人間としてこの地上に立ちあがったのだ」。

「人間はけだものと超人とのあいだにむすばれた一本の綱である――深淵の上にはられた綱である」というニーチェの力への意志の人間観が、この「真昼の超越」のエピソードのなかにあざやかに描かれている。

人間という存在がこのようなものであるとすると、人間は節約原則に反して、「自己の力をつかい果たす」こと、より多く、より早く、よりしばしば、という浪費原則によってつき動かされている、という考え方ができる。

プロテスタンティズムの節約のモラルによって貯蓄をはかったロビンソン・クルーソー以来、経済学者の考え方は、節約（エコノミーの原義）モラルにしたがっている。高度成長でさえ、必要と蓄積と計算という経済原則から出てきたものだったし、原始社会での「交換」の発生も、必要を超えた剰余生産物から説明されてきた。

ところが、交換は剰余（商品化）によって発生したわけではないという見解が、人類学者たちの調査によって引きだされている（マルセル・モース『贈与論』、岩波文庫、ちくま学芸文庫）。これは西太平洋トロブリアンド諸島の原住民のクラ交易とか、北米インディアンのポトラッチと呼ばれる交換の儀礼からわかったもので、インディアンたちは、必要と剰余の区別なく、自己の部族の富と権力を誇示するために、他部族を招いて、わざわざ最も大切な貴重品を破壊して見せたり、モノスゴイ祭や浪費でもてなす。招かれた部族はそれ以上のお返しをしなければならないから、その交換の連鎖上にある部族は全滅してしまうこともある。つまり、彼らの経済は、サヴァイヴァル（生き残り）のための節約原則によって成りたっているわけではないのだ。モノ（財産）は、必要（欲求）をみたすための手段、といった機能的で即物的な意味をもつのでなく、部族の組織的結束のための象徴的な意味と価値を帯びているのだ。そしてこの場合の**祭的な象徴的浪費こそが、人間の人間らしさ、真の豊かさ、文化の次元を定義づける**ものだといえる。

こうした象徴的価値をもつ浪費は、中世にも近世にも、貴族階級が無駄づかいをしたり、祭のたびに大量の寄付をする行為として残っている。『源氏物語』を読んでいても、光源氏は女性たちのためにぜいたくを尽くして贈り物やパーティーをするが、それは源氏と相手の女性との愛を表示する象徴的な価値をもつものであって、現代の「慰藉料」みたいに味気も色気もない機能的なものではない。この物語の世界では、貴族たちは恋愛を中心とした自分の感情生活のために、目ざめている時間のほとんどを使おうとし、財産を使い果たそうとする。おびただしい時間と財と労力の無駄づかいがそこにはある。泣いたり笑ったり季節の移り変わりを観照したり、要するに、地上の一切のものが、彼らの感情生活の陰影を豊かにするためにささげられている、といっていい。

必要の次元を超えてしまって、もはや日々のたつきを考える必要もなくなった者たちのこの遊戯的な世界に、ぼくは一方では頽廃の匂いをかぎつけながらも、また一方では、これほど純粋に「人間的」で理想的な世界（物語）はないと思う。

古代の話だけではない。マジメな文芸評論家たちからは、思想をもたない白痴作家のようにいわれる谷崎潤一郎は、処女作の『刺青《しせい》』（レヴィ＝ストロースによればイレズミは無着衣状態の人間が自己を自然の他者として区別する文化的シンボルなのだ）以来、文化に固有の次元で人間の実存を追求した稀有の大作家だが、晩年、彼はボーヴォワールより早く、「老い」の問題を人間学的にとらえる次元をきりひらいている。小説『瘋癲老人日記』がそれだ。主人公の老人はもはや生理的には、つまり自然の次元では性的能力を失っているのだが、息子の嫁との不倫の恋愛遊戯を通じて、観念の世界で性欲をたかぶらせ、持続しつづける。自然の必要原則を超えたところでの欲望の観念的浪費――それが彼の唯一の生きがいなのだ。性も老いも実は文化の次元での現象なのだということを、一語の思想的用語も使わず描破した谷崎のこの作品は、すばらしく純度の高いものだと思う。もちろんこれを、自然から切り離された文明の究極的な姿（人工の頽廃）の戯画だと解釈しても、同じことだ。

人間の実存にとって最も根源的な「欲求」の問題も、自然主義的にとらえたのではその本質は視えてこない。**サヴァイヴァル（生き残り）それ自体は、決して生きることの目的にはなりえないのだ。**

5 浪費サイクルの思考は答えから問いをつくる

おそらく、ポスト科学の問題として考えてきたいままでのところを要約すれば、ここには、ふたつの人間観、ふたつの経済学がみとめられる。

ひとつは、アダム・スミスからリカードまで、新古典派もマル経も近経もふくめ、生産視点にたって、サヴァイヴァル（生き残り）のための成長原則をとき、経済的価値法則の必然の上にまたは彼方に、「福祉社会」または「自由の王国」を考える立場。

もうひとつは、ニーチェにひとつの起源を発し、未開民族の交換システムにかんするM・モースの研究をふまえて、ジョルジュ・バタイユが『消費の概念』、『呪われた部分』（二見書房、ちくま学芸文庫）で展望した、消費（浪費）と象徴的価値法則との優位性をとく《普遍経済学》の立場。

この前者の節約経済学を、ラディカルに技術論（テクノロジー——人間と自然との関係）のほうへと引っぱっていったのが、エコロジーだ。

これにたいして、ぼくらがいまこの章で展開している思考は、前章まで検討してきた科学的思考——思考の自然的次元から離脱して、文化人類学的次元（とくに人間と人間との関係）にはいっており、その思考原則は浪費の経済学にのっとっている。

バタイユをひきついで、浪費の経済学を記号学のほうへ引っぱっていった、ジャン・ボードリヤールの言葉によって、ここでのぼくらの命題（立場）を明確にしておこう。

「これまでのすべての社会は、いつでも絶対的必要の限界を超えて、浪費と濫費と支出と消費を行なってきたが、それは次のような単純な理由によるものだ。つまり、個人にせよ、社会にせよ、ただ生きながらえるだけでなく、本当に生きていると感じられるのは、過剰や余分を消費することができるからなのである」（『消費社会の神話と構造』紀伊國屋書店）

浪費こそが、人生の価値と意味とを生産するのだ。

交換だけでなく、「考える」という行為の発生も、必要によって生じたのではなく、浪費原則からきたものだ、ということを、哲学者のカントが指摘しているから面白い。つまり、エデンの園でアダムとイヴは何不自由なく暮らしていた。必要はみたされていたのだ。しかし、ふたりは知恵の実（リンゴ）をとって食べてしまった。これは、自然の本能ではなく、理性というぜいたくによるものだ、とカントはいうのだ。

人間の理性には、「……自然的衝動に反してすら、想像力を援用して自由に欲望をこしらえあげることのできる特性がある。かかる欲望は、ぜいたくという名のもとに一括せられる」（「人類の歴史の憶測的起源」）。

谷崎の『瘋癲老人日記』はまさしくこの浪費の理法にかなっている。

必要によって考えるのでなく、考えるぜいたくを楽しむ、といった自己目的化された思考、――これはなにもあらたに出現したものではなく、日常のぼんやりした思考のなかで、あるいは夢や幻想や狂気や芸術や宗教的信仰やナンセンスや遊びのなかで、ぼくらが無尽蔵にくりかえしているものだ。ただ、それらに「意味」と「価値」とを付与することを、科学万能の現代社会が暗黙のうちに禁じていただけだ。「そんなこと考えたって何の役に立つか？」という実用主義一辺倒のひとは、役にたつことだけを考えればいい。そうして、思考を手段化し、節約していって、さてその先にどんな楽しみがあるか、という問いに逢着したら、はじめて、思考の浪費（ぜいたく）ということのすばらしさがわかるだろう。

節約サイクルの思考は、問い（必要）から始めて答え（満足）をもって終わるが、浪費サイクルの思考は答えから問いをつくりだす。レースが終わったあとで、「さてだれが勝ったんだ?」と問いが始まるアリスのワンダーランドのようにだ。そうして、永遠の不満足、永遠の自己超越がこの思考には課せられることになる。

答え(目的)のために問いをつくる科学的思考は、必要なデータを最初にすべて集めてしまうから、時間が短縮できて能率がよい。これにたいして、浪費思考は、そういう合目的的なデータ収集・情報処理ということをしない。レヴィ=ストロースが『野生の思考』のなかで指摘する、未開人たちのガラクタ思考、「器用仕事《ブリコラージュ》」という方法がそれだ。彼らは、ありあわせの材料でガラクタを組みあわせて構造をつくってしまう。つくるまえに企画があるわけではないから、出来あがりの結果は彼ら自身にもわからない。出来あがった作品には無限の意味付与が可能なのだから、彼らの行為は決して無意味とはいえない。あるいは、手を使ってつくる、そのプロセスが自己目的であるのかもしれないではないか。遊びといえば遊びだし、偶然にたよっている、といえばそのとおりだ。しかし、これほど、人間的で純粋なつくる喜びというものが、ほかに考えられるだろうか。

ひょっとすると、ぼくらの住むこの世界も、そのような器用仕事によってつくられたのかもしれない。神がある目的(企画)をもってデータ収集をしてこの世界をつくった、ということを否定するなら、宇宙(世界)は目的をもたない生成のプロセス(「絶対的創造」)にすぎない。生物が現在地球上にあるような形態と機能をもたねばならない必然性はないので、それはひとつの偶然にすぎない。

ベルクソンは、『創造的進化』において、このような考えかたから、宇宙史や生物史について、目的論的な解釈を超えて進化の説明をし、人間の「自由」に意味を与えた。

そして、現代生物学の最先端といえる分子生物学者、ジャック・モノーは、『偶然と必然』（みすず書房）という衝撃的な著書を世に問い、それは、「宇宙への人間の出現は突然の事故にすぎない」と要約されて、物議をかもした。

科学的思考になじんだぼくらは、偶然とか運命ということについて十分な考えをもてないでいる。不幸は悪であり克服すべきもの、というくらいの知恵しかもっていない。これがぼくらの盲域になっているのだ。

目的論を徹底的に排斥したJ・モノーは、そのことで絶望におちいるのでなく、彼の発見した偶然のメカニズムを、「創造」の定義へと方向づけることによって、有益な提案をおこなっている。つまり、世界や人間は、あらかじめ予定調和的に仕組まれた目的とか必然性とかの観念を捨て去ることによって、「完全な創造の自由」「絶対的な新しさ」を手に入れることができるのだ、というように。むろん、そこには人類の破滅の自由もふくまれている。人類が結局救われることになるなんぞという約束は、どこにも与えられていないのだから。創造についてのこの提案には、ベルクソンの考えの影響が濃厚だ。

節約モデルによって思考する知的生産にたいして、浪費モデルにもとづく知的創造のトレーニングを本章であつかったことの意味がやっとここまできて、わかってくれたことと思う。無上の快楽と破滅の危機とをあわせもった思考でなければ、真に「創造」的な思考とはいえないのだ。そして、創造の自由と楽しさは、偶然（運）という契機をぬきにしてはなりたたないことも。

思想における偶然性の契機ということでいうと、もうひとつ、人格（個性）ということがある。なぜあるひとがある思想を創造したのか、という問題だ。そしてまた、ある思想をその思想家の人格（個性）と切り離して考えることがほんとうにできるのか、という問題も、実は古くて新しい問題だと思う。

ぼくらの思想術は、こうしてさまざまな思想家たちの問いの軌跡をたどってきたが、今度はぼくら自身が自己の思想を回転させはじめる段階に達したようだ。誰も問うたことのない問いを問うこと、思考の絶対的な新しさの次元を獲得すること。それを試みてみようじゃないか。

さまざまな巨匠たちの思考術・思想術

発想法カタログ

ウェゲナーの地図、フロイトの痕跡読み、バシュラールの物質的想像力、ボルヘスの迷宮、知のいたずら者たちのトリックスター思考……

《日本人の発想の基本スタイル》

1 夏目漱石の「自己本位」の発想
——夏目漱石、吉本隆明

発想法の最初に、ちょっと異例ではあるけれども、夏目漱石の「自己本位」という方法をあげておこう。これは一種の「居直り」の発想だが、自分のライフワークを決定する際に役にたってくれる方法だと思うからだ。

自分は何をすべきなのか、なにから、どう手をつけていけばよいのか皆目わからない、という精神状態が長期間続いているひともきっといるはずだ。へたをすると、何をしたいのかテーマも見つからぬまま、人生に疲れて磨滅してしまうかもしれない。若き日の夏目漱石もこのような焦燥に苦しんだひとりだった。そして漱石の場合、手がかりはしまいまで本からも他人からも、どこからも得られず、長期にわたる煩悶をつづけた末に、ついに「自己本位」という考えかたに到達するのだ。自分のライフワークはこれだ、といつまでたっても定めきれないひとは、漱石の「私の個人主義」という文章を読んでみるとよいと思う。大正時代に学習院の学生たちに講演したものだが、その煩悶の深さと質は今なお価値を失っていないはずだ。

ライフワークは自己の存在証明である。とすればライフワークをもつとは、自分が何ものであるか——あろうとしているか——を知っているということだ。このような深い意味でのライフワーク、つまり自己発見はそう簡単に手にはいるわけがない。漱石が多くの言葉をついやして若い世代に伝えようとするのは、まさにこの自己発見にともなう困難を最終場面で切りぬけた体験、その方法なのである。漱石の言うところにしばし耳を傾けてみよう。

英文科を専攻した漱石は、学生時代を通じて英文学の何たるか、そもそも文学とは何であるか、なんら会得するところがなかったという。そのまま英語の教師になるのだが、や

夏目漱石

はり心のなかは空虚で、「自分の本領」とするところに思いきって飛び移りたいと思いながら、その本領があるのかないのかさえわからない。

「私はこの世に生れた以上何かしなければならん、といって何をしてよいか少しも見当が付かない。私はちょうど霧の中に閉じ込められた孤独の人間のように立ちすくんでしまったのです」

こんな状態でイギリスへ留学し、突破口を見いだそうと本を読みロンドンの町を歩きまわるのだけれど、何も手がかりは見つからない。とうとう下宿の一間で、本を読んでもだめだとあきらめ、なぜ本を読むのかその意味さえわからなくなってしまう。いくら待っても探しても、外からは決して救いはやってこないということを思い知らされた漱石はとうとう、この追いつめられた極限のなかでひとつの結論を見つけることになる。

「この時私は始めて文学とはどんなものであるか、その概念を根本的に自力で作りあげるよりほかに、私を救うみちはないのだと悟ったのです。今までは全く他人本位で、根のない萍《うきくさ》のように、そこいらをでたらめに漂っていたから、駄目であったということにようやく気が付いたのです」

この立場を漱石は「自己本位」と名づけた。このときの精神状態を漱石は別のところで「神経衰弱と狂気」だと説明して、それ以後もこの精神状態が自分を創作に駆りたてているというのだが、自己本位とはそれほどに極限的な場面で生みだされた概念（思想といってもよい）なのだ。こういう状況のなかで、「その時確かに握った自己」というものは、その後も風化変質することはない。ライフワークを職業と一致させていこうとする漱石の生きかたも、彼のこの体験と照らしあわせてみるとうなずけるのだ。

「私はこの自己本位という言葉を自分の手に握ってから強くなりました」「……多年の間懊悩した結果ようやく自分の鶴嘴《つるはし》をがちりと鉱脈に掘り当てたような気がしたのです」

漱石が探りあてた鉱脈は、まず『文学論』という長大な講義となり、イギリス人学者の受け売りでなく、日本人の漱石の立場から英文学を論じたものになった。漱石がそれまで学び知った漢文でいう「文学」と新しく学んだ英語でいう「文学」とが、まったく異質なものであるというところからくる矛盾を、突きぬけるすべを自己本位の立場によって会得したのだ。

漱石がロンドンで手にした自己本位の考えかたは、彼にあっては文学の分野になったが、これは他の分野であってもかまわないはずだ。自己本位という言葉によって、漱石は自分自身の頭で考えよ、それこそが確かなものだ、そしてそのようなライフワークをもった人間は強い、――と自立した思考の大切さをぼくらに教えてくれる。

ところで、引用した漱石の言葉とよく似た文章を、詩人であり思想家である吉本隆明氏が、『言語にとって美とはなにか』の序で書いているので紹介しておこう。

「もう自分の手で文学の理論、とりわけ表現の理論をつくりだすほかに道はないと思った」

漱石のは、重複するけれどもこうだった。

「この時私は始めて文学とはどんなものであるか、その概念を根本的に自力で作りあげるよりほかに、私を救うみちはないのだと悟ったのです」

舶来の新思想を次々に受け売りしては時流に漂い転向をくりかえしている日本の知識人を批判して、「自立」の思想を主張した吉本隆明氏の立場とライフワークも、漱石のこの「自己本位」の線上に位置づけられる、とぼくは考えている。とくに一〇代、二〇代といろいろな体験をし、雑学と雑読とで知的関心のネットワークをひろげたひとは、いざライフワークをきめるとなると迷うことが多い。何でもできそうな気がしたり、逆に何もできそうにない不安を覚えたりで、自分の鉱脈にツルハシを打ちあてたときの「これだ！」という確かな手ごたえをもてないでいるひとも多いだろう。漱石の「自己本位」の考えかたや吉本氏の「自立」の思想は、そんな迷いのときに、自分を掘りさげ、とことん凝縮させていって、自分の関心に自力で思想的な形をあたえる方法と勇気とをさずけてくれるにちがいない。

《日本人の発想の基本スタイル》

2 翻訳文化のなかで考えるための多国籍思考
――境界線上の言語・ニッポン語の罠を熟知するために

ぼくらは日本語でものを考えているのだが、その日本語は昔から外国文化の影響をうけている。それで思考の基盤としての日本語についてちょっと反省をくわえておくことにする。

まず日本語の文章を眺めてみると、ぼくらの思考する風景がそこにはっきりとあらわれているのがわかる。日本語の文章は、「漢字かなまじり文」といわれるけれどもう少しくわしくみると、漢字―ひらかな―カタカナまじり文だ（時にはこれに横文字がはいる）。つまり、ぼくらは土着の日本語と漢語（中国語、ときには梵語）とヨーロッパ語とで思考しているわけだ。大ざっぱにこれを「三重国語状況」と名づけよう。日本人（といって語弊があれば日本語人）の言語と思考はこのように多国籍的なのだ。

漢語はもう定着して日本語になっている、というひとがあるかもしれない。しかし、漢字には依然として音と訓とがある。訓とは「日本語訳」ということにほかならない。だから柳田國男は、日本人は漢語をつかうとき翻訳という作業をおこなっている、と指摘している。「流水」とあれば「流れる水」、「遠望」とくれば「遠くを望《のぞ》む」というように、たえず訓読すなわち日本語訳してそれらの言葉をつかっているのだ。「不知不識」などと藤村の、もちろん日本語の小説によく出てくるのだが、「しらずしらず」と日本語訳して読まなければとても理解はできない。

このように漢字が移入されたときから、日本語は翻訳的・多国籍的言語という宿命を負っているということを念頭に入れて、今度はヨーロッパの翻訳語または外来語がぼくらの思考に課している、特異な事情に目をむけることにする。これは日本語の思考がおちいる特有の罠だといってもよい。

国語学者の時枝誠記は、〝言語学の父〟といわれるスイスのソシュールの学説に反対して、有名な「言語過程説」を提唱した。これは三浦つとむ氏や吉本隆明氏らにも影響をあたえたし、いまの国語学会を二分する一方の有力学説になっている。時枝はソシュールが言語《ラング》を「心的実在体」と規定したことを批判して、言語を人間と独立に存在する自然物（自然有機体）のごとく考えるのは誤りで、言語は人間主体を離れてはありえず、言語とは人間の表現行為そのもの、理解行為そのものだ、と主張した。そして、ソシュールらの主張を「言語実体観」と呼んで、これに自分の「言語過程説」を対置した。

この学説自体は大変面白く、「文」の段階までの分析にとどまっているヨーロッパの言語学にくらべて、「文章」という具体的なレベルをあつかうときにはかなり有効な手法を提供するのではないかとぼくは考えるのだが、しかしここでの問題は時枝のソシュール批判のしかたにある。

時枝はソシュール批判を、ソシュールの翻訳書（小林英夫訳『言語学原論』）をつかっておこなった。その翻訳書では、「心的実在体」の「実在体」は entité というフランス語だ。このことについて言語学者の服部四郎氏は、こんなふうにいって時枝批判をしている——「entité というフランス語を「実在体」と訳するのはよいが、この「実在体」という日本語の単語によって日本語的に考察しながらソシュール学説を批判することは危険」である。

服部氏は、ぼくらが翻訳語によって「日本語的に」思考する際の危険な罠について指摘している。翻訳語は形のうえでは日本語だが、どこまでも原語の文脈をひきずっている。半日本語といってもよいし、過渡的な、あるいは境界線上の言語だと考えてもよい。こういう翻訳語のもつ両界的な性格を無視して、「実在体」という単語を日本語の文脈のなかで使用すると、なにか「実体」にちかいものと考えられてくるのはたしかだ。

ところが仏和辞典で entité は、「（ある存在者の）本質」とあり、プチロベールでも、事物《ショーズ》の反意語で、関係《ラポール》のうえにのみ成りたつ哲学的な用語だとされている。つまり entité は実体概念ではなく関係概念なのである。——このことについては丸山圭三郎氏が、『ソシュールの思想』のなかでくわしく書いているわけだが、とにかくこうなると、ソシュールの言語観を「言語実体観」とみなすのは大変な誤解といわねばならない。ソシュール言語学の対象である「言語《ラング》」についての誤解に基礎をおいて、時枝言語学説が成立しているのだとすると、その学説も原理的なところでおかしいと疑われることになる。

　翻訳語という境界領域の言語にひたされて思考するぼくら日本語人は、翻訳そのものが誤訳でない場合でさえも、このように誤訳的思考へそれていく危険にたえずさらされている。どうしたらこの危険を免れることができるのだろうか。むずかしいことだし、面倒でもあるけれども、翻訳文化のなかにあるぼくらは、いわば「反訳《はんやく》思考」とでも呼ぶべき方法を身につけるしかないのではあるまいか。反訳とは、一度翻訳されたことばを、またもとの言葉にもどすことである。小林英夫訳の「実在体」をソシュールの entité にもどしてその文脈上の意味を検討したように、少なくとも重要な用語については原語の文脈にたちかえる態度をとること、翻訳語のもつ両界的性格を忘れないこと、――もちろん翻訳書と並行に原書を読むならそれに越したことはないのだが、しかしすべての翻訳書にたいしてそれはできることではない。

　訳者には、原語との対照ができるよう索引でもつくってもらえればありがたいし、また訳語は原語の文脈をなるたけ生かす工夫をしてくれるようのぞむしかない。たとえば言語学や記号学で、「意味するもの」signifiant、「意味されるもの」signifié という用語がよくつかわれるけれども、佐藤信夫氏はロラン・バルトの『モードの体系』の翻訳では、これらの用語と「記号」signe との文脈的関連がわかるように、記号《シーニュ》―記号作用部《シニフィアン》―記号意味部《シニフィエ》、という訳語を工夫していた。ソシュールの小林英夫訳でも、同じ用語が漢文調で、記号―

能記―所記、と訳されていた。意訳が名訳とみなされることは多いけれども、かえって意訳が原語へのかえりみちを見うしなわせ、〝迷訳〟になってしまう場合もあるのだ。日本語ではまるで意味も語感もちがう「社会」と「会社」とは、ドイツ語では同じGesellschaftだ。『「資本論」の誤訳』という本を書いてユニークなマルクス論を展開した広西元信氏は、社会と会社とを『資本論』の原語の文脈に反訳して検討しなおし、「株式会社」は「株式社会」と訳すべきだと主張して、日本の訳者たちを批判している。株式会社は、マルクスによれば「(共産主義に移るべき)最高の完成形態」と考えられているのだから、これがもし「株式社会」と訳されていたら、日本の労働運動もおおいにちがった方向をたどったかもしれない。

最後に、日本語の多国籍的性格について、もうひとつドラマチックな例をあげておこう。森鷗外の『サフラン』という小品のなかに出てくるものだ。

「これはサフランと云う草と私との歴史である。これを読んだら、いかに私のサフランに就いて知っていることが貧弱だか分かるだろう。併しどれ程疎遠な物にもたまたま行摩《ゆきずり》の袖が触れるように、サフランと私との間にも接触点がないことはない。物語のモラルは只それだけである」

問題は意味のとおりにくい最後の一文である。とくに「物語のモラルは」が曲者で、この箇所は日本語であって日本語ではない。モラルという外来語の意味にこだわるとまちがうことになる。「物語のモラルは」をドイツ語に反訳すると、und die Moral von der Geschichte という成句になる。この成句は独和辞典では、「そしてとどのつまりは」という意味だ。すると、「物語のモラルは」という日本語は、「そしてとどのつまりは」を意味するドイツ語だったのだ。これを下につづけて読むと、「そしてとどのつまりは只それだけである」という同義反復的な文になって、「モラル」という語には特別ふかい意味などないことがわかる。

つまりこれを書いているとき、鷗外の頭のなかには und die Moral von der Geschichte というドイツ語があって、それを逐語訳的に、あるいは漢文訓読でもするように、「物語のモラルは」と日本語訳したわけである。もちろんこの「物語」という直訳語が、引用箇所の最初の「歴史」という単語と響きあうように意識され、この作品の全体を指示しているだろうことは推測できる。物語も歴史もドイツ語ではおなじ Geschichte なのだから(大石修平「泊夫藍」、『感情の歴史』所収)。

鷗外のこの箇所の読解について、ぼくは大学院の学生時代に大石先生から指摘をうけた。これを指摘されたときぼくは二重の身震いを覚えた。ひとつは、語学の達人であった鷗外の文章には、このような多国籍的な落とし穴がまだほかにも仕掛けられているのではないか、という恐怖に似た驚き、もうひとつは、先生の読解の解像力にたいする驚嘆である。これをふつうの日本語の文章として読んでしまえば誤読の迷路にふみまよいかねない。実際、この「モラル」という単語に深い意味をもたせ、堂々たる論文にしあげている高名な評論家もいたくらいだから、冷や汗ものである。

翻訳書を読む場合だけでなく、日本人の書いた日本語の文章を読むときにさえ、「反訳思考」は必要であるということの、これは格好の例文だろう。日本語はこわい。ぼくらの考えるという行為の大半が、すでに翻訳語と翻訳作業とで成りたっていることを忘れないでいたい。

《隠されているものの解読》

3 ウェゲナーの地図思考
――アルフレッド・ロタール・ウェゲナー、小松左京

一枚の地図を眺めるだけでも、とても面白いアイデアを思いつくことができる。

ドイツの気象学者で地球物理学者のウェゲナーは、世界地図を眺めていて妙なことに気がついた。大西洋をへだてて向こう側の岸のかたちとこっち側の岸のかたちになにか関係がありそうにみえる。北アメリカ大陸の東が出っぱっているとヨーロッパ大陸の西が引っこんでいる、南北アメリカのあいだに凹部があるとアフリカ西海岸には凸部がある。つまり、海をへだてた両方の大陸をくっつけると、その凹凸がぴったりとあうのだ。彼はこの

地形の不思議な一致から推理をはたらかせて、昔はくっついていたものがだんだん移動して離れたのだ、と考えた。有名なウェゲナーの「大陸移動説」と呼ばれる仮説がそれだ。一枚の世界地図を、彼は「はめ絵」パズルとして読み解いたわけだ（ここにあげた図はウェゲナー以後の学者のつくったモデル図）。

ウェゲナーは、こうやってくっつけた超大陸（パンゲアと呼ばれる）の地図上では、約三億年前の氷河のあとがひとつにまとまることを発見した。いまは遠くへだたっている大陸をつなぐ古い山脈や地質構造、みみず、かたつむり、恐竜、古い植物などの分布もひとつながりになる。彼は『大陸と海洋の起源』（一九一五年、邦訳、講談社、岩波文庫）という著書で、このような証拠を数百例もあげて大陸移動説を主張したのだ。

ベイカーによる大陸移動前の地球図――1911年から1928年の間にハワード・ベイカーが発表した、山脈はもともと一つの大陸上にあったとするもの。
（『移動する大陸』啓学出版より）

地図からうまれたウェゲナーの大陸移動説は、彼が亡くなった一九三〇年ころには一時不評判となったけれど、一九五〇年ころから、海底地質学や古地磁気学のあたらしい証拠をえてよみがえった。いまでは大陸移動説の正しさを疑うひとはほとんどいない。

現在では、大陸だけでなく、海底をふくむ地球の全表面が移動していると考えられている。いわゆるプレート・テクトニクスの理論だ（プレートとは「板」、テクトニクスは「構造地質学」の意）。地球の全表面が約一〇枚のプレートに分かれ、各プレートが独立に運動している。たとえば太平洋プレートは北西へむけて、また大西洋の西半分と南北アメリカをふくむプレートは西へむけて、運動している。これが造山運動や地震・火山活動の原因になっている。この理論をもとにSF小説を書いたのが小松左京さんの『日本沈没』だ。ただこの小説とは逆に、日本列島は隆起しており、その原因は日本列島の下へもぐりこんだ太平洋プレートが列島をもちあげるからだと考えられている（竹内均『地球科学問答』、NHKブックス）。

地球科学者が地図をつかって推理する仕方は、推理小説とおなじくらいぼくらを興奮させる。ヒマラヤ山脈の褶曲は、インド大陸が太平洋プレートにのって北上し、アジア大陸にぶつかって結合したときの衝撃から説明されるのだし、クレタ島の北にあるサントリン島のちょっと円に似た地形（カルデラ——火山爆発によってまんなかが空洞化したもの）から推理して、古代ギリシャのプラトンがとなえた失われたアトランティス大陸を発見しようとするのだから、推理のスケールがケタちがいに大きい。そしてその推理には、エッシャーの巧妙な隠し絵をみるのと同質の美しさがある。地図的思考は実験科学とちがって、この地球を汚染も破壊もしないからだ。

ところで、「地図」というこの不思議な紙製品のもつ魅力について、いろんなところでふれている小松左京さんもウェゲナーに負けず劣らず、地図的思考を身につけているひとだ。

たとえば小松さんは、淀川の水系にそって地図を二つ折りにすると、出雲と熊野は重なる、と奇妙なことを説いている。この出雲と熊野というふたつの地方は、距離的に遠くはなれているにもかかわらず、古代神話のなかでは非常に似た性格を帯びていた。たとえば、スサノヲノミコトが「ハハの国へ行きたい」といって、青山を枯山にするほど泣きわめく、そのハハの国は、『古事記』では出雲地方にあるとされているが、『日本書紀』の一書には「紀伊国の熊野」とある。

なぜ出雲と熊野はこのように似た性格をもつのか、――これは古代史の謎のひとつだ。淀川水系で地図を二つ折りにすると出雲と熊野が重なるという発見は、この謎を解くためのひとつのヒントをあたえてくれる。つまり、このふたつの地名は、もともとは方向をあらわすものだったと考えられる。日がのぼる熊野（アズマ）と日が沈む出雲（イズモ）というぐあいにだ。となると、この両方向には、中心となる場所が存在しなければならない。もちろんその中心は、天皇のすむみやこ（宮処）のある大和だ。

ここから、大和という権力の中心にとっての周辺の両極として、出雲と熊野が位置づけられていた、という《推理》が出てくる。この推理の延長上に、海のかなたに楽土（ハハの国）をもとめて箱船で出かけていく補陀落《ふだらく》渡海の風習やヒルコの水流し（水葬）の伝説を、出雲にも熊野にもあった、と《推論》していく戸井田道三さんの『歴史と風土の旅』（毎日新聞社）が書かれることになる。

古代史の〈謎〉解きには、こうした地図の読みとりの手法が駆使されることが多い。地図をただ眺めるだけでなく、線を引いたり、塗りつぶしたり、あるいは二つ折りにしたりして、一種の《隠し絵》（だまし絵）として読みとること、――ウェゲナーや小松左京さんの地図思考は、ぼくらに、「形《かたち》」という無意味なものを有意味なものに変えてしまう手法を、教えてくれている。ぼくらも、ぼくらが住む街の地図や世界地図をひろげて、奇想天外な推理をはたらかせてみよう。

4 フロイトの《痕跡読み》の手法

――フロイト、マルト・ロベール、J・ラカン

《隠されているものの解読》

読む――解釈という行為は、フロイトの出現によって一新された。読むことにかんする「フロイト革命」は、いま現在もいろんな分野で進行中だ。フロイトは彼自身の著作が読まれることなく通俗的に理解されがちな思想家だけれど、二〇世紀（二一世紀になっても

そうだろう）の思考法を考えるうえで、とてもそんなちっぽけな存在ではない。

　フロイトの方法の核心は《解釈》ということにある。「ふつうたいして重要視されていない、あるいはあまり注目されていないような諸特徴や観察の残りかすから、隠された秘密を判じあてる」（『芸術論』）という彼の徹底した解釈の手法に、ぼくらは学ぶべきことがすくなくない。フロイトの手法を知るには彼の夢理論に注目するのがいちばんよい。「夢形象の発生をときあかしえない者は、また恐怖症や強迫観念や妄想観念を理解できないであろう」と『夢判断』の序にいうごとく、彼の夢理論は神経症を分析するための着実なよりどころを提供し、そして精神療法（技術）が深層心理学（理論）へと飛躍するための転回点になったものだ。さらにいうなら、彼の夢解釈の技法は精神分析の分野にとどまらず、ぼくらの解読の視界を思いがけない遠くの地点にまでひろげてくれるのだ。

　早速ひとつの夢について演習してみよう。ある若い既婚の女性がこんな夢をみた。

「夫といっしょに劇場の座席にすわっています。片側の平土間《ひらどま》席は全部空席でした。夫は私に、「エリーゼ・Lもその許婚者《いいなずけ》といっしょに来たかったのだが、三枚で一フローリン五〇クロイツァーという悪い席しかなかったし、そんな席では彼らの気に入らなかった」と言いました。私はそんなことは別に不幸なことではないと思いました」

　この夢からぼくらは何が引きだせるだろうか。もちろん、夢は社会的な発言ではないし、他人とのコミュニケーションをめざすものでもないのだから、奇妙であいまいな性格をもつことはまずもって覚悟しておかなくてはならない。しかもぼくらは、夢は不合理で無意味でなんの学問的な価値もないとか、その逆に、夢は未来を予言する神秘な力をもつと考える（夢占い）、そのどちらの立場も排さねばならない。ではどうやって夢の意味を知ればよいのか。フロイトはまず第一に、夢は有意味で解釈可能なものだという立場にたつ。そして第二に、夢を見たひとはその夢の意味を知っているのだが気づかないだけだ、と考えた。それで夢をみたひと自身に、その夢について思いつくことをしゃべらせ、解釈をこころみさせるわけだ（この方法を「自由連想法」という）。もちろん本人だけでは解釈しきれない場合が多いから、分析者が役割をはたすことになる。ここにあげた夢については本人の説明から次のようなことがわかった。

(1) この婦人は、前の日、エリーゼ・Lという知りあいで同年齢（彼女より三か月若い）の女性が婚約中であることを、夫から聞かされていた。

(2) また婦人は前の週に芝居の予約切符を早々と買いもとめたが、劇場に行ってみると平土間席は片側がほとんど空席だった。それで夫から彼女はせっかちをからかわれた。

(3) 前日、夫の妹が夫から一五〇フローリンもらい、さっそく宝石店へ駆けつけ財布をはたいて装飾品を買ってしまうということがあった。

フロイトは彼女のみた夢を、この彼女からきいた説明を手がかりにして次のように分析する。

「彼女がその夢に関して報告したものの中のそこここに、時間の規定が現われており、これが材料のさまざまの部分をつらぬく共通なものを示唆しているという点がわれわれの注意を惹きます。彼女自身は劇場の入場券をあまりにも早くから手配し、早まって求めてしまったので、よけいな金をつかわなければなりませんでした。義妹も同じような仕方で急ぎすぎ、あわてて金をもって宝石店に行き、まるで一刻も待ちきれないかのように、すぐその金で装飾品を買ったのでした。「早すぎた」とか「あまりに急ぎすぎて」とかいう点に、自分より三か月若いだけの友人がいまりっぱな夫をもつようになったというニュースを加え、さらに義妹に対する非難の中に現われている「そんなに急ぐのはばかなことだ」という批判をたしてみると、つぎのような夢の潜在思想がおのずと構成されてきます。そして、この構成にとっては、顕在夢はひどく歪められた代理物なのです」（注、フロイトはぼくらがふつう夢と呼んでいるものを「夢の本文」または「顕在夢」といい、夢の背後に隠されている意味を「潜在思想」「潜在内容」などと呼ぶ）。

――「つまり、「あんなに結婚を急いだ自分はばかだった。エリーゼの例でもわかるように、もっとおくれてからでも夫をもつことはできたのに」というわけです（急ぎすぎは、切符を買う時の彼女の態度や義妹が装飾品を買う時の態度に現わされています。劇場に行くことは、結婚の代理物になっています）」

一見たいした意味もなさそうにみえる夢が、フロイトの手にかかると思いがけない心の

ジークムント・フロイト

深層をかいまみさせるものに変じてしまう。この例からもフロイトが、夢の内容よりもそれを語る本人の言葉づかいに鋭い観察をはたらかせていることがわかるだろう。ふつうではささいなものとして見のがしがちな細部（《早々と》《早まって》……）が、隠された意味、つまり無意識の《痕跡》を見つける手がかりになるのだ。まことに、「神は細部に宿りたまう」ということわざのごとくである。タブーにふれることがらは、本人も「抵抗」をおぼえて、歪曲したり嘘をついたり勝手に削除したり、あるいは言葉につまって一瞬沈黙したりする。その抵抗の気配をかぎとらないかぎり、分析者は夢の潜在内容にはちかづけない。患者のいわなかったことのほうにこそ意味がある――精神分析の読みとりは、行間を読む、「余白読み」の手法といってもよい。解釈上のポイントは、夢の全体でなくその部分に、文脈や抑揚や言葉の中断に注目するというところにある。

夢の解釈では自由連想の補助技法として、象徴解釈の方法がある。「壁面が平らな家」の夢は男子をあらわし、「旅立ち」の夢は死ぬことを象徴し、「水」に関係したことは出産を意味し、「帽子」は男子性器を、「歯の抜ける夢」はオナニーへの罰としての去勢を、

「船」・「桶」は女性を（船＝Schiff と桶＝Schaff とは同語源）、それぞれ象徴しているというように、象徴の目録をフロイトはあげている。夢の象徴表現が国境をこえて民族の風習、神話、ことわざ、民謡、俗語、芸術など広大な領域とかさなりあっていることは、いまでは神話学や文化人類学の進展によってみとめられるようになった。

崩壊した人間精神の合理性への信頼

こうしてフロイトの夢の分析は、人間を背後から支配している、「無意識」という普遍的な領域の解明に道をひらいた。無意識はなにも目がさめると活動をやめてしまうわけではなく、昼夜の別なくぼくらの行動や思考に意味をあたえつづけている。夢解釈の方法を昼間の意識に適用したのが『日常生活の精神病理学』で、そこではちょっとした言葉のミスや度忘れ、しくじり行為などのもつ意味が解明されている。また恐怖症・強迫観念・妄想などの神経症が、正常人のみる夢（異常な心理現象）をモデルにして理解できるようになった。それらに共通してはたらいているのが無意識という構造だからである。

ところで無意識は、精神分析という独特の解読操作をほどこさないうちはその《痕跡》をあらわさない。ここであらためて、フロイトの発明した「読む」技法のユニークさを確認しておこう。

夢は無意識の願望の充足であるとフロイトはいうのだが、夢はそのままのかたちで願望充足の表現になるわけにはいかない。そのまえにかならず「検閲」をうけなければならない。検閲によって大切なものが明るみにでないでいるからこそ、《解釈》という行為が必要とされるわけである。解釈とは、患者自身が自由連想によってあらゆる抵抗（超自我からの批判）にうちかちながら、抑圧の鎖をたぐって、夢という異常な心的形成物をその発生場所へとかえすことだ。解釈は解放（不安の解消）であるというのがそもそもの精神分析の立場なのだから、読むとはきわめて戦闘的な行為であることになる。一九世紀の自然科学の影響をうけてもう古びたところもあるといわれる彼の理論にくらべ、医者と患者との対話的交流の実践をとおしてフロイトが編みだした読みの技法は、依然として画期的な価値をもっていると評価されるのもこの点からうなずけることと思う。なにしろ、フロイトは、それまで〝読めない〟と思われていたものを〝読みうる〟ものに変えてしまったのだ。

読むことの視界はさらにひろがって、ぼくらはフロイトのおかげで、たとえばD・デフォーの『ロビンソン・クルーソー』をノイローゼ患者のつくる捨て子物語として（マルト・ロベール『起源の小説と小説の起源』）、ドストエフスキーの『カラマーゾフの兄弟』をメタ心理学の研究書として、E・ポーの『盗まれた手紙』を新しい解釈学の演習用テクストとして（J・ラカン『エクリ』）、読むことができるようになった。またもっと重大なことは、読むことにおけるフロイト革命が、「人間」の読みかたをも変えたということだ。

無意識という心の深層が明らかにされたことで、近代思想をささえていた人間精神の合理性への信頼が崩壊したのだ。人間はふたたび、奥ぶかい〈未知〉をはらんだ存在となった。子供が性的に潔白であるという神話は、幼児性欲の発見でひっくりかえされてしまった。また、家族という自明で平凡にみえる社会的細胞も、彼のエディプス・コンプレックス理論からみられると、その意味を変えてしまう。父親は一介のサラリーマンでなくなり、息子は相続人ではなくなる。父親は母親の愛人であり、息子は彼のライバルとなるわけだ。フロイトの読みは、陳腐化し無意味になった日常生活の局面に新しい意味づけをもたらす、芸術上の「異化」効果の手法と通じるものがあるといえよう（バフチン『フロイト主義』）。

《隠されているものの解読》

5 バシュラールの物質的想像力
——ボードレール、梶井基次郎、ユング、バシュラール、サルトル、ゲーテ

ガラスの割れ目にできる不思議な模様にみとれたことはないだろうか。それから、砕かれた鏡の破片や水面にひろがる波紋だとかに、ある種の美しさと魅惑を感じた経験があるとすれば、ぼくらはもう十分に、幻視者となる資格がある。

ボードレールは今日もパリの街の三階の書斎で、いつものアンニュイ（退屈）におちい

っていた。窓の下をふと見ると、ガラス売りが通る。彼はガラス売りを呼んで、いろいろ見たあげく、いらないといって帰した。彼は窓にのりだし、戸口から出てくるガラス屋を狙ってインク壺をおとした。インク壺はガラス屋の背中にあたり、ガラスは砕けてとび散った。はじめて彼は倦怠から解放された、というおはなしだ（ボードレール『パリの憂鬱』）。

このボードレールの美しい幻想が、日本の作家、梶井基次郎に翻訳されると、とび散るガラスは、無色だけでなく、赤、青、黄、といった色ガラスになってくる（伊藤整『若い詩人の肖像』）。これもまた、美しく、危険な衝動にみちた幻想だ。梶井は、色ガラスでできた、びいどろや南京玉を愛し、それを口にふくんで、その涼しいかすかな味をとおして幼年期の記憶にたちかえる（『城のある町にて』）。

水、ガラス、鏡――これら透きとおるもの、反射するものは、そのむこうに異世界を秘めているかのように、ひとの想像力をうながす不思議な魅惑をもっている。水のむこうに浦島太郎は竜宮城というユートピアを幻視したのだし、街のショーウインドーのガラスはいまでも文明の豊かさを語っている。そして鏡は、ナルキッソスの水鏡以来、ルイス・キャロルやジャン・コクトーや多くの詩人たちをそのなかに溺れこませている。

ぼくらの「考える」という行為の根源には、このように、知識を越えたもの、体験できないもの――〈生誕〉と〈死〉、〈宇宙〉、〈極大〉と〈極小〉、〈無限〉、〈空中飛行〉、〈ユートピア〉――に憧れる、郷愁にも似たつよい衝動がひそんでいる。

この、ぼくらの想像力の地下層にある、時間を超越したような思考形式、それを掘りだしているのがユングの心理学だ。

たとえばユングの興味を引いた〈曼陀羅〉（真実 manda をもつもの la、の意）は、宇宙の鏡といっていいもので、それは人類の知の基層にある「分類原理」の一種だ。大日如来を中心に諸々の仏がとりかこむ曼陀羅の図像や、カンボジア、ジャワ、さらにはマヤの建造物などを見ると、宇宙を夢見た人類の最古の思考形式がうかがえる。

また、科学思想家、ガストン・バシュラールは科学者の思考に残る前科学的なものを精神分析することから、やがて詩的夢想の研究へとすすんだ。夢想はぼくらが世界にたいしてとる、いちばん包括的で根源的な態度だと彼はいっている。つまり、夢想こそが至高の思考なのだ。

ローソクのゆれる炎を見つめていて瞑想にふけったり（『蠟燭の炎』現代思潮社）、空の青さに吸いこまれるように感じたり（『空と夢』法政大学出版局）、森のなかで道に迷い大樹の群れに包まれてしまいそうな無気味さを覚えたり（『大地と休息の夢想』思潮社）、鏡のなかには水が流れていると考えたり（『水と夢』国文社）、土をこねている手の感触に、無上の喜びを味わったり（『大地と意志の夢想』思潮社）、……このような、ぼくらのだれもが、いつかどこかで経験したことのあるような現象は、思考の古類型《アルケ・タイプ》としての想像力のはたらきをぬきにしては語れない。

「肥料で花を説明する」ような精神分析学をふり切ったバシュラールは、想像力がにぶると知覚能力も低下するといって、想像力の独立を主張した。これは、想像するとは否定することだ、としたサルトルの哲学を準備した（サルトル「想像力の問題」、人文書院・全集）。古代哲学には、四原素説や五行説といった、宇宙が火・土・空気・水・金、などの物質からできているとするものがある。また、水だけ、土だけ、火だけから成るとするギリシャ人たちもいた。

またメンデレーエフの元素の周期律表にも注目するバシュラールを、ぼくらは多元論的な思考の可能性という点でもおさえておく必要がある（「唯物論的多元論」）。つまり、起源はひとつで、単純なものから複雑なものへと事物は発展していくのだという、一元論ないしは弁証法的二元論がもつ静《スタティック》的で予定調和的な限界を、多元論によって超えるみちが考えられるのだ。認識論的断面をとってみると、起源ははじめから複数的で多様なものだと考えるわけだ。思考の古類型としての想像力は、このように未来的な可能性をも示唆している。

「焔が賢者たちを考えさせていたはるか遠い知識の時代には、隠喩《メタファー》が思想であった」とバシュラールはいう。

形態学のゲーテや、カタストロフィー理論のルネ・トムなども、その本質直観の仕方は夢想といっていいものだ。形態の類似（植物の葉——トゲ・ツル・花弁）に注目すること、出来事をトポロジックに見ること——これらは世界を比喩として見ることだ。「一切の過ぎうつりゆくものは比喩にすぎない」、とゲーテは『ファウスト』の終わりで言っている。巻き貝のラセン形に弁証法を夢想する、バシュラールのような「物質的想像力」(『空間の詩学』思潮社、のちちくま学芸文庫)を、ぼくらも、ぜひとも身につけたいと思うのだ。

《隠されているものの解読》

6 ボルヘスの迷宮思考

——アル・ムターシム、オルビス・テルティウス、ひとつの問題の多くの問題、誇飾主義の羅針盤

迷宮の作家といわれるアルゼンチンの小説家、ホルヘ・ルイス・ボルヘスの思考を暗示的に追跡してみよう。迷宮の思考は当然ながら迷宮のような文章をともなう。明晰な文章ばかりじゃなくて、たまにはぼくらのアタマを思考の迷路または罠のなかで遊ばせるような、危険をおかしてみるのも楽しいものだ。

彼の作品はまず痕跡として現われる。思わせぶりな固有名詞(人名・書名——アル・ムターシムとか、オルビス・テルティウスとか、「ひとつの問題の多くの問題」とか、「誇飾主義の羅針盤」とか、セム系の神秘主義やペルシャの占星術やを思わせるような人物とタイトル)がそれを構成する。その痕跡が謎を指し示す。

謎は、答えとなる言葉を含んではならない。これが鉄則だ。「時間」が答えとなる謎の場合、その謎の禁句は――「時間」である。

謎の答え、つまり謎の起源は隠されている。始まりは知ることができない。天地創造も幾何学も、その始まりには、存在しないもの――神と点とが想定される。迷い込ませて気づいたときにはとらえられている罠、出ることのできない幽閉場所である迷宮《ラビリンス》の中にぼくらはいる。始まりは忘却され、終わりはこない、すべては宙づりとなる。答えのない謎とは、世界そのものである。

宇宙に存在するすべてのものを映し出すアレフという小球（ヘブライ文字のアレフは最初の字母で天と地とを指さした形をしている）――極大の極小化。どこまでも延長する一四面体のバベルの図書館――無限。

彼の書物には、古今東西、世界中のありとあらゆる知識、書名、人名、地名、が登場し交錯する。ボルヘスは図書館に住みこんで、世界中の書物を読みすぎたおかげで、盲目になってしまう。

答えが「宇宙」となるようにしくまれた謎は、「宇宙」という言葉以外のすべてを包含することができる。つまり無限に宇宙に近づく。バイブルは本質的に謎なのだから、無限に読まれるのだ。

しかし謎をとくことは破局につながる。謎をといたとき、その人は殺人を犯すか自殺するかのどちらかを選ばねばならない。過去と未来とを集約した謎——オイディプスの神話あるいはハムレットの悲劇。

ある語り手の物語——裏切り者についての物語が、「誰がロビンを殺したか」という謎になり、語り手自身が裏切り者であることが明らかとなる。円環が閉じるときは最後の審判である。推理小説の真の殺人者は、小説そのものだ。

破局が謎の解明を無効にするため、謎は場所をかえて反復する。謎は答えと背中あわせに常に存在する。「鏡と性交は、人間の数をふやすがゆえに忌まわしいものだ」無限に読まれ続ける謎、答えに限りなく近づく謎、つまり謎は、常に近似的な、答えである。「皮膚の上のしみは清廉な星座の地図である」

ここにおいて謎は自己自身の円環を閉ざす。謎の対立項は、答えではない。謎のしくみそのものだ。「秘密は神聖だがどこか滑稽でもある」

ぼくらは迷宮の出口を探すのではなく、迷宮のしくみを知らねばならない。

「ただ一本の直線でできた迷路」……。

《かけはなれた地点にあるものとの対話》

7 ロジェ・カイヨワの対角線の科学
——カイヨワ、ブルトン、バタイユ、デュルケーム、モース

とおくはなれた地点にあるものを対角線でむすんで対話させる、これがフランスの社会学者ロジェ・カイヨワの提唱する「対角線の科学」だ。

たとえばウスバカマキリには、交尾中にメスがオスを食べてしまう習性がある。人間の神話のなかにも、「歯のはえた膣」をもつ女の話、交わりのときに男が女に食われたり食われかかる話がある。カイヨワは二四歳のとき、この見かけだけかもしれない類似に着目して、両者のあいだに一定の関係を打ちたてようと試みた。これが、昆虫学と民族学・神話学とを対角線でむすんで直接対話させる「対角線の科学」の出発となった。こういう有歯ヴァギナとか食人とかいう異常な神話がどうしてできたのか。レヴィ＝ストロースの『野生の思考』などでは、この神話は集団の平衡を保つための婚姻のタブー、食物のタブーをあらわすものとされている。けれども、人類学者のこのようなクールな解釈とちがって、カイヨワの関心はもっとホットであり、神話を生みださずにはいられなかった人間の内面的な衝動までを知ろうとする。人間もカマキリと同一の自然の力、本能に支配されている。ただカマキリはその本能を直接行動であらわすが、人間はその食人本能をあの異常

な神話のかたちに間接表現したのだ、ということがはじめて証明されることになった。

　おなじようにしてカイヨワは、昆虫の擬態と人間の変装・変身・仮面・モードとのあいだを、蝶の翅の紋様や大理石（画像石）の模様と画家のえがく絵とのあいだを、また未開社会の祭と現代の戦争とのあいだを、対角線でむすんで、そこに共通してはたらいている《遊び》や《聖なるもの》の力を解明していく。蝶の翅があれほどに精緻で華麗な幾何学的紋様をもつことは、たんに生存上の理由からでは説明ができない。防衛のための残像色ということなら、強烈な色があれば十分で紋様はいらないはずではないか。これを説明できるのは、有用性の原則ではなく、自然の「浪費」原則とでもいうべきものだけである。廃墟《ルイン》・大理石《マーブル》と呼ばれる自然石の模様は、まるで塔や建物のならんだ廃墟の都市のパノラマそっくりになっていて、そのままでも美術館に陳列される資格がある。実際一九世紀に、中国のアーティストたちはこの石に題と署名をほどこして作品としてあつかった。のちにマルセル・デュシャンが、便器に署名をくわえて作品として出品したことの先例となったのだ。

　自然も人間の画家と同様、あるいはそれ以上に巧妙に絵をえがくというカイヨワの主張は、人間もまた自然の一部だという彼の根源的な考えかたからきている。この立場からすれば、自然科学であれ人文科学であれ、学問がそれぞれの専門の枠のなかに分類されてしまっているということは、はなはだ窮屈なことである。コウモリと鳥とを同一にあつかうことは、いまの動物分類学の観点からすれば笑うべきことがらだ。しかし別の基準、たとえば翼の機能を研究するためには、おなじ「羽族」としてコウモリと鳥とを出会わせなければならなくなる。そしてこの出会いは、隣接する諸科学の分類の仕切りを飛びこえて、かけはなれた分野のものどうしが対話する「対角線の科学」によってはじめて可能となる。〝対角線《ディアゴナル》〟というフランス語の単語は斜めに横切ることを意味し、また〝斜め読み〟つまり飛ばし読みという場合にもつかわれる言葉なのだ。

バタイユの〝至高者〟とカイヨワの目まい

カイヨワの発想は、異質なものの思いがけない組みあわせによって芸術的な効果をあらわすシュルレアリスムの手法とどこか似ている。人間の本能や遊びや超現実的なものへの興味という点でも共通するものがある。事実一九歳のときカイヨワはシュルレアリスムのグループに加盟している。しかし、超現実的な体験をしてもカイヨワはシュルレアリストのようにその神秘な感動にとどまることをせず、あくまで合理的な解明をめざす性格だったのでやがてこのグループから脱退してしまう。このとき彼がアンドレ・ブルトンに送った手紙は、カイヨワの思考がのちにたどる方向性をよくあらわしている。

「子供のころ、私はどんなおもちゃでも遊ぶことができませんでした。「内部はどうなっているのか、どうして動くのか」を知ろうとして、いつも必ずなかを開けたり分解したりしてしまったからです」

このあとカイヨワは、やはりシュルレアリスムからはなれたジョルジュ・バタイユやミシェル・レリスらと「社会学研究会」をつくって、フランス社会学の祖であるエミール・デュルケームやマルセル・モースを研究した。『人間と聖なるもの』『遊びと人間』『戦争論』『蛸』等々、多彩なテーマをあつかう著作群はこのときの研究会での成果が展開されたものと考えられる。この研究会で一緒だったJ・バタイユも死や祭やエロチシズムや戦争といった異常なテーマを好んであつかい、カイヨワと同様に、自然の「浪費(蕩尽)」原則という視点をうちだしているけれども、ふたりは決定的な点でちがう。ふたりともこれらのテーマに共通する「聖なるもの」に注目し、それが人間を引きつけてやまない魅力をもつと同時にひとを恐怖におとしいれる畏怖の対象でもあることを知っている。バタイユはこの聖なるもののもつ強烈な陶酔のなかに身を投じ、その高まりのなかで一瞬にして自己を消尽しつくす「至高者」になろうとする。

カイヨワはこれと似た異常な体験を「目まい」という言葉で表現するのだが、しかし彼は、蛾がその本能にしたがって燃えさかる火のなかに身を投じるようなことはしない。一瞬の目まいを体験しながらそれと理性的な距離をとるのだ。対象とのあいだに距離がとれるということは、自由を失わないということでもある。対角線の思考は、どんなに異常で理解を絶すると思われるような事象にたいしても、理性を手ばなすことをせず、そこに隠されている自然との合理的なルートを見つけだそうとする。

宇宙の基本原理としての「反対称」

この対角線の科学がうみだした最大規模の成果を紹介しておこう。それは「反対称」と呼ばれる宇宙の基本原理だ。人間の脳の両半球のはたらきのちがいから、極微の素粒子の世界における反物質の存在までをつらぬくこの反対称の原理こそは、熱力学の法則をおぎなうもうひとつの原理、宇宙の進化と人間の自由とを説明しうる基本原理なのだ。

この地球は太陽を熱源として大気外の宇宙空間を冷却器とする巨大な火力機関であって、もろもろの大気現象はほとんどみなこの機関のシリンダ内でおこっている。だから太陽という熱源が冷えて宇宙空間とおなじ温度になれば地球も死滅する――「宇宙のエントロピーは極大にむかってつきすすむ」とトムソンによって定式化されたこの熱力学第二法則、またの名をエントロピーの増大法則は、地球の終末の予告として名高い。

一方の熱力学の第二法則は閉じられた系ではたらき、他方の進化の法則は生命を有する開かれた系でのみ有効だ。だからこの物理学の法則と、生物学の法則とのどちらをも同時に認めることはできない。生物もまた太陽系という物理的な世界のなかでしか生きられない存在だからだ。

カイヨワはこの矛盾を解決すべく、物理の世界と生物の世界とを対角線でむすんで対話をさせ、その両方にひとしくはたらく共通の原理を発見した。生命をもたない未分化な物質からはじめて、生命をもつ高度な生物になるほど対称性が破れ、反対称が段階的に出現してくることにカイヨワは着目した。そして各段階で対称性が破壊され、反対称が出現するたびに物質はあたらしい特性を獲得している。これをカイヨワは「対称・反対称の弁証法」と呼ぶ。

素粒子の段階にも反対称が確認されている。粒子がつくられるときには、必ずそれと対になる反粒子がつくられる。粒子と反粒子とは質量が同じで特性が反対になっている。このほかにも物理学の世界では、いろんな分野で反対称が発見され、新しい問題をなげかけている。

生物のなかでも下等なもの（たとえば放散虫類・太陽虫類）は、球にちかい対称構造をもっている。つまり理論上無限数の対称面をもつわけだ。ところがウニの殻、クラゲのかさ、花のがくや花冠等になると上下の対称が失われてくる。これは重力あるいは栄養摂取の必要によるものだ。ただしかれらは平面上（二次元空間）では星形の対称を保ちつづけている。そして最後に脊椎動物、節足動物、およびラン科の植物の花にいたると前後の対称をうしない、左右の対称だけが残される。しかもこの左右の対称は特殊な対称である。それは回転による対称ではなく、反射によるものなので、鏡にうつった像にたいするときと同様、同一空間内ではかさねあわせることができない。

このように極微の物質から高等生物にいたるまで、対称によって秩序がうまれ、反対称がこの秩序を破壊してあたらしい特性、あたらしい秩序をうみだしていくという弁証法的な進行をみとめることができる。カイヨワは、対称―反対称の弁証法的な対が、段階をおってくりかえしたちあらわれつつ高等生物にまでいたるこの全過程を、ひとつの周期律表に書き並べることができるという。ただしメンデレーエフの元素の周期律表は格子状のかたちをしているのだが、カイヨワの周期律表は巻き貝のかたちに似たうず巻き状をしている。彼の考える弁証法にふさわしく、それは単純な物質を出発点にして次第にラセンの輪を大きくしていくうず巻きの周期律なのだ。

このようにみてくると、カイヨワの進化論とは、対称の束縛から解放されるにつれて生物は自由を獲得していく、という「反対称の進化論」であるということがわかる。高等生物の左右の対称の内部にも進化はあり、最も進化した動物での左右の対称は外側の輪郭と骨格だけで、内臓の位置はこの対称性をまぬがれている。そして、人間はこの左右の対称という限界をも越えでた生物なのだ。サルは一様に両利きなのだが、人間の絶対多数は右利きであって、もはや右手・左手の対称は見かけだけのものにすぎなくなっている。このような反対称は他の動物には存在しない。

対称―反対称の弁証法は人間の社会や文化にも適用され、秩序―破壊、禁止―違反、日常生活―祭、芸術における規則性―意外性、など多様な領域の問題を共通の視点から理解することを可能にしてくれる。夢・神話・祭・戦争など、日常の秩序をこえるものをあつかったカイヨワのこれまでの研究は、実は人間界における反対称の研究だったのだ、とここまでみてくれれば位置づけることが可能になるはずだ。そして、人間はあまりにも反対称に傾いてしまったので、ときどき平衡感覚の狂い、「目まい」を経験しなければならなくなった。精神異常も戦争もその一例だ。反対称は革新の活力だが同時に危険をあわせもっている。カイヨワが人間に固有の反対称としてとくに注目するのは、想像力の世界だ。想像力は現実の世界にたいする反対称であるといえる。しかしこの想像力の世界にもまた、特有の対称─反対称の弁証法はたらいている。固有の危険をもあわせもったこの弁証法のはたらきにたいして、カイヨワがいかに理知的で慎重な態度をとっているかは、注意ぶかく読むなら、彼の社会学的な研究のなかにも見つけることができる。

なぜ人間には右利きが多いのだろう、といった単純な疑問も、カイヨワの思考の対角線のうえにおくと、とおくかけはなれた地点にあるものをむすびつける思いがけない発見のための鍵になった。「対角線の科学」の発想をまなびとりたいひとのために数ある彼の著作のなかからたった一冊だけをあげるとすれば、『反対称』(思索社)が最適だということもつけくわえておこう。

《かけはなれた地点にあるものとの対話》

8 知のいたずら者たちのトリックスター思考
――バフチン、寺山修司、チャップリン、キートン、山口昌男

黒板ふきを教室の扉の上にはさんでおいて、しらずにはいってきた先生が頭から白墨の粉をかぶって大あわて――こんないたずらを小学生のときにはやったものだ。たいていは失敗してゲンコツの火花が散るのだが、それでもこりずに、いたずらはさらにエスカレートしていく。

このようないたずら者が文化的に活躍するとき、世界は劇場となる。神話においてその役割をになうのが《トリックスター》だ。彼は共同体のアウトサイダーで、共同体が不活発になって、沈滞したり衰弱したり、危機におちいったりしたとき、どんちゃん騒ぎを引きおこし、哄笑の渦を巻きおこして、共同体を再生させる。

日本の民俗にも、冬から春になるとき、このような異形のものがあらわれて次の季節を用意するという信仰が残っている。そういえば、太陽神・アマテラスが岩戸に隠れてしまって世界が真暗闇になったとき、タルのうえでストリップ・ショーをやって神々を大笑いさせ、太陽をふたたび復活させたアメノウズメノミコト（『古事記』）が、日本ではトリックスターの元祖格だ。

ギリシャ神話では、神の世界から火を盗んできて、人間の世界に文明をもたらしたプロメテウスがいる。それのヴァリエーションのようにして、童話のなかには、天上の世界から金の卵をうむニワトリを盗みだしてくる「ジャックと豆の木」のジャックなど、この種の文化的ヒーローが数多く登場する。つまりトリックスターとは、神の世（あの世）と人の世（この世）、天上と地上、聖と俗、とをつなぐ、「媒介するもの」なのだ。

よく時代劇などに、「キッカケの伴次」なる妙ちきりんな人物が出てくる。彼があらわれると必ず何か事件がおきて大騒動になる。彼は物語の進行をキッカケづけるプロモーター、いわば「筋の運び屋」なのだ。

文学や演劇に登場する道化もトリックスターの類型だ。彼らは常に、ふたつの異なった世界（虚偽と正義、光と闇、生と死、日常と非日常、中心と周辺など）とつながりをもっている。そして、惰性化して盲目になっている日常生活者たちに、ショックと歓喜と覚醒をもたらす。シェークスピアの『リア王』では、王のヘンクツのため末娘が不幸になったとき、道化師が王のまぬけさ加減をさんざんに嘲笑したもじり歌をうたって、王自身に、その精神的盲目をさとらせようとしている。寺山修司さんの演劇活動も、町を歩いているひとや家にいるひとたちに突然話しかけてショックをあたえ、世界は本来的に劇場なのだと告げ知らせることを狙ったものだ。

人類学の山口昌男さんは、これらの文化的いたずら者たち（アルレッキーノ、ヘルメス、ヘラクレス、クリシュナ、エシュ——アフリカの神、トリックスター）を、ロシア・フォルマリズムの《異化《オストラネーニエ》》という用語をつかって説明している。要するに事物やイメージを日常的な文脈から切り離すことによって、その意味を転換し、読者（観客）に不意打ちをくらわす芸術上の手法のことだ。

山口さんのあげる道化たちは、性道徳、経済道徳、社会道徳を侵犯する秩序の撹乱者であると同時に、富や知をもたらす英雄でもある。道化はふたつの世界の境界にいるため、社会があたらしい要素の出現によって危機になったとき、その適応をたすけることができるのだ。

また、道化には祝祭（カーニバル）とドタバタがつきものだ。バフチンというロシアの批評家は、この、道化というカーニバル的形式を、《非公式の言語》という用語で解説している。これも要するに、ふだん眠っている潜在力（欲望、権力意志、平等、等）を目に見えるようにするパロディ的表現のことだ——「尿と糞は宇宙的な恐怖を、陽気なカーニバル的怪物に変えてしまう」（バフチン）。

有名なローマの謝肉祭《カーニバル》については、ゲーテの『イタリア紀行』やアンデルセンの『即興詩人』が詳細な報告をしてくれている。それらの本には、仮面をつけ仮装して俳優と観客の区別なく、すべてのひとが演戯に興じるコルソーの大通りのありさま、コンフェッティと呼ばれる砂糖粒・紙つぶてをだれかれの見さかいなく投げあう遊び、手にもったローソクの火を互いに消しあい、子どもが父に「お父さん、殺されてしまえ！」、親友どうし、「殺されてしまえ！」、公爵夫人や坊さんにむかっては、「公爵夫人、殺されてしまえ！」「女を可愛がる坊さん、殺されてしまえ！」とののしりあうモッコリ、など、ふだんの秩序が完全にひっくりかえされるどんちゃん騒ぎが、カーニバルの中心として、生き生きと描かれている。誕生と死、上と下、勝利と敗北、光と闇、青年と老年、賞讃と罵倒、意味と無意味、秩序と無秩序、男と女、――これらの対立がとりはらわれ、両面価値的な世界がそこにはあらわれる。共同体がいったん死んでふたたび生き生きと再生するという、これは「死と再生」の儀礼なのだ。民衆の文化がもっている猥雑さのエネルギーは、実はこのような豊かな意味をもつものだ。

ピエロがさか立ちするのも、上と下とを逆さまにする裏返し行為で公式的なものを笑いのめすわけだ。バスター・キートンやチャップリンの映画の道化的しくじりやアクロバットやドタバタが、どうしてあんなに面白いのか、その理由がわかってくれたことと思う。

山口さんのトリックスター論は、ロシア・フォルマリストのヴィクトル・シクロフスキーが理論化した「異化」の概念を根底にすえ、「祝祭」とか「中心と周縁」とか「転換・交換」といったキーワードを仕掛けて、旺盛に日本の思想界を活性化させている。異化の概念が、詩や小説、グロテスク演劇やモンタージュ映画など、芸術やスペクタクルの領域ばかりでなく、複雑な現実に新しい解釈をもたらす知の手法でもあることを、山口さんの文章から確認しておこう（「文化記号論研究における『異化』の概念」）。そして、山口さん自身が、そのトリックスター的な知のひろがりを、言語学、文化人類学、社会学、現象学などの分野にまで通底させた一枚の表にまとめてくれているので、参考にしてほしい。

シュッツが、ある一つの「現実」の領域から他の領域への移行を「衝撃《ショック》」「飛躍《リープ》」という言葉を用いて説明したとすれば、フォルマリスト達は、同じことを「異化」の効果として説明する。

さらに、機械化は、シュッツの現象学では「沈澱化《セディメンテーション》」の概念により説明される。しかし、シュッツは至高（優位のレヴェル）の現実を無視しているわけではない。彼は、「既知のもの」と「未知のもの」の相互作用のもたらすダイナミズムに注目し、「未知なもの」を「周縁性」の領域と呼ぶことを提唱する。この「周縁性」の考えは、ピーター・バーガーとトマス・ルックマンの共著になる『現実の社会的構成』の中でさらに展開されている。彼らは、この周縁的現実と中心的現実がたえず対立することにより、現実の内包する活気あふれる緊張関係が維持されるとして、この周縁性の考えを重んじた。この「中心性」と「周縁性」の対立関係は、記号論の説く二項対立の出発点とされる「徴《しるし》なし」と「徴つき」の対立関係に始まる、我々が今まで見てきた、一連の緊張関係と重なるものである。

ソシュール	言語（ラング）	ことば（パロール）
象徴主義者（マラルメ）	伝達的	詩的
B・デ・クルテネ	言語における意識	言語における無意識
ヤコブソン	伝達の言語	詩的言語
シクロフスキー	自動化	異化
ムカジョフスキー他	自動化	活性化
レヴィ＝ストロース	文化	自然（ブリコラージュ・仲介）
R・バスティード	――	短絡思考
トルベツコイ＝ヤコブソン	徴なし	徴つき
V・ターナー	構造（規範の共同体）	コミュニタス（過渡性）
E・リーチ	X（法的強制）	Y（神秘的影響力）
ケネス・バーク	能率	非能率（まわり道）
P・バーガー }	定着（ステートメント）	逆定言（カウンター・ステートメント）
T・ルックマン }	中心	周縁

社会は常にこうした潜在している対立項を顕在化させる。このような二項対立関係の適用範囲は、基本概念から社会区分にまで及ぶものであり、最も顕著な例は「社会内の仲間《イン・グループ》」と異人《ストレンジャー》ないし潜在的敵の形で現われる。「異人」は常に「自然＝反秩序」として「徴つき」の領域に属しており、絶え間なく「秩序」に脅威を与える。「中心」の「秩序」が「差別」し「排除」する仕方が、即ちいかに人々が秩序の中に組み込まれていくかを決定する。秩序に組み込まれることを拒む者は、周辺にとどまり、自ら否定項となることによって、文化の中心を生気づける。文化の「生気づけ」の役割を潜在的に果たす限り、否定項は社会の色々な要素として顕在化し、美的機能に対し豊富なイメージを提供するのである。

このように山口さんのトリックスター思考は、融通無礙《ゆうずうむげ》な普遍性をもつものだ。その方法は、理論的には秩序と無秩序、中心と周縁など二項対立によって対象を論じる二元弁証法、芸術上は異化の手法、学問論としてはパラダイムの転換論、レトリックのうえでは異質なものどうしを出会わせるメタファー（隠喩）の手法、というようにまとめることができるだろう。メタファーが科学的思考における「モデル」にちかいものであることを、山口さん自身が示唆してもいる（『現代思想』一九八一、五月号）。

ぼくらが知的トレーニングを通じてめざしているのも、ひとつには、このようなトリックスター的知のスタイルなのだといっていい。危機におちいった文化や硬直して身うごきのとれなくなった思考に、ショックをあたえ、価値観を引っくり返し、いたずらによって文化と思考に活性をとりもどす、——トリックスター思考とは文化の賦活剤なのだ。インチキやまがいものや嘘やしくじりや言葉遊びは、くそまじめな学者先生にはきらわれるものだけれど、これらの《いたずら》行為が、ぼくらの文化と思考にとってかけがえのない大切な再生装置（タネとシカケ）なのだということを、了解しておこう。

トリックスター思考についてさらにくわしく知りたいひとは、山口昌男さんの『道化の民俗学』（新潮社）、『歴史・祝祭・神話』（中公文庫）、『文化と両義性』（岩波書店）、を読むといいと思う（上記三書は、その後岩波現代文庫に収録）。山口さんの所説は、トリックスター的な知のありかたを、本来の「知識人」のあるべき姿と考える、一種の「知識人論」ではないかと、ぼくはかねがね考えている。

それから、カーニバル的形式が文化や思考について果たす役割については、ミハイル・バフチンの『ドストエフスキー論』（冬樹社）と『フランソワ・ラブレーの作品と中世・ルネッサンスの民衆文化』がとても参考になる。

コラム❺　人間は文学的動物？

フーコーといえば権力、権力といえばフーコーが連想されるほど、彼の権力論はよく知られている。けれども、フーコーが「権力」という言葉で何を言わんとしていたかは十分に理解されていないのではないだろうか。廣瀬浩司氏によれば、権力とは人間がもつ可動域を限定するものだ。つまり、人間にはさまざまな自由がある。だが、「これをしてはならない」とか「これをしたほうがいい」などと言って、私たちがもっている可能性をせばめ、一定の方向を向くように仕向けるもの、これが権力なのだと（『後期フーコー』）。この指摘は、ぼくらに、権力＝悪みたいな単純な理解を刷新するよう要請しているのだと受けとめたい。

話はそれだけにとどまらない。フーコーと同じフランスの思想家ジャック・ランシエールは、とあるインタビューで人間を「文学的動物」だと評する（『感性的なもののパルタージュ』）。「文学的動物」とは簡単に言えば、人間はある目的へと一直線に進むように強いられたとしても、そこから絶えず逸脱しようとする生き物である、ということだ。子どもの頃を思い起こせば、誰でもピンとくるだろう。ダメと言われたらやりたくなる、やれと言われたらやりたくなくなるのが人間なのだ。ランシエールにとって、文学とは目的からの逸脱であり、そこにこそ文学の創造性がある。所与として与えられた枠組み（＝権力）の網の目をどうかいくぐり、どのような線を引き直すか。それこそが、人間の本性である、創造性そのものなのだ。

文庫版あとがき

まずは、本書の来歴から。

本書の先駆けとなったのは、一九七九年、月刊誌『宝島』七月号（JICC出版局）に掲載された特集「知的トレイニングの技術」（一〇〇ページ特集──企画・執筆＝花村太郎）だった。

翌一九八〇年四月、これに本文を加筆し、別著者によるコラムを加えて、別冊宝島⑰『知的トレーニングの技術（決定版）』が刊行された。

その後、さらに本文を加筆して、一九八二年三月、同出版局から単行本で『知的トレーニングの技術』が刊行された。別冊版でのコラムは割愛されている。

今回の文庫化にあたっては、右の単行本をもとにしたが、総ページ数の都合等で割愛・統合した章節や、出典情報等の補正をほどこした個所がある（補筆個所は〔　〕で示した）。ただし、内容上の変更はほとんど加えていない（というより加えられなかった）。また、新たに過去と現在をつなぐ視点から幾つかのコラムを挿入した。

三〇歳そこその若書きのもので、時代の制約も受けており、三〇年以上経たいま再び書物になる価値があるかどうかはぼくの判断を超えるけれど、ここで「独学」という言葉を改めて想起しておきたい。ある時期、ほとんど死語のようになっていた独学が、いま新しい意味を帯びて再生してきたという認識がぼくにはあるからだ。

ことに、別冊版の「あとがき」にはそのときもいまも変わらぬぼくの心情が吐露されているので、そのまま再掲させていただく。

高校に入学した頃、たくさんの教科を目の前にして、こんなに勉強しなければオトナになれないのかと、暗い絶望感にとらわれた記憶が残っている。知るべき世界の大きさにくらべて、そのときぼくという個人がなんとちっぽけにみえたことだろう。でも同時に、毎日まじめに授業を聞いて、それらの科目をこなしていったとしても、やっぱり世界は自分のこの手に握れるようにはならないのではないか、『車輪の下』に出てくる少年・ハンスのように、学校体制に圧殺されてしまうだけじゃないか、というもっと暗い予感もぼくにはあった。どこかでこの敷かれたレールを断ち切らなくてはという焦慮から、ぼくは、高二の頃、自分なりに世界の知を獲得するための素朴なカリキュラムをつくって、それにあわせて読書計画をたて、独学の体制にはいった。学校生活は、出席日数の不足で、進級会議や卒業会議に引っかかるようなみじめで孤独なものだったけれど、それでもその後の大学生活も含めて、相変らず独学の姿勢は変えなかった。独学の覚悟を決めてしまうと不思議なもので、学校の授業でもまともなものとそうでないのとが見分けられるようになった。ひろく雑学もできるし、興味のある分野は突っこんでやれる。

しかし、独学には落とし穴もある。散発的な読書や自分勝手な専門学習は、徹底して方法的な、しんどくて遠まわりなトレーニングを回避させる危険ももつ。自分への甘えだ。ハデな知的流行を追う俗悪なジャーナリズム根性にも感染しやすい。

そんなあぶなっかしいぼくの生き方に、もちろん独学を前提にした、しかしきびしく本格的な、トレーニングの方法を教えてくれた師――O先生がいる。O先生は、書物と世界と人生の読みかたについて、ぼくはO先生から手ほどきをうけた。漱石が尊敬したケーベル先生のように、世の注目を浴びることを好まない。それで不肖の弟子であるぼくも、この場を借りて、ひそかに師にたいして謝辞を述べたいと思う。

最後に、石井編集長と、迷惑のかけどおしだった編集部の綾尾さん、それから、「発想法カタログ」を手伝ってくれたぼくの弟、にアリガトウといいたい。（花村太郎）

まだ「不登校」という言葉もない時代のこと、高校が「準義務教育」と言われはじめた頃のことでもある。義務教育は「教育を受ける権利」のためのものだと言われる。けれどもこれは、学校に行きたくない子どもにも学校に行かせねばならない義務を親が負う、ということでもある。なにか根本的な無理がここにはありそうだ。

その無理がいろんな病理現象になり、逆にまたクリエイティブな運動にもなって現れている。学校という制度に依存しない学校づくりは、時代の転換期に生じるもののようで、本書のあと、学生のほうが師を選ぶ「みえない大学本舗」という自主的な聴講の運動が始まり、トレーニングを個人のものと考えていたぼくは、こうした組織的な動きに感心したことがある。これを主宰した浅羽通明氏がのちに『思想の科学』で独学論を展開していた。そして現在、「町をキャンパスに」をキャッチフレーズに、受けたい、教えたい講義や演習を自分たちが企画して町の各所で実現させていく「シブヤ大学」のような学習組織が各地に生まれている。いずれの場合にも、知をひとごとでなく「自分ごと」と主体化してとらえる「独学」の姿勢が前提にある。

これと関連して本書原稿が二〇〇字原稿用紙に手書きされた一九八〇年前後には、まだ今日のような「パソコン」は登場していなかった。コンピュータとインターネットの普及は、一九九五年のウィンドウズ95の登場以降急速に進んで、そしてまた外部記憶装置の記憶容量の飛躍的な増大によって、本書で問題にしたノートかカードかみたいな議論を技術的には解決してしまった。高速に回転するハードディスクは、ノートのもつ体系性・構築性とカードのもつ断片性・即興性という両極の需要をふたつながら充たすようになったからだ。

また、現在の情報環境も、かえって「独学」を可能にする条件を整えてくれている。図書館やミュージアムでは資料のデジタル化が前倒しで進んでいて、インターネットを通じてアーカイブ資料にアクセスできる。本を借りるにも、相互貸借など図書館どうしの連携で、地域図書館が格段に使いやすくなっている。かつての写本時代のようにオリジナルのある現場へ出むかなくても、資料のほうからこちらへ近づいてきてくれ、画像データを高倍率で見ることもできる。大学も講義や資料を諸種の方法で公開するようになった。新刊本・新刊雑誌の電子書籍版や学会誌の学術論文にアクセスすること、古典となった書物を「青空文庫」や「プロジェクト・グーテンベルク」で読むこと、こうした新旧の情報取得がしやすくなった。かつて図書館や研究室のなかの調べもので、開いたままの本がうずたかく重なっていく光景がみられたものだが、検索とリンクというスマートな操作がこれを一変させてしまった。

もちろん、こうした技術的条件の成熟は、使う側の思想があってこそ有効になるものであって、例えば、インターネット検索の便利さは、検索語を思いつく知恵、そのもとになる問いを発する力に支えられて威力を発揮するものだ。回答の不在、問いそのものの不在に何度も接するうちにインターネットの宇宙には限界があることを思い知らされる——そんな経験をしていると、知が拡大すれば未知（無知）がさらに拡大するという古代の賢者のような思いを味わうことになるはずだ。それにまた、検索で得られたデータを読みとり、評価する能力は依然として意味の世界のリテラシーに属するものであって、ビット計算の世界のものではない。サイトからサイトへのサーフィンが帰り道を失う自己喪失にならないよう警戒しよう。

単行本が出た直後、フランスの社会学者ジャン・ボードリヤールを招くシンポジウムの準備をしていたころ、あるスタッフが、「あんたの本のことを山口昌男さんがほめていたよ」というので、『月刊言語』の山口さんの対話風の時評をみると、今後の記号論は？と問われて、大学の記号論にはあまり希望がもてない、「ところが、読者には記号論を、想像力の拡大のための知的技術として使おうとする傾向が顕著に現われている。このあたりが日本の記号論の望みですね」と答えた後で、「花村太郎という人の『知的トレーニングの技術』（JICC出版）などは、そういった読者の側からの記号論への関心を集約的に代弁しているといえます。いわゆる研究者の紹介する記号論などというのを余り額面通りに取らないで、自分達の記号論をどんどん展開して行こうとする姿勢があの本の中に現われていて清々しい」（『笑いと逸脱』所収）と書かれていた。

実は後で読み返してのことだけれど、これはアカデミズムとの距離や違和感をしばしば表明する山口さんらしい連帯の評言だったのだと改めて気づいた。記号論に限らず、既成の考え方、生き方を絶対視せず、もっと別の考え方、生き方の可能性はないかと探ること、振幅をひろげて選択の自由を確保することを、本書ではいろんなテーマで探求しているが、これは山口さんの「逸脱」的な知のありかたと通じるものだ。適応を説くだけの人生論はつまらない。

『宝島』の特集で「セルフ・エデュケーション」のテーマを扱いたい、と編集長の石井慎二さん(故人)から依頼されたのが本書の始まりだ。打合せのとき石井さんが語った出版の構想は、アカデミズムの世界の躍動を一般の世界に伝えていくこと、同時に、学校教育に依存しないオルタナティブな知のありかたを提示するという内容だったと思う。本書のスタイルについても、「大学の教養課程くらいのレベルを対象に」「一歩先でなく半歩先を行くように」「教師や親でなく先輩や兄貴のような語り口で」など親切な先輩のようなアドヴァイスをくれた。

今世紀に入って、大学の文学部が次々と改組や消滅を迎える時代、なにかと「資格」の取得を大学が売りにしていく時代になって、「人文知の退潮」ということを感じていたぼくに、石井さんは、「いま人文学ほど面白いものはないじゃないか、歴史学がとくに面白い」と言って、いつものように熱っぽく企画の話にもっていった。人文知のあるべき姿への確信と期待が感じられてぼくには励ましになった。石井さんが病にはいる二〇〇六年のことで、それが石井さんとの最後になった。

ぼくは数年前から、NPO活動も兼ねて、地域のひとたちと「源氏物語カフェ」「仏典カフェ」という気の長い輪読会をひらいている。参加者の年齢は高い。そのためか、学校の教室では予想できなかったような問いや応答や感想が出る。千年前、二千年前のテクストと交信する仕方がいろいろ考えられて楽しい。また、「ガード下学会」や「南信州フォーラム」という無定型のグループに加わり、変容する都市を歩き、限界集落をかかえる地域の人々と交流することを続けている。時間や空間を超えた「知の交流」がこれからのぼくの課題だ。

昨年、筑摩書房のちくま学芸文庫編集部の田所健太郎さんから手紙があり、文庫化の話が進められた。昨今盛行の自己啓発本とは対極にあるものと位置づけ、本人には手を出せないような精緻なスリム化をはかってくださった。深甚の謝意を表したい。

二〇一五年　七月

著　者

本書は、一九八〇年四月、ＪＩＣＣ出版局より『知的トレーニングの技術（決定版）』（「別冊宝島」一七）として刊行され、一九八二年三月、『知的トレーニングの技術』として単行本化された。文庫化に際しては、単行本版を再編集し、一部改訂を施した上で、副題を追加した。

倫理と無限
エマニュエル・レヴィナス
西山雄二 訳
自らの思想の形成と発展を、代表的著作にふれながら語ったインタビュー。平易な語り口で、自身によるレヴィナス思想の解説とも言える魅力的な一冊。

黙示録論
D・H・ロレンス
福田恆存 訳
抑圧が生んだ歪んだ自尊と復讐の書「黙示録」を読みとき、現代人が他者を愛することの困難とその克服を切実に問うた20世紀の名著。（髙橋英夫）

考える力をつける哲学問題集
スティーブン・ロー
中山元 訳
宇宙はどうなっているのか？　心とは何か？　遺伝子操作は許されるのか？　多彩な問いを通し、「哲学する」技術と魅力を堪能できる対話集。

プラグマティズムの帰結
リチャード・ローティ
室井尚ほか 訳
真理への到達という認識論的欲求と、その呪縛からの脱却を模索したプラグマティズムの系譜。その戦いを経て、哲学に何ができるのか？　鋭く迫る！

知性の正しい導き方
ジョン・ロック
下川潔 訳
自分の頭で考えることはなぜ難しく、どうすればその困難を克服できるのか。近代を代表する思想家が、誰にでも実践可能な道筋を具体的に伝授する。

ニーチェを知る事典
渡邊二郎
西尾幹二 編
50人以上の錚々たる執筆者による「読むニーチェ事典」。彼の思想の深淵と多面的世界を様々な角度から描き出す。巻末に読書案内（清水真木）を増補。

概念と歴史がわかる
西洋哲学小事典
生松敬三／木田元／伊東俊太郎／岩田靖夫 編
各分野を代表する大物が解説する、ホンモノかつコンパクトな哲学事典。教養を身につけたい人、議論したい人、レポート執筆時に必携の便利な一冊！

命題コレクション　哲学
坂部恵
加藤尚武 編
ソクラテスからデリダまで古今の哲学者52名の思想について、日本の研究者がひとつの言葉（命題）を引用しながら丁寧に解説する。

命題コレクション　社会学
作田啓一
井上俊 編
社会学の生命がかよう具体的な内容を、各分野の第一人者が簡潔かつ読んで面白い48の命題の形で提示した、定評ある社会学辞典。（近森高明）

英語の発想　安西徹雄

直訳から意訳への変換ポイントは、根本的な発想の転換にこそ求められる。英語と日本語の感じ方、認識パターンの違いを明らかにする翻訳読本。

英文読解術　安西徹雄

単なる英文解釈から抜け出すコツとは？　名コラムニストの作品をテキストに、読解の具体的な秘訣と要点を懇切詳細に教授する、力のつく一冊。

〈英文法〉を考える　池上嘉彦

文法を身につけることとコミュニケーションのレベルでの正しい運用の間のミッシング・リンクを、認知言語学の視点から繋ぐ。（西村義樹）

日本語と日本語論　池上嘉彦

認知言語学の第一人者が洞察する、日本語の本質。既存の日本語論のあり方を整理し、言語類型論の立場から再検討する。（野村益寛）

文章表現　四〇〇字からのレッスン　梅田卓夫

誰が読んでもわかりやすいが自分にしか書けない、そんな文章を書こう。発想を形にする方法、〈メモ〉の利用法、体験的に作品を作り上げる表現の実践書。

レポートの組み立て方　木下是雄

正しいレポートを作るにはどうすべきか。『理科系の作文技術』で話題を呼んだ著者が、豊富な具体例をもとに、そのノウハウをわかりやすく説く。

深く「読む」技術　今野雅方

「点が取れる」ことと「読める」ことは、実はまったく別。ではどうすれば「読める」のか？　読解力を培い自分で考える力を磨くための徹底訓練講座。

どうして英語が使えない？　酒井邦秀

『でる単』と『７００選』で大学には合格した。でも、少しも英語ができるようにならなかった「あなた」へ。学校英語の害毒を洗い流すための処方箋。

快読100万語！ペーパーバックへの道　酒井邦秀

辞書はひかない！　わからない語はとばす！　すぐ読めるやさしい本をたくさん読めば、ホンモノの英語が自然に身につく。奇跡をよぶ実践講座。

「伝える」ことと「伝わる」こと　中井久夫

精神が解体の危機に瀕した時、それを食い止めるのが妄想である。解体か、分裂か。その時、精神はよりましな方として分裂を選ぶ。（江口重幸）

私の「本の世界」　中井久夫

精神医学関連書籍の解説、『みすず』等に掲載の年間読書アンケート等とともに、大きな影響を受けたヴァレリーに関する論考を収める。（松田浩則）

モーセと一神教　ジークムント・フロイト　渡辺哲夫訳

ファシズム台頭期、フロイトはユダヤ民族の文化基盤ユダヤ教に対峙する。自身の精神分析理論を揺るがしかねなかった最晩年の挑戦の書物。

言葉をおぼえるしくみ　今井むつみ　針生悦子

認知心理学最新の研究を通し、こどもが言葉や概念を覚えていく仕組みを徹底的に解明。さらにその仕組みを応用した外国語学習法を提案する。

ハマータウンの野郎ども　ポール・ウィリス　熊沢誠／山田潤訳

イギリス中等学校〝就職組〟の闊達でしたたかな反抗ぶりに根底的な批判を読みとり、教育の社会秩序再生産機能を徹底分析する。（乾彰夫）

新編 教室をいきいきと①②　大村はま

教室でのことばづかいから作文学習・テストまで。創造的で新鮮な授業の地平を切り開いた著者が、とっておきの工夫と指導を語る実践的な教育書。

新編 教えるということ　大村はま

ユニークで実践的な指導で定評のある著者が、教師の仕事のあれこれや魅力のある教室作りについて、きびしくかつ暖かく説く、若い教師必読の一冊。

日本の教師に伝えたいこと　大村はま

子どもたちを動かす迫力と、人を育てる本当の工夫に満ちた授業とは。実り多い学習のために、すべての教育者に贈る実践の書。（苅谷剛彦）

大村はま 優劣のかなたに　苅谷夏子

現場の国語教師として生涯を全うした、はま先生。遺されたことばの中から60を選りすぐり、先生の人となり、思想、仕事に迫る、珠玉のことば集。

増補 教育の世紀　苅谷剛彦
教育機会の平等という理念の追求は、いかにして学校を競争と選抜の場に変えたのか。現代の大衆教育社会のルーツを20世紀初頭のアメリカの経験に探る。

古文の読解　小西甚一
碩学の愛情が溢れる、伝説の参考書。魅力的な読み物でもあり、古典を味わうための最適なガイドになる一冊。（武藤康史）

人間理解からの教育　ルドルフ・シュタイナー　西川隆範訳
子どもの丈夫な身体と、みずみずしい心と、明晰な頭脳を育てる。その未来の可能性を提示したシュタイナー独自の教育論の入門書。（子安美智子）

教師のためのからだとことば考　竹内敏晴
ことばが沈黙するとき、からだが語り始める。キレる子どもたちと教員の心身状況を見つめ、からだと心の内的調和を探る。（芹沢俊介）

新釈 現代文　高田瑞穂
現代文を読むのに必要な「たった一つのこと」とは……。戦後20年以上も定番であり続けた伝説の大学受験国語参考書が、ついに復刊。（石原千秋）

現代文読解の根底　高田瑞穂
伝説の参考書『新釈 現代文』の著者による、もうひとつの幻のテキストブック。現代文を本当に正しく理解するために必要なエッセンスを根本から学ぶ。

異文化としての子ども　本田和子
既成の児童観から自由な立場で、私たち大人を挑発する子どもたちの世界を探訪し、その存在の異人性・他者性を浮き彫りにする。（川本三郎）

高校生のための文章読本　梅田卓夫／清水良典／服部左右一／松川由博編
夏目漱石からボルヘスまで一度は読んでおきたい文章70篇を収録。読解を通して表現力を磨くテキストとして好評を博した名アンソロジー。（村田喜代子）

高校生のための批評入門　梅田卓夫／清水良典／服部左右一／松川由博編
筑摩書房国語教科書の副読本として編まれた名教材の批評編。気になっていた作家・思想家等の文章を、短文読切り解説付でまとめて読める。（熊沢敏之）

ちくま学芸文庫

知的《ちてき》トレーニングの技術《ぎじゅつ》〔完全独習版《かんぜんどくしゅうばん》〕

二〇一五年 九 月十日 第一刷発行
二〇一六年十二月五日 第七刷発行

著 者 花村太郎（はなむら・たろう）

発行者 山野浩一
発行所 株式会社 筑摩書房
東京都台東区蔵前二―五―三 〒一一一―八七五五
振替〇〇一六〇―八―四一二三
装幀者 安野光雅
印刷所 株式会社精興社
製本所 株式会社積信堂
乱丁・落丁本の場合は、左記宛にご送付下さい。
送料小社負担でお取り替えいたします。
ご注文・お問い合わせも左記へお願いします。
筑摩書房サービスセンター
埼玉県さいたま市北区櫛引町二―六〇四 〒三三一―八五〇七
電話番号 〇四八―六五一―〇〇五三

ISBN978-4-480-09686-9 C0195